디지털사이니지와 공간마케팅

심성욱, 신일기

머리말

이 책을 쓰려고 마음을 먹은 것은 2년전이었으나 여러 가지 이유로 미루어졌다. 2016년 옥외광고법이 개정된 이후 디지털사이니지와 이를 활용한 옥외광고가 많이 증가하면서 도시환경을 변화시켰다. 사이니지(signage)라는 다소 생소하게 들릴 수 있는 이 단어는 우리의 생활과 매우 밀접해 있다. '도장을 찍어 자기 소유물임을 알리는 행동'을 일컫는 라틴어 '시그나레(signare)'에서 유래한 사이니지는 점점 개인화되어 가는 소비트렌드의 변화에 발맞춰 '차세대 커뮤니케이션의 대표주자'로 주목받고 있다. 뿐만 아니라 'DOOH(Digital Out Of Home)'으로서 단순히 옥외광고가 아닌 감각적인 도시디자인의 매개로서 도시를 한층 더 역동적이고 심미적으로 만들고 있다. 이러한 디지털사이니지는 도시 경관의 일부분을 차지하면서 정보 기능과 문학적 기능을 모두 아우르고 있다.

또한 디지털사이니지가 공간을 재구성하고 디지털 커뮤니케이션을 포함한 공간 마케팅으로 활용됨에 따라 스마트시티의 역할을 수행하면서 실질적인 4차 산업혁명의 모습으로 다가오고 있다. 이러한 환경에서 학생들과 일반인들에게 미래를 준비할 수 있도록 "디지털사이니지와 공간마케팅"이라는 책을 내놓게 되었다.

저자들은 이 책을 서술하면서, 1부에서는 디지털사이니지의 이해를 돕고 소비자의 소비트렌드 변화를 파악하여 디지털사이니지의 확장된 활용방안에 대해서 이야기하고 있다. 2부에서는 디지털사이니지와 미디어의 생태계를 이야기하고 이를 활용한 명소화의 방안을 옥외광고물 자유표시구역을 통해 이야기하였다.

디지털사이니지의 이해라는 파트로 1장에서는 디지털옥외광고의 정의와 범위, 2장에서는 디지털미디어로 인한 광고산업의 변화를 다루면서, IMC 에서 인게이지먼트, 크로스미디어와 빅데이터를 포함시켰다. 3장에서는 디지털사이니지와 환경과 변화 : 소비자를 다루면서 소비자관점에서의 디지털사이니지 이용 변화를 포함시켰다. 4장에서는 공간미디어로서의 디지털사이니지를 다루면서, 공간형 콘텐츠와 예술, 문화를 활용한 공간 활용 사례를 포함시켰다. 5장에서는 디지털사이니지와 콘텐츠의 진화를 다루면서, 브랜드 경험으로서의 디지털사이니지 이해와 활용를 포함시켰다. 6장에서는 디지털옥외광고의 확장 : 모바일 SNS를 다루면서, 엠비언트 미디어와 스토리텔링 그리고 바이럴을 얘기하고자 했다. 7장에서는 디지털옥외광고의 전략과 효과측정을 다루면서, 새로운 광고효과 측정사례를 포함시켰다. 2부에서는 디지털사이니지의 미래로, 1장에서는 디지털사이니지와 미디어 생태계를 다루면서, 4차 산업혁명과 디지털 트랜스포메이션을 얘기하였다. 2장에서는 디지털사이니지를 활용한 명소화를 다루면서, 옥외광고물 자유표시구역를 포함시켰다. 3장에서는 디지털사이니지가 가져올 미래와 미래전략을 다루었다.

저자들은 교재를 집필하면서 여러 사람들로부터 도움을 받았다. 우선 옥외광고연구의 선구자인 서범석 교수님의 책이 영감을 주었으며 자료의 도움을 준 플랜티넷의 이광우전무님께도 감사함을 전한다. 한편, 이 책을 만드는 과정에서 한양대 박사과정 변혜민, 인천가톨릭대 전민희, 배은지 등이 이 책을 구성하는데 큰 도움을 주었다. 아울러, 본 교재를 집필하는 동안 많은 것을 배려해주신 서울경제경영의 김은중 사장님, 편집진 등에게도 감사함을 전한다. 마지막으로 본 교재를 집필하는 동안 격려와 지원을 해준 저자들의 가족들(정아·수민·수지·현정·승원·지원)에게 감사함을 전하고 이 책이 출판되는 기쁨을 나누고 싶다.

2018년 12월

심성욱, 신일기

목차

제1부 디지털사이니지의 이해 • 1

제2부 디지털사이니지의 미래 • 123

제1부
디지털사이니지의 이해

제1장 디지털옥외광고의 정의와 범위

1. 디지털옥외광고의 정의

과거로부터 옥외광고라는 용어가 일반화되어 왔다. 외부에 광고매체가 노출되어 불특정 다수에 도달될 수 있는 광고를 의미한다. 이 옥외광고는 우리가 일반적으로 얘기하는 간판을 비롯하여 전광판광고, 심지어 경기장에 설치되어 있는 경기장 광고까지를 포함하고 있다. 옥외광고를 정의하는데 있어 수많은 매체가 존재하고 있기 때문에 정의하기가 쉽지는 않다.

한편, 옥외광고라는 용어 외에 Out of Home(이하, OOH)광고가 있다. 옥외광고와 OOH광고의 차이를 보자면 현재, OOH광고가 계속 디지털화 되면서 OOH광고를 정의하는 것이 어려워졌다. 옥외광고와 OOH광고라는 용어가 혼재되어 있는 상황에서 디지털이라는 용어가 등장하면서 세 가지 용어를 잘 정리하는 것이 중요해졌다. 이 세 가지 용어를 쓰는데 있어 일반적인 빌보드, 전광판 광고를 옥외광고라고 했다면 매체가 다양화되면서 집 밖에 존재하는 광고를 OOH 광고라고하기 시작했다. 예를 들어, 빔 프로젝트 광고의 경우 옥외광고라고 하기보다는 OOH광고라고 할 수 있다. 더불어, 디지털화 되면서 디지털옥외광고(Digital Out of Home, 이하 DOOH)가 등장하기 시작했다.

미국의 옥외광고 협회(OAAA, 2013)는 Out-of-home Media(OOH)를 “가정 밖에서 광고 메시지를 소비자에게 전달하는 모든 유형의 매체(All media formats specifically intended to reach consumers outside the home)”로 정의하고 있다. 미국 옥외광고협회의 정의는 옥외의 매체가 아니라 소비자들이 가정 밖에서 접하는 모든 매체로 그 범위를 넓힘으로써 기존의 옥외광고 정의가 가진 실외(outdoor)라는 공간적 한계를 넘어선 것으로 해석할 수 있다. PQ미디어에 따르면 DOOH는 두가지 플랫폼을 가지고 있다고 한다. 하나는 디지털 기반한 네트워크(digital place-based network, DPN)와 디지털 빌보드와 사이니지(digital billboards & signage, DBB)이다. 디지털옥외광고는 일반적으로 독립적인 IP주소가 있는 스크린, 키오스크, 주크박스, 점보트론을 의미한다. 아울러, 소비자를 참여시키는 동시에 위치를 소유한 사람이나 광고주들에게 혜택을 주게 된다. 그리고 마케팅 메시지를 도달시키고 효과를 확대시킨다.

또한 DOOH를 디지털사이니지라고 부르기도 한다(PQ media, 2017).

우선 여기서 옥외광고물 등 관리법에 나온 옥외광고의 정의를 살펴보고자 한다. 과거에는 "상시 또는 일정기간 계속하여 공중에게 표시되어 공중이 자유로이 통행할 수 있는 장소에서 볼 수 있는 것(대통령령이 정하는 교통시설 또는 교통수단에 표시되는 것을 포함한다)으로서 간판, 입간판, 현수막, 벽보, 전단 기타 이외 유사한 것(1991)"이라고 정의되었고 2017년에 개정된 옥외광고물 시행령에는 "옥외광고물"이란 공중에게 항상 또는 일정 기간 계속 노출되어 공중이 자유로이 통행하는 장소에서 볼 수 있는 것(대통령령으로 정하는 교통시설 또는 교통수단에 표시되는 것을 포함한다)으로서 간판 · 디지털광고물(디지털 디스플레이를 이용하여 정보 · 광고를 제공하는 것으로서 대통령령으로 정하는 것을 말한다) · 입간판 · 현수막(懸垂幕) · 벽보 · 전단(傳單)과 그 밖에 이와 유사한 것을 말한다. 여기에 나타난 바와 같이 옥외광고물이 디지털 광고물을 포함하고 있기는 하지만 디지털옥외광고가 가지고 있는 중요한 특징인 네트워킹이라는 특성을 포함하고 있지 못하다. 그래서 디지털옥외광고를 다음과 같이 정의할 수 있겠다.

"디지털옥외광고는 디지털 기반을 둔 네트워크를 통하며 일반 소비자에게 일정기간 동안 노출되어 있는 집 밖의 광고물을 뜻한다."

그래서 앞으로 이 디지털옥외광고물의 범위를 다루어 보고자 한다. 디지털옥외광고물은 디지털의 특성을 가지고 외부에 노출된 옥외광고물을 뜻하기 때문에 종류가 다양하다.

미국은 옥외 광고를 빌보드(billborad), 스트리트 퍼니처(street furniture), 교통(transit), 대안(alternative) 광고의 총 4가지의 카테고리로 분류하고 있다. 전통적인 옥외광고물(traditional Outdoor)과 비전통적인 옥외광고물(Non-TraditionalOutdoor)로 나누어 빌보드와 같이 예전부터 많이 활용되어오던 광고물의 형태는 전통적인 옥외광고물에 포함시키고, 스트리트 퍼니처, 교통, 대안 매체 광고 등을 비전통적인 옥외광고물로 나누어 살펴보고 있다.

[표 1] 미국옥외광고의 범위

Out of Home 미디어			
빌보드광고	**스트리트 퍼니처**	**교통**	**대안(Alternative)**
- Bulletins - Digital Billboards - Junior Posters - Posters - Spectaculars - Wall Murals - Wrapped Posters - Wrapped Square Posters	- Bicycles and Bicycle Racks - Bus Benches - Bus Shelters - Convenience Store Advertising - In-Store Advertising - Kiosks: Information - Kiosks: Telephone - Newsstands and Newsracks - Pedestrian Panels - Shopping Malls	- Airports - Buses - In-Flight Advertising - Mobile Billboards - Rail System & Subways - Taxicabs - Truckside Advertising	- Cinema - Arena & Stadium Advertising - Airborne - Beach Advertising - Blimps & Custom Inflatables - Cartons & Cups - Dry Cleaning Bags - Gas Station Advertising - Golf Course Advertising - Marine Vessels - Parking Garage Advertising - Place Based Digital Networks - Place- Based Advertising - Projection - Ski Area Advertising - Trash Receptacles

디지털옥외광고는 현재 디지털사이니지와 Out of Home이라는 옥외광고가 결합된 형태이다. 따라서 디지털옥외광고는 "집 밖의(out of home)" 노출되는 디지털화된 광고를 의미한다. 디지털옥외광고 범위를 살펴보자면 먼저 디지털사이니지를 알아보아야 할 것이다.

디지털사이니지는 "디지털"과 "사이니지"가 결합된 즉, 디지털 기술로 만들어진 사이니지(Signage)이다. 보다 구체적으로 말하면 디지털사이니지는 디지털 기술로 정보를 가장 효과적으로 전달하기 위해 OOH(Out of Home)공간에 위치한 장치물이라 볼 수 있다. 최근 다양한 매체가 나타나고 소비자의 욕구와 라이프 스타일이 다양해짐에 따라 이들을 만족시킬 만한 수단이 필요해졌다. 현재 광고업계에서 미디어를 움직이고 있는 3대 스크린을 TV, 인터넷, 모바일기기라고 하는데 최근 들어서는 3대 스크린에 이어 새로운 뉴미디어로 광고 시장을 점유하고 있는 것이 '디지털사이니지'이다. 이전에는 없었던 새로운 형태의 매체가 나타났으며 이에 대한 관심이 높아지고 있는 상황이다(문철수, 2010).

디지털사이니지에 대한 정의는 사용하는 곳에 따라 조금씩 다르지만 그 내용은 크게 다르지 않다. 디지털사이니지는 다양한 디스플레이를 통해 정보와 광고 메시지를 전달하는 매체로 DID(Digital Information Display)라고 불리는 디지털 영상 장치이다(DMC 미디어, 2011). 또한 디지털사이니지는 TV, 인터넷, 모바일에 이은 제 4의 미디어 시대를 주도할 대표적인 광고 매체로서 공공장소 또는 상업 공간에 다양한 형태의 정보를 디지털 디스플레이를 통해 전달하는 새로운 커뮤니케이션 미디어를 지칭하기도 한다. 아울러 정보나 콘텐츠를 통해 소비자와 양방향 커뮤니케이션이 가능한 인터랙티브 미디어의 형태이다(강태중, 2012; 심성욱, 2010). 이처럼 디지털사이니지의 정의는 다양하게 나타나고 있으나 한마디로 정보나 콘텐츠를 디스플레이를 통해 전달하는 매체라고 할 수 있다. 그러므로 디지털옥외광고는 디지털화되어 정보나 광고 등의 콘텐츠가 디스플레이를 통해 전달되는 매체이다.

1) 네 가지 측면에서의 디지털옥외광고(디지털사이니지)

따라서 디지털사이니지의 개념은 TV, 컴퓨터, 모바일 등 일반적인 디지털 디바이스와는 조금 다르다. 기술적 측면과 정보 내용적 측면에서는 유사하지만 조금 다른 특징을 가지고 있고 장소적 측면과 사용자 접촉 방식의 면에서는 전혀 다른 특징을 갖는다. 그럼 기술적 측면, 정보, 내용적 측면, 장소적 측면, 사용자 접촉 방식의 측면에서 보다 구체적으로 디지털사이니지의 개념을 살펴보겠다(심성욱, 박현, 2012).

첫째, 기술적 측면에서 디지털사이니지는 디지털 디스플레이, 컴퓨터, 통신 네트워크 기술 발전에 기반한다. 즉 디지털디바이스의 기술적 범주 내에 있으면서 기술의 발전에 의해 지속적으로 변화해 간다는 점에서 TV, 컴퓨터 등의 개인적인 디바이스와 크게 다르지 않다. 하지만 다른 점은 새롭게 개발된 디지털 기술을 상업 시장에서 가장 먼저 테스트하고 적용해 볼 수 있다는 특성을 갖는다는 점이다. 그 이유는 가격적인 면에서 일반 소비자가 구입하기에는 부담스럽고 신기술에 대한 소비자 선호도의 확신이 없는 상황에서 생산자 부담이 크기 때문에 광고 사업 목적의 디지털사이니지 시장이 테스트 시장으로 적합하기 때문이다. 즉 디지털사이니지는 최신의 디지털 신기술을 탑재하여 개인 디바이스에 앞서 대중에게 가장 먼저 선보이는 앞서가는 커뮤니케이션 도구라 할 수 있다.

둘째, 정보, 내용적 측면에서 디지털사이니지는 개인 디바이스인 TV와 유사하다고 볼 수 있다. TV에서 볼 수 있는 광고 동영상과 뉴스, 홍보 영상들이 그대로 디지털사이니지에 표출되어 운영되기 때문이다. 하지만 이러한 콘텐츠는 효과성의 문제로 점차 변해가고 있다.

TV 콘텐츠는 음향 효과가 있고 가정에서 집중해 볼 수 있다는 특성이 반영된 콘텐츠인데 반해 디지털사이니지는 그렇지 못하기 때문에 효과성에서 떨어질 수밖에 없다. 따라서 최근에는 장소와 목적에 맞는 다양한 정보가 사이트별로 구분되어 표출되도록 하고 광고 콘텐츠 역시 주변에 포진한 소비자의 관심을 받고 기억될 수 있도록 내용적 측면에서 차별성을 강조하여 별도로 제작되어 지고 있다. 즉, 디지털사이니지는 특정 OOH 공간에서 목적성에 맞도록 정보와 내용을 제작하여 표출하는 맞춤 정보 제공 시스템이다. 최근 편의점 매체들은 영화 관련 정보, 뮤직비디오, 날씨, 검색 등 소비자 지향적인 콘텐츠로 소비자의 관심을 끌고자 한다. 그리고 음향장치를 활용하여 소비자의 주목성을 얻고자 한다.

셋째, 장소적 측면에서 디지털사이니지는 개인적인 디지털 디바이스와 달리 공용 공간에서 운영된다는 특징을 갖는다. 집 밖에 있는 생활공간인 도심, 교통시설물, 쇼핑몰, 경기장, 리테일숍 등 다양한 공간에서 운영되기 때문에 각각의 장소적 특성을 반영한 디지털사이니지가 만들어진다. 즉, 보행자의 동선을 방해하거나 교통사고를 유발해서는 안 되며 주변 경관과 어울려야 하고 무분별한 음향 표출로 시민의 불편을 초래해서도 안 된다. 또한 공용 공간에서 운영되는 미디어이기 때문에 공익에 도움이 되어야 한다. 대부분의 디지털미디어가 교통정보, 뉴스, 날씨, 지도 등을 제공하는 공익성에 기반을 두고 있고 설치의 주체도 개인 보다는 지자체와 지하철, 철도, 공항과 같은 교통기관이 많은 부분을 차지하는 것도 그 이유이다. 따라서 디지털사이니지는 공용 지역에 위치한 공공의 편리성을 목적으로 하는 공익미디어라 할 수 있다. 예를 들어 다음의 디지털 뷰는 지하철에 설치되어 공공적인 콘텐츠와 더불어 상업광고를 하고 있기 때문에 인기가 많다.

넷째, 사용자 접촉 방식의 측면에서 살펴보면 디지털사이니지는 휴대폰, IPTV와 같이 사용자가 필요에 의해 가입하거나 영화관, 공연장과 같은 목적성을 가지고 찾아가는 공간에 놓여 있지 않다. 이러한 디지털 디바이스와의 접촉은 사용자의 유료 접촉이 불가피하다. 반면 지나가다가 필요에 의해 접촉 되거나 저절로 눈에 띄는 장소에 놓여 있는 디지털사이니지는 사용자의 필요성과 목적성을 충족시켜주나 무료로 손쉽게 접촉 된다는 특성을 가지고 있다. 또한 개인 디지털디바이스인 스마트폰, 태블릿PC 등과 연결되어 제3의 혜택을 얻을 수 있으며 다양한 인터렉션 기능을 체험함으로써 소비자 경험을 풍부하게 해줄 수 있다. 즉 이전의 사이니지가 바라만 보여 지는 수동적인 성격이라면 디지털사이니지는 소비자의 적극적인 참여를 통해 경험을 제공하는 능동성을 갖는다. 따라서 디지털사이니지는 무료로 누구나 손쉽게 접촉할 수 있는 열려있는 미디어, 능동적인 미디어라 할 수 있다. 예를 들어 강남역에 있는 미디어 폴은 기본적인 정보제공과 더불어 소비자에게 사진 찍기, 퀴즈, 퍼즐 등 소비자와 상호작용하는 프로그램을 제공함으로서 소비자와의 관계를 높이고 있다.

결국 디지털사이니지는 끊임없이 발전하는 디지털 신기술에 기반하며 그러한 신기술이 가장 먼저 적용되는 미디어, 특정 공간에 맞는 맞춤형 정보제공미디어, 공공의 편리성을 목적으로 하는 공익미디어, 누구나 손쉽게 접촉하고 사용할 수 있는 열려있는 능동 미디어라 할 수 있다.

그리고 디지털사이니지는 디지털 이전의 시대에 "사이니지"란 단어가 가졌던 개념보다 그 기능적 측면에서 탁월해져 있기 때문에 보다 많은 역할을 할 수 있게 되었다. 예를 들면 점두 간판, 지주 간판, 포스터, 방향안내판, 위치안내도, 정보판, 홍보판, 광고판, POP 등의 이름으로 불리던 예전의 사이니지는 이제 디지털안내사인, 디지털디렉토리, 정보안내LCD 등의 "지시, 안내 역할의 사이니지"와 뉴스속보판, 디지털 현수막, BIS, 지하철 행선게시기, 교통정보안내판, 공공기관 전자게시대 등의 "뉴스와 공익 역할의 사이니지", 쇼핑몰, 유통체인, 병원, 은행, 아파트 등 집객 공간의 이용객을 위한 "편의시설 역할의 사이니지", 미디어파사드, 미디어폴, 인터랙티브 버스쉘터 등의 "미디어 Art 역할의 사이니지" 그리고 디지털액자, 디지털수족관, 디지털조명, 인터렉션 테이블 등 "인테리어 역할의 사이니지" 등으로 그 역할이 커졌다. 또한 점두에 있는 일반적인 생활 간판도 LED나 LCD를 이용하여 상호 뿐만 아니라 판매상품, 특성, 가격, 점포운영시간 까지 하나의 간판에 표현하고 있어 그 역할을 높이고 있다

그리고 이러한 디지털사이니지는 그 활용도가 높아지면서 산업적 측면에서도 여러 시장의 성장에 영향을 주었다. 즉, 디지털디바이스, 통신과 네트워크, 디지털 콘텐츠, 건축(건설), 인테리어, POP, 판촉물 그리고 무엇보다도 광고 미디어 산업에 영향을 주었다.

거의 대부분의 디지털사이니지는 중요한 목적성을 가지고 태어난다. 하지만 그 목적을 달성하기 위해서는 투자비가 들게 되고 그 투자비를 보전하는 비즈니스 모델은 현재 광고 유치가 거의 유일한 방법이다. 따라서 교통시설과 같은 공용공간과 상업적 시설물 속에 있는 대부분의 사이니지들은 편의를 제공한다는 제 1의 목적은 가지고 있지만 투자비 보전을 위해 광고 판매에 보다 더 치중하게 된다. 투자비에 대한 부담이 없는 사업주나 건물주, 그리고 국가기관은 광고 유치 없이 순수 공익과 이용자 편의를 위한 디지털사이니지를 만들 수 있겠지만 그렇지 못한 경우에는 광고 미디어적 디지털사이니지가 불가피하다. 따라서 현재 가장 주목 받고 성장하고 있는 분야는 광고미디어적인 성격의 기업형 디지털사이니지 시장이라고 볼 수 있겠다. 이제부터는 사이니지를 넘어서기 때문에 디지털옥외광고라고 총칭하여 부르기로 하겠다.

2) 디지털옥외광고의 범위

디지털옥외광고의 범위는 협의의 개념과 광의의 개념으로 나누어 볼 수 있다.

[표 2] 디지털옥외광고의 범위

응용	작고 크고 전자 POP		빅비전시스템
디스플레이 디바이스	LCD	LCD, POP 등	LED
유통/운영			
하드웨어		협의 디지털사이니지	
SI			
유지/보완			
콘텐츠제작/광고	광의 개념의	디지털사이니지	

위와 같이 광의의 개념으로, 디지털사이니지는 소형 액정을 사용한 상점의 전자 POP(Point Of Purchase) 광고에서 LED를 활용한 대형 옥외비전까지 포함한 시장 전체로 볼 수 있으며 협의의 개념으로, 디지털사이니지는 전자 POP나 대형비전 시장을 제외한 것을 의미한다. 한편, 전통적 광고와 디지털사이니지를 비교하면 다음과 같다.

[표 3] 전통적 광고판과 디지털사이니지의 비교

	전통적 광고판	디지털사이니지
콘텐츠 표현	텍스트, 그래픽	애니메이션, 비디오, 인터랙티브 콘텐츠
콘텐츠 소스	대부분 큰 회사 또는 사용자 개제	누구나 가능, 생활 밀착형 정보(날씨 등)부터 웹 정보(뉴스, 열차시간표 등) 까지
멀티콘텐츠 사용	잘 사용되지 않으며 복잡함	어느 콘텐츠나 가능
업데이트	고가의 비용 발생, 약 10일 주기	저가, 수초 단위로 가능
콘텐츠 depth	콘텐츠에 맞춤	무한함
이용자 분석	수동	자동
사용자 상호작용	가끔 모바일폰 가능	터치, 제스처, 모바일, 웹 등

위에서 보듯이 전통적 광고와 디지털옥외광고는 차이를 보인다. 전통적 옥외광고는 정지형으로 표현하기 어려운 반면, 디지털옥외광고는 표현되는 것에 제약이 없으며 소비자와 양방향커뮤니케이션이 될 수 있음을 전제로 한다. 디지털옥외광고는 사용자 상황에 맞는 정보를 제공하고, 3D 콘텐츠도 지원되는 형태로 발전하고 있다. 그리고 시간, 장소, 목적에 맞는 정보 및 서비스를 제공하는 형태로 진화하고 있으며 아파트 또는 빌딩 등 건물 내부

엘리베이터, 지하철 역사, 버스정류장, 주요 공공장소 등 유동인구가 많은 곳에 주로 설치되고 있다(채송화, 2012).

3) 디지털옥외광고의 특성

디지털사이니지는 매체 특성상 4가지의 특징을 가진다. 첫 번째, 인터랙티브가 가능한 미디어이다. 디스플레이를 통해 정보 전달을 하며 이를 통해 커뮤니케이션을 실현시킨다. 두 번째, 뉴미디어이다. 뉴미디어의 커뮤니케이션은 시공간의 한계를 극복한다는 특징을 가진다. 세 번째, 멀티미디어이다. 음성, 화상, 문자, 자료 등의 여러 가지 표현기능을 통해 커뮤니케이션이 가능하다. 네 번째, 하이퍼미디어이다. 하이퍼텍스트에서 확장된 개념으로 문자 외에도 소리, 그림 등에 접근이 가능하다는 점을 가진다(조성우, 2011). 이러한 특징을 통해 디지털사이니지는 소비자와 커뮤니케이션을 하고자 한다.

[표 4] 디지털사이니지 특성

특성	내 용
모바일, 웹 연동	- 유무선 네트워크 기술을 이용하기 때문에 장소 구애 받지 않고 매스미디어와 개인미디어의 기능을 모두 수행할 수 있음 - 스마트폰이 대중화되면서 소셜미디어를 비롯한 모바일 서비스 웹과 연동할 수 있어 시너지가 증가함
인터랙션	- 단순한 광고판이 아닌 근거리무선통신(NFC)등을 이용할 경우 양방향 커뮤니케이션 가능 - 터치스크린 등 디스플레이 기술이 발전하면서 사용자와 터치, 제스처 등 콘텐츠 자체의 인터랙션이 강화됨
개인화	- 애니메이션, 비디오, 상호작용 IT기술 등을 통해 콘텐츠를 표현하기 때문에 날씨 등 생활 밀착형 정보부터 뉴스, 열차 시간표와 같은 웹정보까지 포함 - RFID와 안면인식기술 등 소비자 인식 기술이 적용되는 흐름이 강세이며, 친밀하고 개인화된 콘텐츠와 서비스모델이 증가
융합	- 디지털사이니지용 100인치 이상 디스플레이를 주로 생산하고 있어 대형화된 풀HD이상의 해상도로 구축되기 때문에 고해상도의 대용량 콘텐츠 사용 가능
효과측정	- 기존과 달리 업데이트가 수초 단위로 되고 이용자도 자동으로 분석할 수 있음
요약	- 디지털사이니지는 초기 광고, 마케팅 미디어에서 정보제공, 공공서비스, 엔터테인먼트 등 종합 서비스 미디어로 진화하며 신사업영역을 창출하는 융합정보 광고서비스 시스템이다.

더욱이 디지털사이니지는 기존의 매체가 가지고 잇지 못한 특성을 차별적으로 제공할 수 있다는 점에서 주목을 받고 있다. 디지털사이니지가 성공하게 된 요인은 크게 3가지로 설명할 수 있다. 첫 번째, 설치 환경의 타당성이다. 디지털사이니지는 위치의 특성을 고려하여 가장 최적화된 위치에 설치가 가능하기 때문에 가장 효과적인 타깃팅 효과를 일으킬 수 있다. 두 번째, 미디어의 물리적 설득력이다. 디지털사이니지는 소비자의 동선과 움직임을 고려하여 설계되어 있다는 점에서 더 효과적으로 작용될 수 있으며 해상도나 밝기 등을 통해 효과를 더 극대화할 수 있다. 세 번째, 콘텐츠의 매력이다. 단순히 제품의 광고만 전달하는 것이 아니라 소비자의 시선을 끌 수 있는 실용적이거나 오락적인 콘텐츠를 제공함으로써 매체에 대한 매력을 높일 수 있게 된다(유승철, 2009).

4) 현황

국내 디지털사이니지 시장은 2012년 기준, 1조 1,282억 원으로 전년대비 성장률이 18.4%로 급성장하였다.[10] 2013년 평균 예상 성장률은 43.46%로 조사되어 지속적인 고성장 추세가 전망된다. 국내 디지털사이니지 산업의 특성은 중소기업이 90.1%를 차지하는 중소기업 위주의 산업구조이나 앞선 디스플레이 및 IT 기술을 기반으로 초기시장을 개척중이다. 대표적으로 KT는 김포공항, 5678호선, 버스쉘터, 신분당선, 아파트 엘리베이터, 편의점 등 다양한 공간에 디지털사이니지를 설치, 운영하고 있다. LG전자는 사이니지 전용 IPS패널이 탑재된 디스플레이를 중심으로 공항, 극장, 백화점, 주유소 등에 비디오월, 미디어폴, 키오스크, 메뉴보드 등 다채로운 사이니지를 라인업하고 사업을 전개하고 있다. 삼성전자는 독자적으로 개발한 디지털사이니지 전용 플랫폼을 런칭하였으며 디스플레이 테이블, 전자칠판, 비디오월을 출시하였다. CJ파워캐스트는 강남역 미디어폴, 인천공항, LG베스트샵 등 20여개 공간에 15,000여개 디지털사이니지를 운영 중이다. LG유플러스는 20.1인치엘리베이터용 디지털사이니지를 운영중이며 심장 충격기 및 자동쿠폰 발급기를 융합한 사이니지를 출시하였다(방송통신전파진흥원, 2013).

2014년 약 1.9조원(세계시장의 11% 수준)에서 2020년에는 약 4조원으로 연평균 13.4%로 성장할 것으로 전망되고 있다. 이중에서 디스플레이가 전체 생산의 과반수 이상(2014년 기준 66.8%)을 차지하며 국내 디지털 사이니지 시장 성장을 견인할 것으로 보고 있다 (미래창조과학부, 2015). 국내 사이니지 산업은 세계 최고 수준 디스플레이 기술을 기반으로 2018년 3분기 기준으로 세계 시장의 약 40%를 차지하고 있다(이승현, 2019).

세계 디지털사이니지 시장의 경우 ABI Research, Digital Signage(2011)가 발표한 자료에 따르면 2011년 기준으로 32억불 정도의 규모를 가지고 있는 것으로 나타났으며 2015년까지는 약 112억불로 연평균 37,2%의 급속한 성장을 기대하고 있는 것으로 나타났다(두경일 외, 2012). 홍종배(2014)는 전 세계 디지털사이니지 시장규모가 2013년 140억 달러에 이르고 2014년까지 매년 4.7% ~ 5.6%의 성장세를 유지할 것으로 전망하기도 하였으며 국내시장의 경우에는 2011년을 기준으로 약 1,833억 원의 규모이며 2015년에는 1.1조원의 규모에 이르면서 매년 57%의 성장률을 보일 것으로 전망되고 있는 상황이다. 글로벌 디지털 사이니지 시장규모는 2014년 151억 달러에서 2020년 314억 달러로 연평균 12.9%의 성장세를 유지할 것으로 전망되고 있다. 2014년 기준 하드웨어가 80억 달러로 전체 시장의 52.9%(디스플레이 39.7%)로 가장 높은 비중을 차지하였지만, 광고/콘텐츠 시장의 성장세(연평균 16.7%)로 점차 관련 시장이 커질 것으로 전망되고 있다(미래과학부, 2015). 2016년 조사된 자료에서는 디지털 사이니지 시장이 190억 달러 정도가 되며 2023년에는 320억 달러가 되어 2017년부터 2023년까지 연평균 7.4% 성장할 것으로 내다보고 있다(marketsandmarkets, 2016).

특히나 오늘날 디지털사이니지가 점차 단순 노출형에서 벗어나 디지털사이니지만의 특·장점을 살려 다양한 형태로 소비자들과의 커뮤니케이션을 이루고 더 나아가 소비자에게 경험을 제공함으로써 이제는 단순히 새로운 매체가 아닌 실질적으로 효과성을 지닌 중요한 매체로 자리 잡고 있다(진홍근, 2014).

[표 5] 분야별 주요 디지털사이니지 업체 동향

	구분	주요기업	주요내용
국내	솔루션운영사 H/W시스템 콘텐츠제공	KT	지하철,버스 등 소비자의 생활공간 매체확보
		CJ파워캐스트	방송 송출 기술 기반으로 사이니지 접목
		현대아이비티	인텔, 넥싸이트와 제휴를 통해 전문솔루션 개발
		다음카카오	N-스크린 서비스의 일환으로 사이니지에 콘텐츠 제공
국외	솔루션운영사	Sprint	M2M 무선 등 다음세대 서비스준비
		NTT	주변사람인식 키오스크출시 및 펨토셀을 이용하여 디지털 사이니지연동 실험
		MS	다양한 UI적용 가능한 윈도우7기반 임베디드 사이니지 플랫폼 출시
	H/W시스템	NEC	멀티터치, 얼굴인식 제품 출시
		파나소닉	사이니지 소프트웨어업체 coolsign과 협력한 솔루션 출시
		Intel	AMT기술, 수용자 측정과 데이터수집 기능 ATM suite 등
	콘텐츠제공	Thomson Reuters	Wireless Ronin과 협력하여 13개국에 20여대의 'Reuters Insider' 인터랙티브 키오스크 설치

5) 적용 사례

오늘날 광고업계에서는 미디어를 움직이고 있는 3대 스크린인 TV, 인터넷, 모바일 기기(Mobile Device)에 이어 최근 제4의 스크린으로 디지털사이니지를 꼽고 있으며 이러한 디지털사이니지는 옥외 동영상 광고(Outdoor Video Advertising), 디지털미디어 네트워크(Digital Media Network), 또는 DOOH Media(Digital OOH Media), 내로우캐스팅(Narrowcasting:협송) 등 다양한 용어로 불린다(송기수, 2010; 문철수, 2010). 특히, 디지털사이니지는 타 매체와 비교하였을 때 디스플레이 단말기 마다 콘텐츠를 제어할 수 있어 비용절감 효과가 있으며, 특정장소를 두고 타깃 마케팅을 용이하게 할 수 있다는 장점이 있다(두경일 외, 2012). 김재영(2010)은 비슷한 관점에서, 디지털사이니지는 개인이 원하는 정보만을 전달하여 광고 효용성이 매우 높고 전력소비가 낮고 반영구적으로 사용이 가능하여 경제적 절감 효과가 있으며 더 나아가 정보를 디지털화하여 제공함으로써 간판의 크기를 줄이고 이로 인해 도시경관을 좋게 할 수 있다고 밝혔다.

〈출처〉 고윤환(2013). 디지털사이니지 Engagement 활용 사례, KAA저널, 05-06호. 15-17.

[그림 1] 인천공항 교통센터 게이트비전

더욱이, 이러한 디지털사이니지만의 장점은 최근 IT기술의 발달로 인해 더욱 도드라지고 있는 상황이다. 디지털사이니지의 발전방향을 살펴보면, 디지털사이니지는 2000년대 초반, 디지털 화면만을 사용하는 단순한 형태에서 이후 최근에는 다양한 콘텐츠를 구현하고 각종 인터랙티브 기능이 추가되는 형태로 발전하였다(한국콘텐츠진흥원, 2012; 고아한 외, 2014).

다시 말해 디지털사이니지는 단순히 정보전달을 방식에서 벗어나 다양한 미디어 기술을 적용하여 소비자에게 콘텐츠를 제공하고 더 나아가 소비자와의 양방향 커뮤니케이션이 가능한 형태로 발전하고 있는 것이다(한광석, 2013). 이에 대해 두경일 외(2012) 또한 과거 디지털사이니지 기반 콘텐츠가 대부분 정보노출 형태로 나타났으나 최근 IT기술의 발달로 인해 소비자에게 맞춤형 정보 및 3D콘텐츠, 양방향 서비스를 지원하는 등 보다 발전된 콘텐츠를 제공하고 있다고 밝혔다.

디지털사이니지의 발전은 디지털사이니지가 다양한 분야에서 적용가능하게 만들었는데, 디지털사이니지는 슈퍼마켓, 편의점이나 레스토랑 등의 상업시설 뿐만 아니라, 지하철역, 기차역, 고속도로, 버스정류장, 버스 등의 교통, 공공시설, 병원, 교육, 은행 등 다양한 활용범위를 가진다(홍종배, 2014). 특히, 최근에는 디지털사이니지가 상업적으로만 활용되는 것이 아니라 관광, 공공예술, 재난/재해, 민원/행정, 교육 등 공공부문에서도 설치된 사례가 늘어나고 있다(홍종배, 2014). 이렇듯 오늘날 디지털사이니지는 언제든지 쉽게 접할 수 있는 매체로 이미 우리의 일상생활에 깊숙이 자리를 잡기 시작했다.

〈출처〉 고윤환(2013). 디지털 사이니지 Engagement 활용 사례, KAA저널, 05-06호. 15-17.

[그림 2] 여의도 IFC몰 증강현실매체

6) 디지털옥외광고 종류

광고미디어로서의 디지털옥외광고의 종류는 설치장소와 기능 또는 역할에 의해 구분된다. 그리고 대부분의 디지털옥외광고는 LED, LCD/PDP, 프로젝터 등의 디스플레이 기기의 종류에 따라 이름이 불리기도 하며 장소와 기능을 기기와 섞어서 이름 붙여지기도 한다. 예를 들면 지하철정보안내시스템 이라고 불리기도 하고 지하철LCD, 지하철정보안내LCD 라고 불기기도 한다. 전광판 역시 마찬가지다. 철도역 홍보판이라고 불리기도 하고 철도역LED 또는 철도홍보용LED라고 불리기도 한다. 즉 "장소와 기능", "장소와 사양", "장소와 기능과 사양"이 결합된 형태의 이름들이 새로운 디지털사이니지가 생길 때 마다 늘어나고 있으며 그 종류를 결정하는 범위는 <표 6>과 같다.

[표 6] 디지털사이니지의 종류

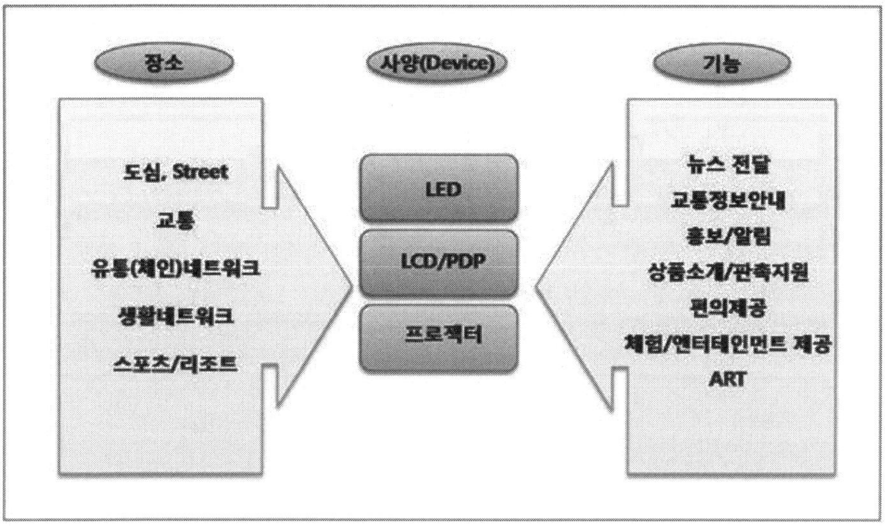

〈출처〉 심성욱, 박현(2017). 신옥외광고론

LED, LCD, 프로젝터 등의 디스플레이 기기는 기술적인 발전에 따라 여러 가지 세분화된 이름으로 불리기도 했으며 현재에도 계속하여 다른 이름들이 만들어지고 있다. 먼저 LED의 경우 블루(Blue) 소자의 유무에 따라 2칼라 LED, 풀칼라 LED로 불렸으며 주야간에 2칼라, 풀칼라 색상 전환이 가능한 세미(Semi)풀칼라 전광판과 주간에는 빌보드, 야간에는 LED로의 전환이 가능한 전광판도 있었다. 현재에는 열차의 속도에 따라 화면이 만들어지는 지하철 TAS라는 터널전광판과 회전의 원리로 화면을 만드는 원통형 스핀TV도 개발되었다. 그리고 무안경 3D 전광판도 등장하였다.

LCD의 경우에는 현재 형태적 구분이 쉽지 않은 PDP가 옥외용 LCD 개발 이전에 많이 사용되었다. 지하철승강장PDP, 홈플러스PDP, 대학교PDP 매체와 같이 PDP를 이용한 광고물이 많았다. 그리고 옥외광고용 LCD가 개발되면서 현재에는 대부분의 동영상 디스플레이 매체는 LCD를 이용하여 개발되고 있다. 이러한 LCD는 현재 커머셜 디스플레이 경쟁이 심화되면서 다양한 사이즈의 패널이 생산되고 단가도 점점 낮아지고 있는 추세이며 강한 햇볕에도

가시가 가능한 실외용 LCD도 개발되고 있다 또한 전광판과 마찬가지로 무안경 3D LCD의 상용화도 머지않은 듯하다. 최근에는 LCD 광고매체에 동작인식 카메라, 터치스크린 필름 등 인터랙티브 신기술을 적용한 사이니지도 많이 만들어 지고 있다.

프로젝터의 경우에는 LED, LCD와 같이 많이 매체화 되지는 않고 있지만 초대형 사이즈의 동영상을 쉽게 만들 수 있다는 것과 입체영상과 같은 임팩트 있는 영상 구현에 적합하다는 장점으로 최근 많은 관심을 끌고 있다. 현재까지 프로젝터를 이용하여 상용화된 매체로는 5-8호선 지하철승강장 동영상광고, LG유플러스 오즈매장 동영상광고, 코엑스몰 입체영상광고 등과 게릴라성 또는 이벤트성으로 운영되는 빔버타이징광고, 건물 맵핑광고 등이 있다.

[표 7] 장소, 기능, 사양에 따른 디지털사이니지의 종류

설치 장소/기능			LED	LCD/PDP	프로젝터
	건물	뉴스속보판	전광판		게릴라식 동영상 광고
	교차로	홍보현수막	전자현수막		
	거리	미디어 Art	미디어폴/ 미디어파사드		건물맵핑
교통	지하철	차량운행정보시스템(역구내)		정보안내판	
		차량운행정보시스템(차내)		차량내동영상	
		편의시설물(역구내)		디지털뷰	
		지하철홍보안내판(역구내)	스핀TV,TAS	스크린동영상	
	버스	차량운행정보시스템(쉘터)		쉘터내동영상	
		뉴스속보판		차량내동영상	
	철도	철도청 홍보판	중소형전광판		
		뉴스속보판	광장전광판	KTX차내 동영상	
		편의시설물(역구내)		인터넷 키오스크	
	공항	공항공사 홍보판	소형전광판	스탠드형/ 부착형LCD	
		편의시설물(기내)		매장내동영상	
유통(체인) 네트워크	극장	영화홍보/편의제공/엔터테인먼트	소형전광판	극장내동영상	STICKUS
	할인점	쇼핑정보/편의시설물		매장내동영상	
	복합쇼핑몰	행사홍보/편의제공	중소형전광판	디렉토리/매장내 동영상	업체영상
	커피샵,레스토랑			매장내동영상	

설치 장소/기능			LED	LCD/PDP	프로젝터
	은행,미용실			매장내동영상	
	통신,전자매장	매장홍보/판촉지원		매장내동영상	매장내 DAMS
	편의점,노래방			매장내동영상	
	스크린골프			매장내동영상	
생활네트워크	아파트	아파트일반		소형LCD	
	대학교	대학교내알림판		LCD, 인터넷키오스크	
	스포츠센터	매장홍보/정보안내		매장내동영상	
	병원	대기순서표시판/정보안내판		매장내동영상	
	골프장	골프장홍보/정보안내판		매장내동영상	
스포츠/리조트	운동장	경기알림판, 경기중계판	대형,소형전광판		
	스키장	정보안내판, 홍보판	대형,소형전광판	리조트내 동영상	

디지털옥외광고의 종류는 앞서 말한 사양의 발전에 따른 이름의 변화 외에도 적용 장소의 변화 또는 기능의 변화에 따라 이름이 바뀌기도 한다. 예를 들면 철도역 전광판이라고 불리던 것이 KTX의 등장으로 KTX 전광판으로 불리고, 교통지역 중심으로 있던 정보안내LCD 역시 이제는 극장, 쇼핑몰 등에서도 등장하면서 다양한 이름으로 불리고 있다. 그리고 기능의 변화에 따른 매체 이름의 변화도 많은 편이다. 예를 들면 홍보안내판, 정보안내판 이라는 기능의 광고물은 보다 구체적인 기능을 보여주는 이름으로 바뀌어 가고 있으며 지하철방향안내판, 버스도착정보안내판, 코엑스몰 디지털디렉토리, 극장영화예고안내판 등을 그 사례로 볼 수 있다.

디지털옥외광고는 한 가지 기능이 아닌 여러 기능을 가지는 경우가 많다. 그리고 이때 사업자에 의해 별도의 이름으로 붙여진다. 예를 들면 코엑스몰 디지털디렉토리 광고물은 코몰라이브로, 이마트 천정걸이 동영상광고는 이마트라이브로 불리우고 지하철 정보안내 및 무료전화기능의 디지털사이니지는 디지털뷰 라는 이름으로 불리고 있다. 이는 사업자가 자신의 사업 라인업을 만들면서 이름 붙이기도 하고 고급감을 갖기 위해 특별한 이름을 만들기도 하면서 시작되었다. 아마 지금은 없어졌지만 국내에서 이러한 동영상 미디어의 고유이름은 1990년대 초반 전광판회사인 레인보우비전이 자신의 제품에 같은 이름을 붙인 것이 최초의 사례가 아닐까 한다.

결론적으로 디지털옥외광고의 종류는 크게 사양별로 LED, LCD, 프로젝터로 나눌 수 있지만 그 기능과 장소에 따라 같이 불리기도 하고 따로 불리기도 한다. 또한 세부적인 사양을 강조하기도 하고 없었던 장소에 새롭게 들어서는 매체인 경우 장소를 강조하는 이름을 갖기도 하며 새로운 기능을 강조하는 이름을 갖기도 한다. 뿐만 아니라 복합적인 기능이 있거나 특별한 이유가 있을 경우 사업자 자신이 특별한 이름을 붙여 부르기도 한다. 그리고 이런 상황을 볼 때 디지털옥외광고는 지속적으로 새로운 종류가 생겨날 것이다.

현재 이러한 주류적인 디스플레이 기기를 이용한 디지털옥외광고 외에도 레이저, 워터스크린, e-paper 등을 이용한 실험적인 디스플레이와 후각, 청각을 자극하는 디지털기기도 지속적으로 개발되고 있다. 따라서 디지털옥외광고의 종류는 앞으로도 무궁무진해질 것으로 생각된다.

그 밖의 광고의 광고로 볼 수 있는 것은 시선을 극대화하는 '3차원 광고'를 들 수 있다. 다양한 디지털옥외광고가 있지만 대부분 평면 화면으로 구성되기에 화려하지 않으면 소비자들의 관심도가 낮을 수 있다. 하지만 한정된 매체에서 행인의 발길을 붙잡고 광고 효과를 극대화하려는 노력도 있다. 3차원 광고가 극대화를 이끌 수 있다. 3D 디스플레이에 영상을 재생해 눈길을 사로잡거나 증강현실(AR)을 활용하기도 한다. 최근에는 특정한 공간에 프로젝터와 카메라 등을 설치하고 사람의 움직임을 인지해 입체적으로 표현하기도 한다. 3D 광고의 특징은 별도의 장치 없이도 경험할 수 있다는 점이 특징이다. 과거 유행했던 3D 영상에서는 입체적 효과를 극대화하는 편광안경을 쓰고 시청해야 했지만 최근에는 안경을 쓰지 않고도 디스플레이 자체에서 3D 재생(무안경 3D 디스플레이)이 가능해졌다. 이는 지나가는 보행자들에게 3D 안경을 착용하도록 강요할 수 없기 때문인데 자체적으로 3D 효과를 제공함으로써 시각적 자극을 통한 광고 효과를 볼 수 있을지 관심이 집중되고 있다. 그리고 3D 외에도 증강현실을 활용한 광고도 있다. 스마트폰이 보편화되면서 이를 활용하고자 한 것이다. 지난 2009년 레고는 미국 내 일부 매장에 설치된 키오스크에 증강현실을 도입해 소비자의 호응을 얻어낸 바 있다. '레고 디지털 박스'로 알려진 이 키오스크는 소비자가 레고 박스를 키오스크 상단의 카메라에 비추면 실제 조립된 형태의 레고 모형이 연출됐다. 다른 한 가지는 홀로그램 방식이 있다. 공간에 영상을 보내어 물체를 투영하는 방식인데, 삼성, LG 등 국내 기업 및 외국 기업들이 화면을 터치하지 않고 손가락이나 펜 등을 인식해 명령을 내리는 '3차원 공간 터치' 또는 '플로팅 터치' 기술이 나오고 있다(강형석, 동아일보, 2015).

7) 결론

앞서 이 장에서는 디지털옥외광고의 정의와 범위에 대해 알아보았다. 디지털옥외광고를 정의하는 것은 쉽지 않다. 아울러 범위 또한 앞으로 새롭게 개발될 매체를 생각하면 무궁무진

할 것으로 보인다. 디지털옥외광고를 적합하게 정의내리고 종류를 정리하는 것이 디지털옥외광고를 제대로 설치하여 소비자의 주목을 끌게 하는 지름길이 될 것으로 보인다. 이를 통해 디지털옥외광고가 발전할 수 있는 계기가 마련되었으면 한다.

참고문헌

고아한・심성욱(2014). 국내 In-store 디지털사이니지 효과측정 모델 개발에 대한 연구: 편의점 디지털사이니지의 물리적 특성을 중심으로. 광고학연구, 25권 1호, 153~178.

고윤환(2013). 디지털사이니지 Engagement 활용 사례, KAA저널, 05-06호. 15-17.

김재영(2013). 디지털사이니지 광고매체의 제도적 활성화 방안과 TAM 에 따른 수용자 커뮤니케이션 효과. *한국광고홍보학보,* 15권 1호, 254~289.

두경일・최치권(2012). 커뮤니케이션 마케팅 전략으로서의 디지털사이니지 활용에 관한 연구. *디자인지식저널,* 23권, 64~75.

문철수(2010). OOH 광고 미디어로서의 디지털사이니지에 관한 탐색적 연구. *옥외광고학연구,* 7권 4호, 237~256.

미래창조과학부 (2015). 디지털사이니지 산업 활성화 대책(안).

심성욱, 박현(2017). 신옥외광고론

이승현 (2019). 사이니지 시장 선도하는 삼성, LG, http://www.4ster.kr/news/articleView.html?idxno=228

이형수(2015). 이슈분석: 디지털사이니지, 신성장 동력 기대, 전자신문. http://www.etnews.com/20150312000127

채송화(2012). 디지털사이니지(Digital Signage) 기반 콘텐츠산업의 현황과 전망

채송화(2012). 디지털사이니지(Digital Signage) 기반 콘텐츠산업의 현황과 전망, *코카포커스*(통권 54호), 한국콘텐츠진흥원.

한광석(2013). 디지털사이니지 광고 유형에 따른 브랜드 체험이 인게이지먼트에 미치는 영향. *광고연구,* 98(단일호), 43~84.

홍종배(2014). 디지털사이니지 활성화 방안 연구. *한국방송통신 위원회 KCA. 동향과 전망: 방송・통신・전파,* 76권.

Marketsandmarkets (2016). https://www.marketsandmarkets.com/Market-Reports/digital-signage-market-513.html?gclid=CjwKCAiA2fjjBRAjEiwAuewS_cFzrYsFQvzv_NIHN-oRI6uFNXoX8ojIk0BZklqZrVG-Qay5Pw3lDxoC_rMQAvD_BwE

제2장 디지털미디어로 인한 광고산업의 변화

1. IMC에서 인게이지먼트

1990년대에 IMC라는 용어가 사용되기 시작했다. IMC(Integrated Marketing Communication)는 통합적 마케팅 커뮤니케이션의 약자로 다양한 채널을 의미한다. 즉, TV, 신문, 라디오, 잡지, 프로모션 등을 통해 일관적 목소리를 내자는 것이었다. IMC 노스웨스턴 대학의 돈 슐츠교수가 제안하여 90년대를 풍미한 개념이었다. IMC를 제안했던 이유는 다음과 같다.

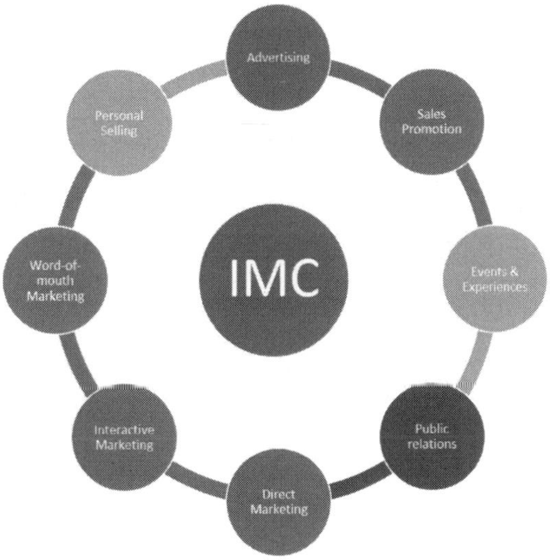

〈출처〉 sitematrix

IMC는 소비자에게 초점을 맞추어 브랜드와 기관에 대해서도 효과적이며 비용 대비 효과도 좋게 하기 때문이다. IMC 접근을 통해 모든 마케팅과 커뮤니케이션을 레버리지 시키며 브랜드에 제공하는 가치를 제공하고 소비자들이 일관되고 적절하고 파워풀한 메시지를 받게 한다. 물론 이러한 접근은 현재도 계속되고 있다. 그런데, IMC를 넘어 지금은 인게이지먼트 시대로 넘어가고 있다.

디지털미디어로 인해 소비자들은 미디어에 단순히 노출되는 것 외에 미디어의 참여를 통해 인게이지먼트를 경험하게 된다. 여기에서 인게이지먼트는 몰입, 경험, 흥분 등 여러 가지의 개념을 포함한 것이다. 소비자들은 미디어와 콘텐츠에 의해 인게이지먼트를 경험하면서 더 강한 브랜드와 콘텐츠 경험을 가지게 되었다. 이러한 점은 과거와는 다르게 차별화되는 점이다. 과거의 IMC는 여러 매체를 통합적으로 사용하면서 소비자들을 다양한 매체에 노출하게끔 하였다. 그렇지만 주로 4대 매체를 중심으로 한 기획이었으며 BTL을 부수적으로 활용하였다. 이제는 오히려 BTL을 활용한 매체 전략이 과거보다 많이 활용되면서 소비자의 접점을 늘리며 인게이지먼트를 중요하게 여기게 되었다.

1) 인게이지먼트 정의와 특성

인게이지먼트는 참여, 경험, 몰입 등이 혼합된 개념으로서 이러한 인게이지먼트가 형성되면 광고나 브랜드 호감도가 강화되는 효과를 가지게 된다. 미국 광고연구재단(Advertising Research Foundation)의 인게이지먼트위원회(Engagement Council)는 "상황맥락에 의해 강화된 브랜드 아이디어에 관점을 돌리는 것"으로 정의했다(ARF, 2015). 상황에 따라 형성되는 브랜드 아이디어로 귀결되며 결국은 고객의 브랜드를 강화시키게 된다. 미디어 전문가인 스티브 콕스(Steve Cox)는 인게지이먼트를 '광고배치, 주제, 크리에이티브, 집중, 판단양식 등의 구성요소들로 마인드 공유(Share of Mind)를 확보하는 과정'으로 정의했다. 커뮤니케이션 옵션의 대표를 맡고 있는 슐라(Shula Bigman)는 "인게이지먼트는 소비자와 미디어 그리고 메시지를 연결해주는 고리"라고 정의했다.

Ephron(2008)은 인게이지먼트를 미디어 인게이지먼트, 광고 인게이지먼트, 브랜드 인게이지먼트로 구분하였다. 미디어 인게이지먼트는 미디어와의 인게이지먼트가 높아지도록 커뮤니케이션 메시지가 구성되어야 하며, 광고 인게이지먼트는 광고의 메시지 및 크리에이티브와 관련된 것이며, 브랜드 인게이지먼트는 소비자의 경험과 광고로 인해 브랜드 선호도와 충성도가 형성됨을 이야기한다.

무엇인가 제공된 주변상황의 자극에 따라 고객이 더 개인적이고 깊게 브랜드 의미를 강화시키는 결과를 만들어 주는 것이라고 보고 있다. 즉 무엇인가의 계기에 따라 고객의 브랜드를 강화시키는 것을 인게이지먼트로 보고 있다(마켓케스트, 2017). 그리고 미디어측면에서 인게이지먼트의 개념 속에는 관심, 만족, 관련성, 집중, 몰입, 관여도 등이 함축되어 있다. 그리고 대체로 미디어 인게이지먼트는 프로그램이나 광고 등에 노출된 사람들이 정보를 이해하고, 몰입하고, 집중한 정도를 뜻한다. 현재 미디어 측정 지표로서 널리 활용되고 있는 시청률은 단순히 노출된 사람의 수를 파악하는 개념이라면, 인게이지먼트는 '얼마나 깊게(how deeply)' 해당 정보를 파악하고, 만족하고, 이해하고, 집중하였는지를 중요하게 보는 정성적인 개념으로서 광고 효과를 보다 심층적이고 세밀하게 살펴보는 중요한 개념 중 하나다(임재현, 2006).

해외에서는 다음과 같이 정의된다. 몰리 스필만(Mollie Spillman)은 ARF의 정의를 구체화하여 "인게이지먼트란 소비자로 하여금 브랜드 메시지에 공감하게 하고 기대감을 갖게 함으로써 최종적으로 의미 있는 어떤 행동을 하도록 유도하는 브랜드 메시지의 경향성"이라고 설명하고 있다. 이프론(Ephron, 2006)은 소비자와 광고, 미디어의 접점을 관련성(relevance)이라고 설명하며, 이는 인게이지먼트의 중요한 구성요소임을 주장했다. 또한 인게이지먼트는 관여도의 사전 조건이기 때문에 관여도와 차이가 있음을 역설했다. 왕(Wang, 2006) 역시 인게이지먼트와 메시지의 관여도는 다르다고 주장했다. 그는 인게이지먼트란 광고와 광고 맥락 간의 관련성 정도로서 광고 메시지를 둘러싼 환경의 관련성 정도에 의해 광고 메시지가 새롭게 제시되는 것이라고 설명한다.

이렇듯 인게이지먼트는 브랜드와 관련하여 몰입하는 정도를 의미한다. 그렇기 때문에, IMC에서 소비자의 접촉점을 다양화하면서도 일관된 메시지를 보내는 것이 중요했지만 이제는 인게이지먼트를 통해 소비자가 다양한 채널을 통해 브랜드를 인지하고 경험하여 더 강력한 관계를 만드는 것이 더욱 중요해졌다. 인게이지먼트를 통해 소비자들은 기존의 브랜드를 인지하는 것을 넘어 강력한 관계를 만들게 된다.

2) 인게이지먼트 구성요소

우선 해외에서 진행된 인게이지먼트 연구는 살펴보면, 일반적으로 시청자와 프로그램, 또는 광고물과의 상호작용을 정성적으로 측정하기 위한 지표들로 연관성(connectedness), 전념(engrossment), 몰입(immersion) 등 다양한 심리학적 개념을 사용하고 있다(한은경, 문효진, 2013). 연관성은 시청자들이 TV 프로그램, 또는 프로그램 속 캐릭터에 대해 느끼는 관계의 강도를 뜻한다(Russell, Norman, & Heckler, 2004). 강도를 높게 느낄수록 시청자들은 프로그램에 더욱 몰입하게 되고 자연히 프로그램에 대한 인게이지먼트도 상승하게 됨을 의미한다. 전념이라는 개념은 흡수력, 몰입의 정도를 묘사하기 위한 개념으로서, 사회적 경험 속에서 만들어지는 관여도와 깊은 관련이 있다고 설명한다(Goffman, 1974). 위트머와 싱거(Witmer & Singer, 1998)는 몰입을 일종의 심리적인 상태라고 설명하면서 자기 자신을 인식하고자 하는 행동으로서 특징지을 수 있다고 설명한다.

인게이지먼트 조사회사인 IAG(Intermedia Advertising Group)는 인게이지먼트를 프로그램 인게이지먼트, 토픽 인게이지먼트, 크리에이티브 인게이지먼트의 세 가지 개념으로 접근했다. 프로그램 인게이지먼트는 시청자들을 프로그램에 얼마나 끌어들이는가를 파악하는 것이며, 토픽 인게이지먼트는 소비자 타깃팅 측면에서 분석하고, 크리에이티브 인게이지먼트는 광고 메시지가 얼마나 수용성이 있는지를 파악하는 것이다. 이와 같은 개념은 인게이지먼트가 적절한 타깃에 대해 적절한 광고메시지를 타깃과 관련이 높은 매체나 프로그램에 노출할 때, 광고효과가 높아진다는 것을 의미한다.

한편, 잡지 광고와 인게이지먼트를 분석한 연구에 따르면 독자와의 관계, 구독 이유, 잡지 구독 방법, 브랜드 상상, 크리에이티브 집행, 브랜드 메시지 수용성 등 6가지 요소가 인게이지먼트를 구성하는 것으로 나타났다(Bahary & Fielding, 2005). 킬저와 로머(Kilger & Romer, 2007)는 미디어 인게이지먼트를 개인적 영감을 주는(inspiration), 신뢰할 수 있는(trustworthy), 삶을 풍요롭고 의미 있게 도와주는(life enhancing), 사회활동의 관여도를 높이는(social involvement), 개인적 휴식과 여유를 제공하는(personal timeout), 광고에 주목하고 수용할 수 있는(ad attention, receptivity) 등의 6가지 구성요소로 접근하였다.

이렇듯 인게이지먼트를 구성하는 요인은 다양하며 사실상 여러 가지가 복합적으로 포함되어 있다.

3) 인게이지먼트효과

IAG 리서치는 500명의 프라임타임 시청자를 대상으로 2005년 7월부터 9월까지 3개월간 매일 프로그램, 광고, 브랜드 등에 관한 인게이지먼트를 조사했다. 그 결과, 크리에이티브, 미디어, 타깃 인게이지먼트가 모두 높았을 때 브랜드나 메시지의 상기도는 21포인트 높은 것으로 나타났다. 흥미로운 것은 크리에이티브가 어떤 상태이든지, 미디어 인게이지먼트가 높을 때 브랜드 상기도나 메시지 상기도가 더 높게 나타났다는 점이다. 미디어 인게이지먼트가 광고효과에 영향을 미친다는 것이 검증된 셈이다. OMD는 2006년 금융서비스의 브랜드를 대상으로 브랜드, 광고, 미디어의 3가지 인게이지먼트 요소가 브랜드의 선호도에 어떻게 영향을 미치는지 조사했다. 절대적인 브랜드의 선호도에서는 인게이지먼트가 84%의 상관관계를 나타냈고, 브랜드 선호도를 증대시키는 요소에서는 68%의 영향력을 보여주었다. 그 중 광고 인게이지먼트가 49%, 미디어 인게이먼트가 31%를 차지했다. 결국, 브랜드선호도를 증대시키는데 미디어 인게이지먼트가 중요한 역할을 한다는 것을 알 수 있다. OMD는 TV프로그램의 인게이지먼트와 광고의 집중도를 조사하기도 했는데, 둘은 76%의 상관관계를 지니는 것으로 나타났다(양윤직, 2007에서 재인용).

4) 인게이지먼트사례

성공적인 인게이지먼트 미디어 사례로 미국 디즈니월드의 테마파크 중 하나인 '에콥 센터'의 한 미래 체험관(Spaceship Earth)을 들 수 있다.

〈출처〉 한국광고총연합회 광고정보센터 매거진, 2010

해당 체험관에서는 미래로 가는 열차를 탑승하면 소형 카메라가 관람객들의 얼굴을 인식 후, 관람객의 얼굴이 삽입된 맞춤 애니메이션 동영상을 만들어 준다. 그리고 열차에서 내려 관람을 마칠 시점에 체험관 상단 초대형 디지털사이니지를 통해 본인의 얼굴이 삽입된 애니메이션을 방영해 주는 특별한 미디어 체험을 제공하고 있다(유승철, 2010).

5) 인게이지먼트를 높이는 전략

세계적인 미디어 커뮤니케이션 전문 기업인 'OMD(http://www.omd.com/)사'는 광고와 관련한 인게이지먼트를 크게 세 가지로 구분하고 있다. 바로 광고 · 미디어 · 브랜드에 대한 인게이지민드이다. 결론적으로 우리가 매일 24시간을 살아가면서 광고 · 미디어 · 브랜드에 대한 인게이지먼트 수준은 매 순간 변화하고 있고, 따라서 우리 삶의 맥락에서 가장 주요한 시점 · 상황 · 공간에 최적의 미디어 채널 · 브랜드 · 크리에이티브로 소비자의 잠긴 마음의 빗장을 열어야 한다는 의미이다. 유승철(2010)에서는 다음과 같이 인게이지먼트를 높이는 전략을 제시했다.

(1) 미디어와 소비자의 강한 연결고리를 만들어라

인게이지먼트의 핵심은 소비자와의 관련성(Relevancy)과 관여도(Involvement)이다(Wang, 2006). 소비자를 끄는 소비자와 강하게 연관된 높은 인게이지먼트의 콘텐츠는 더 오래 기억에 남고(Higher Recall), 더 긍정적인 브랜드 태도(Positive Brand Attitude)를 형성한다고 알려져 있다. 소비자와의 관련성을 높인다는 것은 쉽게 이야기해서 생활자인 타깃 소비자의 삶의 부분들과 연결고리를 제대로 연결시켜 광고를 만든다는 것이다.

(2) 미디어와 주변 환경과의 연관성을 높여라

다른 미디어와 비교할 때 OOH광고, 디지털사이니지의 가장 큰 특성은 소비자의 집을 떠난 제2의, 제3의 공간 중 일정 부분을 점유하는 미디어라는 점이다. 따라서 소비자의 관심이 높아지고 열린 마음이 될 수 있는 '기회(Spot or Timing)'를 포착하는 것이 그 무엇보다도 중요하다. 그러기 위해서는 소비자가 체류하는 공간과 시간에 대한 입체적이고 면밀한 연구가 선행되어야 할 것이다. 관련 사례들(예 1, 예 2)을 통해 디지털사이니지와 주변 환경과의 연관성에 대한 중요성을 알아보자.

(예1) → 사람들이 버스를 기다리는 시간과 공간을 활용한 네덜란드 FITNESS FIRST의 광고

〈출처〉 IT 조선

(예2) → 인천공항에 설치된 LG전자 휘센 에어컨 광고로 여행객이 무빙워크에 탑승하면 움직임에 따라 광고판의 동물들이 LG 휘센 에어컨의 상징인 '매직 윈도우'를 통과해 북극곰, 펭귄 등으로 변함

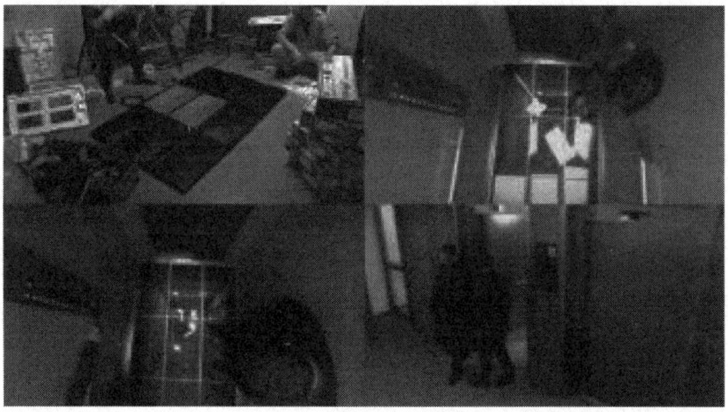

(예2) → 엘리베이터 바닥에 설치된 LG IPS(In-Plane Switching) 모니터 9개를 이용해 탑승자들에게 바닥이 무너지는 듯한 영상과 음향을 틀어줌으로서 모니터 화질이 선명함을 광고

3) 미디어와 브랜드와의 연결을 강화하라

위에서 소비자 그리고 미디어가 설치된 주변 환경과의 연관성에 대해 알아보았다. 언급한 두 가지 측면만큼 '미디어'라는 하드웨어 역시 인게이지먼트 형성에 큰 역할을 하고 있다. 특히 3D기술, 촉감기술 등 우리의 감각기관을 강렬하게 자극하는 새로운 방법론들이 탄생함에 따라 미디어 자체가 담당하는 역할은 더욱 중요시되고 있다. 관련 사례(예 3)를 통해 브랜드에 적합한 '미디어' 선정이 어떻게 광고되는 브랜드(상품 · 서비스)의 커뮤니케이션에 기여하는지를 살펴보자.

(예3) → 사람들이 광고물 가까이에 다가가면 후방 주차 시스템이 작동하며 나는 소리가 들리게 하여 직접 시승하지 않아도 자동차 주차 센서의 기능을 체험할 수 있도록 함

(예3) → 광고 벽 자체를 벨크로를 활용하여 촉감을 활용한 코카콜라의 새로운 그립감의 병 광고

2. 크로스미디어와 빅데이터

지금은 여러 매체를 동시에 이용하는 크로스미디어가 많이 활용되고 있다. 그 이유는 다음과 같다. 최근 광고시장에서는 전통적인 4대 미디어(TV, 신문, 잡지, 라디오)의 영향력은

점차 감소하고, 인터넷과 BTL(Below the line)로 분류되는 광고의 성장이 두드러지고 있다. 특히 인터넷과 옥외광고는 수년간 지속적인 성장세를 보이고 있으며, 새로운 광고 미디어로서 확고한 자리를 차지하는 중이다. 와이브로, 무선 인터넷, 모바일 인터넷 등과 같이 인터넷의 휴대와 이동이 가능해짐에 따라 OOH(Out of Home) 미디어 영역과 결합되기 쉬워졌으며, 마케팅에 활용할 수 있는 가능성이 크게 높아지고 있다. 즉, 다양한 미디어의 통합적인 활용을 통해서 소비자와 접촉할 기회를 증가시킬 수 있으며, 결과적으로 높은 마케팅 효과를 얻을 것으로 기대하고 있다.

다시 말해, 소비자가 언제 어디에 있더라도 접근이 가능하며, 새로운 마케팅 커뮤니케이션 활동은 물론이고 기존의 미디어를 통한 마케팅 커뮤니케이션 활동을 강화시키는 것도 가능하다. 따라서 이와 같은 OOH 미디어와 모바일의 접목 효과에 대해서 주목할 필요가 있으며, 다양한 미디어의 믹스와 통합적인 노출 전략의 효과에 대해서도 검토할 필요가 있을 것이다.

소비자가 마케팅 커뮤니케이션 행위에 접촉할 수 있는 기회를 교차시켜(노출기회를 겹치도록 하여) 커뮤니케이션 목표를 달성하도록 해야 한다. 바로 이것이 크로스미디어 시대에 적절히 대응하는 커뮤니케이션 전략이라고 할 수 있을 것이다. 즉, 단순히 수신자로서 소비자가 존재하는 것이 아니라, 미디어의 교차를 통해서 소비자를 자극하고, 또 소비자 스스로 적극적으로 메시지를 수집하도록 환기시키는 것이 크로스미디어 시대에 적합한 커뮤니케이션 전략일 것이다.

크로스미디어에서는 활성화된(이미 자극에 노출된) 소비자에게 미디어의 교차접촉을 촉진하고 자극하는 것이 중요하다. 활성화된 소비자는 내부 정보의 탐색(자신이 갖고 있는 정보나 지식에서 탐색)만으로는 충족될 수 없기 때문에, 외부 정보를 얻기 위해 마케팅 커뮤니케이션을 수행하는 다양한 미디어를 접촉하려고 하기 때문이다. 그러므로 마케터들은 콘텐츠를 미디어 성질에 맞추어 구성, 편집하고, 다양한 미디어를 교차시켜 소비자들이 스스로 미디어를 통해서 정보를 수집할 수 있도록 기회를 제공하여야 할 것이다. 이 때 메시지를 제대로 전달하기 위해서는 IMC(통합적인 마케팅 커뮤니케이션)에서와 마찬가지로 일관성이 매우 중요하다. 크로스미디어에 대응하는 마케팅 커뮤니케이션 목표는 '소비자에게 바른 지식구조를 구축시키는 것'이다. 이를 위해서는 브랜드의 가치를 분명히 확립시켜야 하며, 소비자의 활성화(자극시켜 정보를 스스로 탐색하려는 동기를 형성)가 중요한 포인트가 된다. 또한 소비자들을 복수의 미디어에 교차 노출시켜, 복수의 미디어로부터 외부 정보 수집을 하게끔 하는 것도 중요하다. 동일한 정보를 여러 사람에게 들었을 때 사람들이 더 잘 믿게 되는 것과 같은 원리이다(김재휘, 2008).

예를 들면, KT미디어허브는 옥외광고와 연동되는 '매칭형 크로스미디어 광고' 서비스를

2014년 10월에 출시했다. '매칭형 크로스미디어 광고'는 옥외광고 앞에서 스마트폰을 흔들면, 광고주가 제공하는 각종 서비스 및 이벤트 등의 부가 정보를 그 자리에서 수신할 수 있다. 위치정보기반으로 현재 자신의 위치와 가까운 매장의 할인 정보 등을 받을 수 있고 기존 옥외 광고를 본 뒤, 관련 정보를 인터넷에서 따로 찾아야 했던 불편을 해소하였다. 이 서비스를 이용하려면 삼성전자가 개발한 '스윙고(Swingo)' 어플리케이션(이하 앱)이 설치돼 있어야 하고 '매칭형 크로스미디어'가 적용된 옥외 광고 근방(100M 내외)에서 스마트폰을 흔들면 된다. 그러면 '스윙고' 앱이 사용자 위치와 광고물의 위치를 매칭해 쿠폰, 부가 정보 등을 사용자의 스마트폰을 통해 보여준다. 이러한 매칭형 크로스미디어는 광고물 위치를 기반으로 각종 정보를 전달해, 해당 위치에 있는 고객을 타겟팅할 수 있다(신지혜, 2014). 우선 '아웃백 스테이크 하우스'의 매칭형 크로스미디어 광고를 강남역 지하철 역사 내에 위치한 디지털사이니지에 설치했다. 해당 옥외광고 앞에서 스마트폰을 흔드는 고객 중 추첨을 통해 '스테이크 버거 교환권' 등 다양한 경품을 주었다.

〈출처〉 etnews

초기 크로스미디어 광고는 TV광고에 인터넷 검색창이 삽입된 형태였다. "OOO 검색창에 OOO를 검색하세요." 또는 "OOO이 도대체 뭐 길래?"등의 문구를 통해 소비자의 호기심을 유발하여 능동적으로 인터넷을 통해 자사의 브랜드 페이지로 안내하는 형식이었다. 그 이후에는 잡지나 신문, 옥외, 교통광고 매체에 QR코드(Quick Response Code)를 삽입하여 소비자가 스마트폰으로 링크하여 구체적인 정보를 얻거나 이벤트에 참여할 수 있도록 웹페이지로 안내해 주는 단순한 형태로 이어졌다. 2011년 홈플러스는 지하철 매체를 활용하여 가상스토어를 만들고 바코드를 찍어 제품을 간편히 구매할 수 있도록 하였다. 이 캠페인은 세계 최초로 만들어진 가상스토어일 뿐만 아니라, 광고제 수상, 매출 성장으로 이어져 온라인 매출은 130% 증가하여 이마트를 누르고 온라인 매출 1위로 올라섰고 온라인몰 신규 가입자가 76% 늘었다(김희정, 2011).

〈출처〉 크로스미디어 시대 소비자는 미디어를 넘나든다, 2013

현대자동차는 2013년 3월, 5일간 강남대로에서 시선을 사로잡는 게임을 진행했다. 연간 정지선을 지키지 않는 운전자들로 인해 보행사고가 증가하고 있다는 사회현상을 반영하여 정지선 지키기 캠페인을 진행하였다. 강남대로변을 달리는 차들 중 정지선을 맞춘 차에 베팅하는 게임으로 온라인과 모바일을 통해 참여 및 응원이 가능하였다. 또한 화면을 강남역 전광판, 온라인, 모바일을 통해 실시간으로 보여주었다. 이 캠페인을 진행한 결과 정지선 준수율이 14% 상승하고, 총59,062명이 참여하는 결과를 보였다. 기프트카, 버스콘서트, 뮤직시트 등 꾸준히 사회공헌 캠페인을 진행하고 있는 현대자동차는 '더 나은 미래를 향한 동행'이라는 하나의 일관된 메시지를 다양한 형태의 캠페인을 통해 소비자들의 공감을 이끌어 내고 있다.

〈출처〉 크로스미디어 시대 소비자는 미디어를 넘나든다, 2013

옥외광고 집행에 있어 빅 데이터를 활용할 경우, 그 효과가 크다는 결과가 나타났다. 영국계 다국적 옥외광고 매체구매대행사인 포스터스코프(Posterscope)와 영국 최대의 모바일 네트워크인 EE(www.ee.co.uk)가 2014년 1~5월 사이 레노버 등을 포함한 광고주들을 대상으로 한 실험을 하여 200% 증가한다는 결과를 얻었다. 포스터스코프와 EE는 2013년 말 파트너십 계약을 맺고, 옥외광고 집행에 있어서의 효과적인 모바일 사용자 데이터 활용을 모색해 왔다.

포스터스코프 측은 EE로부터 익명화해 집계된 사용자 그룹 데이터를 제공받아 옥외광고 집행에 활용했다. 소비자들의 이동 중 위치 기반 디지털 활용 행태 자료를 포함해 옥외광고 매체 사이트 인근에서 다수의 소비자 그룹이 언제 어디서 모바일 기기를 사용하는지의 자료 등을 제공받았다. 캠페인은 1월 27일과 5월 4일부터 각각 2주간 전개됐다. 370개의 모바일 웹사이트와 앱을 선택해 분석한 결과 1만 2,000개의 핫스폿이 이용된 것이 확인됐으며, 총 1만9,000개의 광고판에 대해 1,500명의 조사자들이 리서치에 동원됐다. 레노버의 캠페인에 대한 효과조사를 진행한 결과, EE 데이터를 활용해 광고를 집행함으로써 소비자들의 자발적인 광고인식과 구매고려 부문에서 200%나 증가한 것으로 나타났으며, 온라인 검색도 150% 증가한 결과가 나왔다(이정은, 2014).

3. O2O마케팅의 강화

O2O마케팅은 온라인상의 거래가 모바일(스마트폰)을 통해 쇼핑과정에서 온 · 오프라인 경계를 허물게 만든다. 단어 그대로 말한다면 온라인에서 오프라인으로 고객은 구매하려는 상품이나 서비스를 정보탐색부터 시작하여 최종구매까지 쇼핑과정에서 온라인, 오프라인 경계를 넘어 가장 효율적인 방법으로 쇼핑을 하게 된다(커넥팅팀, 2015). 이러한 과정에서 디지털옥외광고가 광고메시지 채널이나 유통채널 역할까지도 하게 된다.

O2O마케팅은 크게 두 가지 관점에서 설명할 수 있다. 하나는 '라이프스타일'의 변화이고, 다른 하나는 '유통의 변화'이다. 전자는 위치 기반 서비스가 확장된 것으로 주변 상점들의 프로모션(할인, 쿠폰 등)정보를 실시간으로 받아서 활용하는 것이며 후자는 실제 상품을 구매하기 위한 쇼핑 및 구매 행위로 매장과 유통영역까지 포함하는 '옴니채널' 관점의 쇼핑이다(커넥팅팀, 2015). 디지털옥외광고에서도 이러한 현상이 일어난다. 거리에 있는 디지털옥외광고를 통해 정보를 알게 되고 실제로 매장에 들어가 제품을 살펴본 후 제품을 구매하게 된다. 이러한 과정에서 디지털옥외광고와 모바일이 연동되어 제품을 탐색한 후 제품을 매장에서 보게 된다. 향후 디지털옥외광고는 모바일과의 연동성이 더욱 중요하게 될 것이다.

이처럼 위치기반서비스를 가능하게 하는 것에 비콘이 있다. 비콘은 비행기나 선박의 위치, 방향을 확인하기 위한 장치들을 통칭하는 개념이다. 애플은 2013년 세계개발자회의에서 아이비콘의 무선통신 서비스를 발표했다. 아이비콘은 블루투스 4.0 LE기반의 무선통신 기술로, 비콘센서와 스마트폰이 블루투스로 정보를 주고받는 것이다. 아이비콘의 범위 안에 들어오면 사용자는 정보를 받게 된다. 예를 들면 시럽어플리케이션을 설치하면 편의점이 근처에 있을 때, 할인이나 쿠폰메시지를 받게 된다. 따라서 이 정보를 접한 후 소비자는 매장으로의 진입이나 제품을 구매하게 된다. 이러한 서비스는 디지털옥외광고와 같이 연동하여 소비자를 리테일숍으로 이끌 것이다.

예를 들어, 매장 가까이 있는 고객에게 광고메시지를 전달하고 할인 쿠폰을 제공하여 매장 출구에서 결제까지 하게 한다. 또한 3개 이상의 비콘으로 삼각측량을 통해 고객이 어떤 위치로 들어왔다가 어디로 나가는지, 어떤 상품 앞에서 오래 머물렀는지, 상품을 살펴보는 순서 등 고객과 관련한 데이터를 수집하게 된다(커넥팅랩, 2015).

4. 사물인터넷과의 결합

디지털로 인해 사물인터넷과의 결합이 이루어지고 있다. 예를 들면, 매장 간판에 와이파이 등 소형 통신장비를 적용해 원격 조작 및 관리를 할 수 있으며 기존 광고물이 쌍방향 정보를 주고받을 수 있는 새로운 정보・마케팅 허브로 활용될 수도 있다. 그러한 현상으로 최근 LED간판업체와 손잡고 간판과 버스쉘터 광고물에 사물인터넷을 적용해 광고물을 스마트폰으로 원격 제어하는 사업을 시작하였다. 이러한 결합은 다음과 같다. 기존 간판에 AP(무선접속장치) 역할을 하는 소형 WiFi 모듈을 설치해 스마트폰과 통신하는 방식이다. 이를 통해 간판 조명을 원격으로 켜고 끄는 것은 물론, 간판에 유입되는 전류량을 측정해 LED모듈의 고장 유무도 실시간으로 확인할 수 있다. 한편 한국전자통신연구원(ETRI) 또한 같은 방식을 이용한 '스마트 간판 솔루션'을 개발, 상용화를 추진 중이다. 이 솔루션은 WiFi 모듈이 내장된 매장의 간판을 스마트폰으로 촬영하면 해당 매장에 대한 정보가 바로 관련 앱을 통해 스마트폰 화면에서 나타나는 기술이다. 예를 들어 음식점의 간판을 촬영하면 그 매장에서 파는 음식의 메뉴와 가격, 주소 등이 바로 확인된다. 또한 이 정보를 카카오톡 등의 SNS를 통해 지인들과 공유할 수도 있다. 상점 운영자도 간단하게 이 기술을 마케팅에 응용할 수 있다. 서비스 제공사업자가 고객에게 제공하는 데이터 외에 부가적으로 고객에게 제공하고 싶은 정보가 있다면 USB에 담아서 수신 모듈에 넣으면 연결된 스마트폰으로 자동 전송된다(신한중, 2015).

이렇듯 디지털옥외광고는 사물인터넷과의 결합으로 과거에 하지 못했던 것을 새롭게 할 수 있게 되었고 사용자 입장에서나 수용자 입장에서도 편리하게 되었다.

참고문헌

김재휘(2008). 크로스 미디어와 모바일 매체의 광고효과, 광고정보.

마켓캐스트(2017). http://www.marketcast.co.kr/1209 [디지털마케팅 커뮤니케이션 전략 트렌드 마켓캐스트]

신지혜(2014). KT미디어허브, 옥외광고 연동 '매칭형 크로스미디어 광고' 서비스 출시, http://www.etnews.com/20141001000038

신한중(2015). 사물인터넷(IoT) 시대, 옥외광고 환경 변화에 주목하라! http://www.sptoday.com/bbs/board.php?bo_table=article&wr_id=56838&sca=%B4%BA%B9%CC%B5%F0%BE%EE%2F%B5%F0%C1%F6%C5%D0%BB%E7%C0%CC%B4%CF

%C1%F6&sop=and&p=1
양윤직(2007), 인게이지 먼트: 소비자 관심의 정성적 측정, 월간 광고정보, 12월호, 101-103.
이정은(2014), "모바일 유저 데이터 활용시 옥외광고 집행효과 200% 증가", SP투데이. http://www.sptoday.com/bbs/board.php?bo_table=article&wr_id=54588&sca=%C7%D8%BF%DC%BC%D2%BD%C4&sop=and&p=1.
임재현(2006). Media Trend: GRPs를 넘어 Engagement의 세계로. HSAd Webzine, 11～12월호.
커넥팅랩(2015), 모바일 트렌드 2016 : 모바일, 온디맨드의 중심에 서다
ARF(2015). http://www.thearf.org/assets/research-arf-initiatives-defining-engagement
ARF(2017). http://www.thearf.org/assets/research-arf-initiatives-defining-engagement
Bahary, J., & Fielding, R.(2005). Are you experienced? The development of an engagement based planning approach in print. 12th Worldwide Readership Research Symposium, Prague.
Ephron, E.(2006). Media planning: From recency to engagement. India . The ICFAI University Press.
Goffman, E.(1974). Frame analysis. New York: Harper and Row.
Kilger, M., & Romer, E.(2007). Do measures of media engagement correlate with product purchase likelihood. Journal of Advertising Research, 47(3), 313～325.
Peterson, E. T. (2008). How to measure visitor engagemetn, Web analytics demystified, http://www.marketcast.co.kr/1209#ixzz3yDIETRzu
Russell, C. A., Norman, C. T., & Heckler, S. E.(2004). The consumption of television programming: Development and validation of the connectedness scale. Journal of Consumer Research, 31(1), 150～161.
Wang, A.(2006). Advertising Engagement: A Driver of Message Involvement on Message Effects. Journal of Advertising Research, 46(4), 355～368.
Witmer, B. G., & Singer, M .J.(1998). Measuring presence in virtual environments: A presence questionnaire. Presence: Teleoperators and Virtual Environments, 7(3), 225～240.

웹사이트

Fitness First bus shelter
https://poeuk.tistory.com/m/65?category=8809

So Real it's Scary LG elevator
https://www.youtube.com/watch?v=NeXMxuNNlE8

Sensor Poster Ford Focus

https://www.youtube.com/watch?v=fYPR26L9jd0

Coca Cola New grip bottle / Outdoor com Velcro

https://www.youtube.com/watch?v=sR-fo1Iu7TU

제3장 디지털사이니지와 환경과 변화: 소비자

1. 소비자의 이해

1) 라이프스타일 본질과 그 적용(1)

오늘날 소비시장이 성숙되고 소비자의 가치, 의식수준 및 선호가 다양화되고 개성화되면서 많은 마케터들이 소비자의 가치와 가치구조체계에 주목하고 있다. 이는 가치가 인간행동의 잠재적이고 역동적인 영향력과 행동의 기준을 제공하기 때문이다. 즉, 한 소비자가 갖고 있는 가치의 중요성은 그가 추구하는 활동, 관심 그리고 의견들이 무엇인가를 결정케 한다고 볼 수 있다.

처음으로 명백하게 라이프스타일을 정의 내린 Lazer교수는 1963년에 "라이프스타일이란 시스템적 개념으로 전체 사회나 부분의 집합적이고 광범위한 의미에서의 특색 있는 생활양식을 뜻한다. 이러한 라이프스타일은 특정 문화나 특정 집단의 생활 양식을 표현하는 독특한 구성 요소와 질에 관련이 있으며, 사회생활의 역동성에서 발견되고 표출된 패턴을 구체화한 것이다." 라고 정의하였다.

즉, 라이프스타일은 문화, 가치, 자원, 상징(symbol), 허가, 제재(sanction) 등이 정형화된 결과로서, 구매하는 제품, 사용하는 상징체계, 소비하는 방법에는 사회의 생활 양식이 반영된다는 것을 의미한다. 또한 라이프스타일은 소비자의 내재된 가치나 욕구에 대한 심층적인 이해를 가능하게 하여 주는 하나의 접근 방법이다. 이런 측면에서 "개인의 라이프스타일은 그 사람의 행동, 관심, 의견에서 나타난 바와 같이 세상을 살아가는 패턴"이라고 말하고 있다.

이를 대변하듯이 그간 우리 세대의 사회문화적 측면에 대한 반영으로 X, Y, C, M세대들을 규정짓고 그에 대한 마케팅을 진행해 왔다. 그러나 최근에는 사회적, 경제적 성숙과 미디어의 혁신을 통한 글로벌화로 인해 계층 간, 세대 간, 소득 간의 영향에 따라 그 라이프스타일은 더욱 세분화 되고 있어, 과거의 세분시장마다의 고유한 유형이 나타나고 있는 상황이다.

이러한 라이프스타일을 구현하는 것은 가치인식이 상이하기 때문인데, 가치란 성공, 안정성, 행복 등과 같이 사람들의 폭넓은 삶의 목적이나 필요라고 정의되고 있다. 또한 행동과 사건의 평가나 선택을 안내하며, 상대적인 중요성에 의해 순서를 정하는 목적 상태에 대한 믿음이나 행동으로 정의했다.

이러한 가치는 태도와는 구별된다. 전자가 포괄적인 개념이라면 후자는 특정 상황이나 구체적 대상에 초점을 맞추기 때문이다. 즉, 가치는 태도를 인도하며, 태도는 가치가 구현된 것이라고 할 수 있다. 따라서 소비자는 가치 실현을 위해 제품을 구매하고 소비자들이 중요시 여기는 가치를 중심으로 시장은 세분화할 수 있다.

[표 1] 라이프스타일 유형연구

연구자	연구대상	표본 수	라이프스타일 유형
채서일(1992)	전국 도시 15-59세	1500	전통적 알뜰형 합리적 생활 만족형 진보적 유행 추구형 보수적 생활 무관심형
대한 상공회의소 (1993)	전국 도시 15-65세	1045	진보형 패션 추구형 합리적 생활추구형 전통적 보수 추구형
조형오(1996)	전국 도시 13-59세	6000	서구 지형적 자아 추구형 현실 부정적 자아 억제형 미래 지향적 현실 순응형 감각 지향적 자유 분방형 보수적 현실 향유형
이동훈(1997)	전국 도시 19-49세	300	광고, 부랜드 선호형 쇼핑 무관심형 충동구매형 계획 구매형 가능 중시형
박성연, 최신애(1999)	전국 도시 18-49세	20781 (1994-1998년) 5년간	패션 추구형 정치 관심형 서구식 실용주의형 보수적 상표의존형 가정살림형 생활 무관심형

라이프스타일은 특정 개인이나 특정 집단의 문화, 가치관, 생활 양식 및 행동 양식의 총화로서 이러한 정형화된 문화, 가치관, 생활 양식 및 행동 양식은 라이프스타일을 구성하면서 특정 제품이나 서비스의 구매 및 재화의 소비에 영향을 끼친다. 따라서 마케팅 담당자들에게 라이프스타일은 마케팅 전략상 중요한 의미를 지니며, 각각의 라이프스타일을 고객 집단별

로 분석하여 각 집단의 라이프스타일이 그 구성원의 생활양식이나 구매행동에 어떤 영향을 미치며 그 결과로 구성원 개개인의 생활 양식과 구매 행동이 어떠한 상관관계를 갖고 있는가를 통해 세분시장을 발견하고 그에 대한 마케팅 전략을 수행하는 것이 라이프스타일 마케팅 전략이다.

라이프스타일은 개념은 본질적으로 소속된 사회와 문화 수준과 밀접한 관련이 있으며 생활태도나 가치관·규범·성취감과 같은 문화적 변수와 소득, 구매력과 같은 경제적 변수에 의해 크게 영향을 받고 있다.

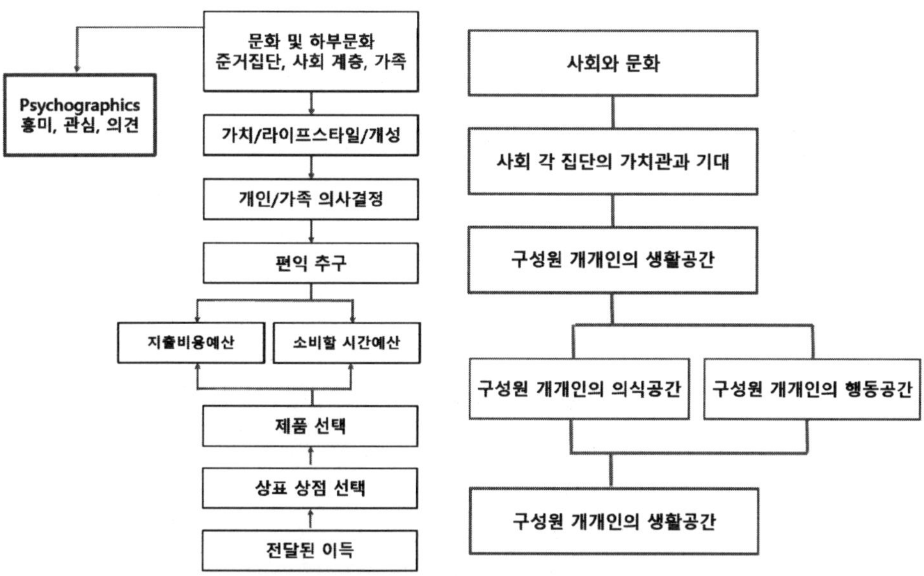

〈출처〉 J.F. Engel, R.D. Blackwell, Consumer Behavior, 4rd ed" Illinois* The Dryden Press, 1982. pp. 189

〈출처〉 Lazer W.(1963), "Life Style Concepts and Marketing", Stephen A. Greyser, Toward Scientific Marketing, AMA p.113

[그림 1] 라이프스타일이 소비자 의사 결정에 미치는 영향과 라이프스타일의 구매 행동

최근 여러 가지 목적에서 이용하고 있는 소비자의 라이프스타일에 대한 분석은 다음과 같은 의미에서 마케팅 및 커뮤니케이션 관리자에게 매우 중요한 정보와 활용가치를 제공해 주고 있다.

첫째, 라이프스타일 분석은 효과적인 시장세분화의 기준을 제공해준다. 라이프스타일 유형의 특징과 인구통계학적 특성을 결합소비자들을 세분시장으로 나누고 이에 맞게 마케팅 촉진 믹스를 개발함으로써 효과적인 마케팅 및 커뮤니케이션 활동을 수행할 수 있다.

둘째, 라이프스타일 분석은 소비자 행동을 입체적으로 설명해줄 수 있다. 소비자들의 상품

선택, 점포선택, 상표선택 등의 차이를 인구통계학적 요인이나 사회경제적 요인들만으로 충분히 설명하지 못하는 부분을 라이프스타일 분석이 보다 유용하게 설명해 줄 수 있다.

셋째, 라이프스타일 분석은 사회적 동향을 예측하는데 도움이 될 수 있다. 여가활용 방법, 환경문제와 같은 사회문제에 대한 태도 등 소비자들의 생활상 변화 및 의식을 파악함으로써 소비행동이나 구매행동의 변화를 예측할 수 있으며, 그러한 예측은 제품이나 서비스 개발에 이용될 수 있다.

□ 소비자의 트렌드 및 라이프스타일 변화

최근 2016년 문화체육관광부의 국민 여가활동조사결과를 살펴보면 국민의 삶의 질에 대한 열망이 높아지고 있고 특히 문화예술 체험에 대한 욕구가 높아진 것을 확인할 수 있다. 이러한 상황을 종합해 보았을 때, 도시 내 다양한 여가활동에 대한 사회적 요구를 담아 낼 수 있는 공간들이 필요해지고 있음을 알 수 있다.

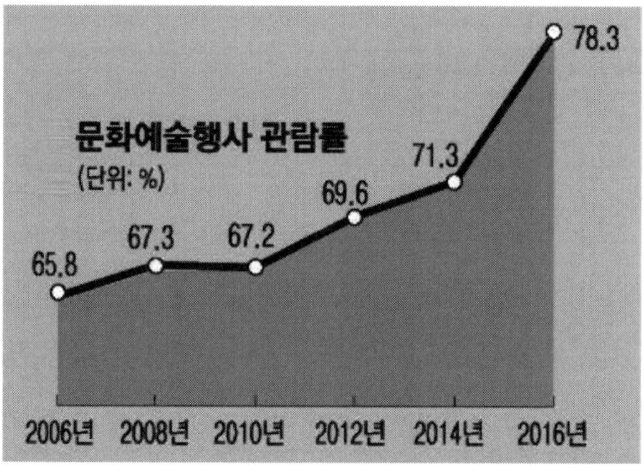

〈출처〉 문화체육관광부, 국민 여가활동 조사, 2016

[그림 2] 2016년 문화체육관광부 국민 여가활동 조사

2018년 조사결과에 따르면 대한민국 국민들의 평일과 휴일 여가시간은 각각 3.3시간, 5.3시간으로 2016년에 비해 모두 증가하였고, 월평균 여가 비용 역시 2016년에 비해 1만 5천원 상승한 것으로 나타났다. 점점 여가시간을 즐기는 사람들이 많아지고 있으며 특히 지난 1년간 국민들이 가장 많이 한 개별 여가활동(1순위 기준)은 여전히 텔레비전 시청이었으나, 그 비중은 매년 감소하고 있는 것으로 나타났다('14년 51.4%→'16년 46.4%→'18년 45.7%). 여가활동을 유형별로 살펴보아도 휴식 활동(86.0%)이 처음으로 취미·오락 활동

(90.5%)보다 적게 조사되어 과거보다 소극적 여가활동의 비율이 점차 감소하고 소비자들이 여가활동에 적극적으로 변화하고 있음을 알 수 있다.

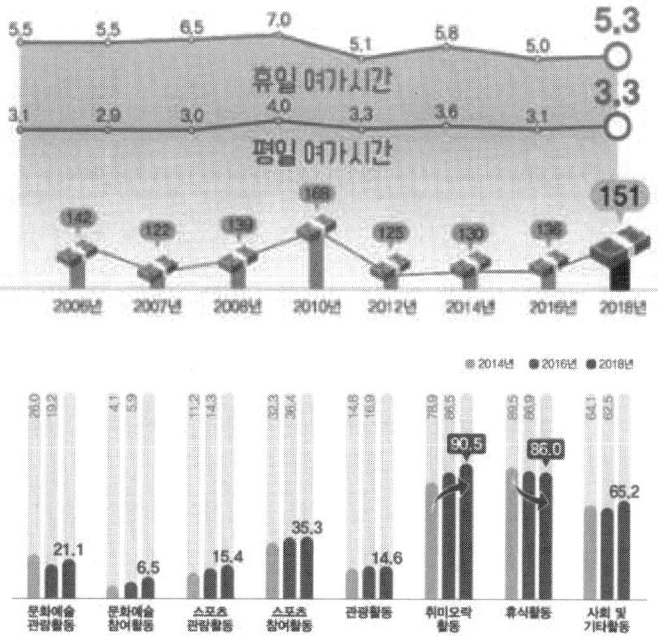

〈출처〉 문화체육관광부, 국민 여가활동 조사, 2018

[그림 3] 2018년 문화체육관광부 국민 여가활동 조사

이러한 여가활동의 변화에 따른 두드러지는 변화는 상업시설과 여가 및 문화공간의 결합을 통한 복합기능화된 공간의 증가이다. 단순한 쇼핑공간에서 엔터테인먼트, F&B, 쇼핑이 융·복합 되어 레포츠와 휴식·외식·문화 등을 누릴 수 있는 복합문화공간으로서의 역할이 두드러지는 복합쇼핑몰 형태로의 변화는 일본, 미국, 유럽 등 선진국에서는 이미 보편화되어 있다.

최근 소비자들은 감정이나 기분에 따라 소비하는 유희적, 쾌락적인 '감성소비'로 변화하고 있으며 이는 소비활동을 의무적인 행위로 인식하지 않고 쇼핑 자체를 즐기려는 경향으로 볼 수 있다(유민태, 박태원. 2015). 2018 소비 트렌드를 볼 때 최근 소비자들은 소유보다는"경험"을 소비하는 것을 더 가치 있게 여기고 있음을 확인 할 수 있다. 정서적 즐거움이 매장 내에서 소비자들의 쇼핑 행동에 중요요소로 자리잡음으로써 단순히 재화의 거래만이 이루어지던 장소에서 생활영위의 공간의 장소로 가치가 변하였고, 엔터테인먼트 중심의 체험환경을 조성하는 것으로 무게중심이 이동하고 있다.

지역 맞춤형 쇼핑몰 '스타필드 시티 위례' 문 연다

입력 : 2018-12-13 22:24 | 수정 : 2018-12-14 00:57

오늘 사전 개장 거쳐 18일 정식 개장

'이마트타운'·스타필드 장점 결합

지상 2층 키즈존·10층 펫파크 배치

CGV·서점·구두수선 매장도 입점

▲ '별마당키즈'

14일 사전 개장하는 스타필드 시티 위례점 2층에 130㎡ 규모로 들어선 별마당키즈 모습. 스타필드 코엑스몰점에서 처음 선보여 화제를 모았던 '별마당 도서관'을 응용해 만든 어린이 전문 도서관이다.

신세계그룹 제공

〈출처〉 서울신문, 2018

[포토] 개점과 동시에 문화 피서객으로 붐비는 별마당도서관

기사입력 : 2018-08-02 21:34

〈출처〉 이투데이, 2018

[그림 4] 스타필드, 별마당도서관 등 문화융합 우수 사례

현대에는 소비를 단순히 경제활동으로만 보는 시각에서 벗어나 사회·문화적 활동으로 파악하려고 하는 폭넓은 관점으로 이해된다. 즉, 단순한 재화의 소비가 아니라 문화를 소비하는 트렌드가 확산되고 있으며 이는 공간 안에서 그 "장소"에서만 즐길 수 있는 즐길거리를 조성하는 것이 중요해지고 있다. 2018 도시재생뉴딜대상 시상식에서 사회공헌 분야 최우수상으로 선정된 현대카드의 '광주 송정역 일대 창조적 전통시장 육성 프로젝트(1913 송정역 시장)'를 사례로 들 수 있다. 운영 점포 수도 지난해 36개에서 65개로 급증, 고용창출도 50명에서 100명으로 늘었으며(현대카드, 2018), 광주 대표 관광명소로 자리 잡아 하루 방문객이 4,000여 명으로 증가하였다. 이는 침체된 전통시장에 문화, 디자인, 정보통신기술(ICT)를 접목하여 야외 쉼터, 물품 보관함, KTX 열차 시간 전광판, 공중화장실, 점포 역사판, 야외 안내판, 대형 시계 등 다양한 편의시설을 확충, 각 점포에 맞는 영업방식과 점포 관리법, 제품 진열·포장 방식, 서비스를 개발함으로써 기존의 전통시장이 가지는 문제점을 보완하고 소비자들의 마음을 사로잡은 문화가 있는 새로운 "장소"로 탈바꿈 한 것이다. 또한 '상인 주도'의 지속적인 이벤트와 축제 개최, 9월에는 맥주 축제, 10월에는 어린이 사생대회, 할로윈 축제를, 설·추석에는 특별한 명절 축제를 열고 저녁에는 청년몰을 중심으로 야시장을 운영하여 시장 내 자생적인 콘텐츠의 선순환구조를 만들어가고 있다.

[그림 5] 광주 1913 송정역 시장

이처럼 소비자의 라이프스타일을 분석하는 것은 도시의 공간을 새롭게 해석하는 새로운 시각을 제공할 뿐 아니라 독특한 문화적 표현과 정체성을 파악할 수 있는 전략이다. 도시내의 특징적 문화 어메니티이자 행사의 집합체라고 할 수 있다. 즉, 사람들의 생활방식을 파악함으로써 그들의 가치관 특징을 파악하고 이에 따른 마케팅이 이루어져야한다. 최근 라이프스타일은 인간의 생활관은 생존이나 경제력의 향상과 같은 물질적 가치(Material Value)에서 점차 미(美), 지(知), 개성, 문화 사회적 소속감, 자아실현, 자기계발 등을 중시하는 탈 물질적 가치(Post-Material Value)로 변화해 가고 있음을 주지의 사실이다. 이런 비경계적 욕구 또는 고차원적인 욕구에 관심이 쏠리게 되는 부가적인 이유는 거시적 환경의 변화와 개인의 문화수준 향상, 신세대와 구세대의 교체, 생애주기의 변화 등과 같은 미시적인 요소들의 변화라고 볼 수 있다.

사람들은 현대 사회로 올수록 점자 생활의 다원화가 진행됨에 따라 '일' 영역과 '삶' 영역의 균형의 중요성이 인식되었다. 즉, 여유있는 삶에 대한 욕구가 증가하면서 정부는 노동시간을 주 52시간으로 단축하는 내용의 개정이 통과되면서 '일과 삶의 균형'에 대한 관심이 증기하였다. 인간의 창의력와 심리적 잠재력을 발휘하고 문화를 창조해 낼 수 있는 삶의 영역으로 여가생활의 문제가 강조된다. 이것은 여가시간의 증가를 의미하며 가족과 즐기는 시간, 레저활동, 사회적 참여 교육기회의 증가 등 여러 가지 다양한 여가활동을 가능하게 함으로써 사람들의 삶의 질이 향상된 것이다. 뿐 만 아니라 이로 인해 최근 밤과 낮의 구분 없이 생활하는 라이프스타일을 가지고 오게 되었다. 경제적 윤택함으로 인하여 도시민의 활동이 주간만 아니고 야간으로 이어지며 야간경관에 대한 관심이 높아졌고 시민들이보다 안전하고 편리하게 활동할 수 있는 야간공간이 요구되어지고 있다. 도시 공간이 24시간 운영되며 야간경관을 통해 도시는 브랜드이미지를 강화하는 새로운 관광 수요 창출을 유도하려는 노력을 이루는 중이다.

[그림 6] 프랑스 '리옹 빛 축제'

대표적인 사례로 리옹 빛축제(laF te des Lumi res)는 리옹을 대표하는 예술축제 중 하나이다. 리옹 전역에서 대규모로 펼쳐지는 이 축제는 방문객들에게 다양한 모습으로 '빛'을 활용한 예술 장르와 문화 체험을 가능하도록 한다. 또한 보행자 이동 경로에 따라 고르게 작품을 분포하여 보행 만족도의 증진 뿐 아니라 다양한 문화가 모이는 공간으로 서로의 경험을 공유하는 만남의 장의 역할을 수행하고 있다. 이는 물리적 소비보다 경험적 가치에 집중하게 된 현대인들의 여가 활동 욕구를 적극 반영한 축제로 사회・경제・문화적 측면을 적극 활용한 대표적인 예이다.

[그림 7] 싱가포르 Gardens by the Bay

싱가포르 마이나베이에 위치하며 싱가폴의 대표적인 관광명소지로 손꼽히는 가든스 바이 더 베이(Gardens by the Bay)는 거대한 정원으로 단순히 주간의 관광명소가 아닌 조명과 야간 경관 연출을 통해 주・야간을 모두 아우르는 관광명소로 떠오르는 사례로 문화 예술 체험을 24시간 운영되는 관광지이다. 뿐 만 아니라 축제・공연・체험 프로그램 등의 야간관광프로그램을 개별적 개발・운영이 아닌 테마형이나 스토리가 있는 관광코스프로그램으로 상호 연계한 사례로 하나의 테마파크 형식의 관광지로 볼 수 있다.

최근 여가활동 증가로 인해 대부분의 활동시간은 야간시간대를 이루었고 지자체 또한 야간관광 활성화를 위한 야간관광콘텐츠 개발에 주력하고 있는 상황이다. 이제는 단순하게 인터넷을 이용하여 여가활동에 대한 정보만 습득하던 행위에서 취미활동, 여가활동 정보를 이용하고 공유하고 체험하는 형태를 띄고 있다.

2) 라이프스타일 본질과 그 적용(2) – 디지털 라이프스타일의 변화

기술의 발전과 다양한 디지털 매체의 등장과 발달에 따라 기존의 사회적 관계에 변화가 일어나고 있다. 디지털 네트워크를 통해 문화를 만드는 따로 또 같이 현상이 나타나면서 인터넷을 이용한 사회관계의 재생산과 변형이 두드러지고 있는 것이다. 개인들은 스스로의 문화를 창조하며 지극히 개인 중심적으로 움직이지만 개인의 관심, 취미 등을 근거로 다른 사람들과 지속적으로 연결된 공동체를 형성하여 콘텐츠를 만들어 공유하고 상호작용하면서 단순히 개인화에 머무는 것이 아니라 개인을 중심으로 네트워크를 형성하고 있다. 이러한 네트워크화된 라이프스타일은 이전에 오프라인 관계가 온라인으로 확장된 형태가 큰 비중을 차지하였다면 최근에는 온라인 모임의 오프라인화가 확산되면서 다양한 분야와 장르에서 모여 소통하는 소집단이 많아지고 있다. 이러한 소통은 양방향의 커뮤니케이션이 활성화되면서 흩어져 있던 익명의 개인들이 인터넷을 통해 공감대를 확인하고 온·오프라인에서 결집된 대중의 힘을 강화하는데 기여하고 있다. 이는 시공간을 사고하고 사용하는 방식을 재구조화하며, 욕구와 그 해소 방식 또는 변형과 촉발, 억제, 창출시키는 새로운 공간으로 자리 잡은 것이다.

DMC미디어는 2015년 한국인의 디지털 라이프스타일을 세분화하고 유형화하기 위해 디지털 기기 및 미디어 연구 경험과 기존의 선행 연구를 참고하여 54개의 디지털 라이프스타일 측정 문항을 개발하였다. 이러한 디지털 니즈, 구매, 소비, 생활과 관련된 13개 차원의 54개 라이프 스타일 항목의 요인 분석(Factor Analysis)을 실시한 결과,

디지털 커뮤니케이션(Digital Communication)
유니크 스타일(Unique Style)
디지털 트렌드세터(Digital Trendsetter)
편리한 생활(Life Convenience)
아날로그 감성(Analog Sensibility)
디지털 애착(Digital Attachment)

이라는 잠재적인 6가지의 라이프스타일 요인을 발견했고, 이러한 6가지 라이프스타일 요인(Factor)를 분류 변수로 사용하여 군집 분석(Cluster Analysis)를 실시하여 2015년 한국인의 디지털 라이프스타일을 대변할 수 있는 6가지의 라이프스타일 유형을 도출했다.

[표 2] 2015 디지털 라이프스타일 유형

라이프스타일 유형	Profits Summary
A타입	생활의 편리함을 위해 디지털 디바이스/미디어를 이용하는 평균적인 디지털 라이프스타일을 지닌 유형으로 특징적인 모습과 니즈없는 중간자적 성향을 보임
B타입	자기 계발과 정보 획득을 위해 디지털 디바이스/미디어를 적극적으로 이용하며, 유행하는 디지털 디바이스/미디어에 관심이 많고 과시적 목적으로 이용하는 성향이 강한 유형
C타입	디지털 디바이스/미디어를 통해 생활의 편리함을 얻고자 하면, 디지털 디바이스/미디어를 통한 사회적 관계 구축과 유지에도 관심이 있고, 혁신과 기능을 선호하는 얼리어답터형으로 디지털 애착 성향이 나타남
D타입	생활의 편리함과 경제적 이익을 위해 디지털 디바이스/미디어를 이용하며, 아날로그적 감성이 풍부하고 디지털 디바이스/미디어를 가족 관계를 돈독히 하는 목적으로 활용하는 성향이 강한 유형
E타입	디지털 라이프스타일에 대한 욕심과 애착이 매우 강한 유형으로, 디지털 디바이스/미디어 관심이 매우 많으며, 선두에 자리하고자 하는 욕구가 강하고 적극적인 이용 행태를 보임
F타입	디지털 디바이스/미디어를 통해 생활의 편리함을 얻고자 하는 태도는 있으마, 이로 인해 일상 생활 패턴의 변화가 생기는 것을 기피하기 때문에 적극적으로 디지털 디바이스/미디어를 찾아 이용하려고 하지 않음

출처: 2015 디지털 소비자 및 한국인의 디지털 라이프스타일 보고서(2015), 소비자 인사이트 보고서, DMC Report

즉 다양한 ICT기술의 발전에 따라 사람들은 디지털 이용에 관해 창조적 계급 중심으로 완전히 새로운 생활 양식을 가지고 왔으며 이에 대한 태도와 욕구가 증가했다. 새로운 생활 양식은 개성, 자기표현, 차이의 수용, 풍부한 다차원적 경험 욕구를 가지고 왔고 무수한 창조적 활동과의 복합적인 관계를 통해 그들 자신을 인식한다. 더 이상 사람들은 단선적인 시간의 흐름에 살아가고 있는 것이 아닌 개인이 직접 참여하고 열정적으로 탐색하는 모습으로 바뀐 것이다. 즉, 시간 중심에서 공간 중심형 사고로 전환한 것이다. 예를 들어 모바일을 통해 SNS가 일상생활화 되었으며, SNS를 통해 콘텐츠의 생산과 소비를 용이하게 하는 큐레이션 서비스가 확대되고 있어 비슷한 취향을 가진 사용자들이 콘텐츠를 공동으로 생산・유통하는 구조로 진화하여 온라인 공간안에서 오프라인에서 이루어진 경험들을 공유하고 경험하는 형태가 가능해진 것이다. 그러나 이들은 개인의 공간을 침범하거나 방해한다는 느낌을 받는 순간 이들은 공간에 대한 거부감이 발생하고 이로 인해 공간안에서 이루어지는 흥미도는 떨어지는 것이다. 미디어 이용과정에서 사람들은 인지적, 정서적 그리고 행동적으로 관여하기를 원하는 욕구가 증가하며, 이에 따라 ICT기술은 다양하게 발전해왔고 지능정보기술과 VR, 융합기술의 혁신적 발전에 따라 음악, 게임, 출판, 영화 등 다양한 콘텐츠의 창출이 이루어진 것이다. 이에 그치는 것이 아닌 사람들은 서로의 경험을 전달, 공유하는 등의 관여 활동을 통해 소비가 가속화 될 것이다. 즉, 새로운 디지털 환경은 소비자 간의 양방향 커뮤니케이션에 중점을 두는 능동적 참여형태로 변화하였다.

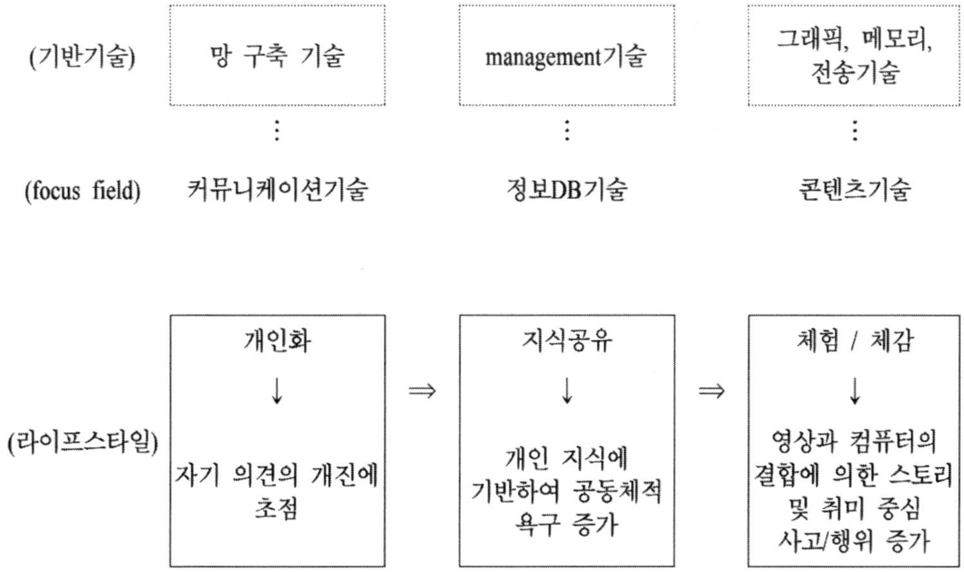

[그림 8] ICT발전과 그에 따른 라이프스타일의 변화

2. 고객 3.0

1) 소비자 3.0 커뮤니케이션의 이해

▶ 소셜커뮤니티의 특징

소셜커뮤니티와 소셜커뮤니티 서비스의 확산과 진화를 3단계 모형으로 소개한 것이 <그림 9>이다.

첫 단계는 "진짜(true)" 커뮤니티로서 주로 같은 지역에 살고 있으며 서로 대화하기를 좋아하는 친구나 동료 그룹으로 이루어진다.

두번째 단계는 커뮤니케이션 공간으로서 소셜커뮤니티이다. 즉, 새로운 모바일 커뮤니티 서비스가 제공 되고 친구와 동료를 초대하여 새로운 형태의 커뮤니케이션 공간을 만든다.

마지막 단계는 상품으로서의 모바일 커뮤니티이다. 즉, 설립된 가상 커뮤니티 플랫폼은 거대한 커뮤니티 플랫폼에 추가되어 웹기반 커뮤니티에 이동성(mobility)을 제공한다.

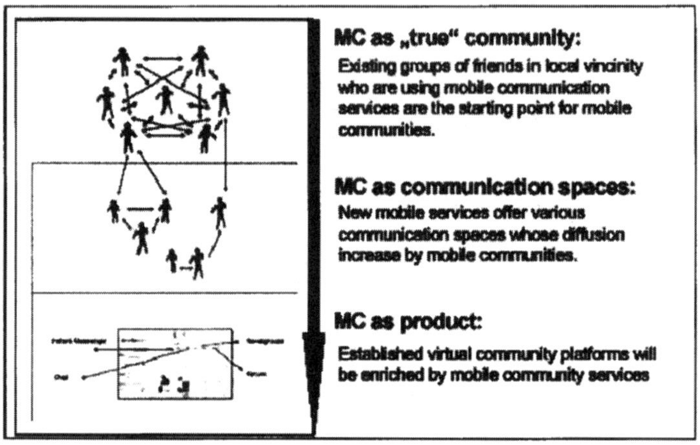

[그림 9] 소셜커뮤니티 서비스 확신과 진화

소셜커뮤니티는 언제 어디서나 자기중심의 대화를 즐길 수 있기 때문에 개인이 이동하는 장소와 정황(목적, 시간, 이동방향, 일시성 등) 등의 특성이 두드러지는 위치기반 콘텍스트 커뮤니케이션(location & context based communication)으로 변모하고 있다. 최근 등장하고 있는 위치한 지역 근방의 맛집 정보, 생활정보, 교통정보, 놀이정보, 숙박정보 등이 제공되고 사용자들이 리뷰를 작성할 수 있는 형태의 서비스가 그 예를 들 수 있다.

먼저 소비자 3.0의 커뮤니케이션을 이해하기 위해서는 웹 3.0을 살펴볼 필요가 있다. 즉. 이제는 더 나아가 현실세계와 가상세계를 융합시키는 웹 3.0시대에 접어들었다. 그전에는 인터넷을 이용하는 모든 사람들에게 개방, 공유, 참여가 자유로운 형태의 서비스를 제공했다면 최근 이를 넘어 정보를 개인별로 상황에 맞게 생성, 가공해주는 맞춤형 서비스로 진화된 것이다. 이러한 서비스의 확산으로 인해 소비자들의 온라인과 오프라인 경계가 허물어졌고 맞춤형 정보 및 직관적인 경험을 제공함으로써 차별화된 경험 위주의 스타일로 변화를 이루고 있다.

[그림 10] 지하철 전광판 응원메세지

예를 들어 능동적인 소비주체의 형태를 지닌 팬덤 문화를 살펴볼 수 있다. 이들은 인터넷 공동체로 팬은 참여가 높으며 사적 수준에서 공동체를 형성하는 집단이다. 이전에는 특정 스타를 좋아하는 집단에 불과했다면 이제는 행동반경과 방식의 변화로 한국 대중 문화를 좌지우지할 만큼의 영향력을 행사하는 집단으로 볼 수 있다. 이들은 온라인에서 개인적 관심사와 흥밋거리를 공유하며 자신들의 취향을 SNS상에서 소통하는 커뮤니티중심의 활동을 이루어내고 있다. 뿐 만 아니라 이들은 연예인과 온라인 상에서 소통을 통해 같은 공간을 공유하고 있다는 감정을 경험하며 하나의 소통의 장으로 생각하고 있다. 자신만의 관계를 하나의 네트워크로 형성하여 자발적으로 관계 형성 유지를 시작한 것이다.

더 나아가 이제는 다양한 디지털 이용의 변화로 온라인에서 이루어지던 소통의 장이 오프라인으로 확대되는 형태로 발전되었다. 그들의 상호작용하려는 욕구가 강해지며 자신들의 연예인을 오프라인 공간으로 끌고 나온 것이다. 예를 들어 디지털옥외광고를 활용하여 아이돌의 기념일을 축하하는 등의 메시지를 표출함으로써 온라인에서 이루어지던 경험을 오프라인으로 끌고 나온 것이다. 뿐만 아니라 온라인에서 이루어지던 연예인과 상호작용하는 관계를 오프라인에서 포스트잇을 활용해 아날로그적 공유를 하는 등의 행위를 하고 다시 온라인 SNS를 통해 공유함으로써 새로운 팬덤 공간을 형성하는 것을 볼 수 있다. 즉, 지속적인 오프라인 행사 참여와 온라인 커뮤니티 활동으로 이들의 결속력은 24시간동안 재생된다.

이러한 소비자의 변화는 디지털 발전을 통해 다양한 모습의 가상을 형성하고 이에 몰입하게 되어 현실세계와 가상세계의 경계가 모호해지고 있가. 즉 온라인속에서 이루어지던 참여, 공유, 개방이라는 차원을 넘어 오프라인에서 커뮤니티와의 일체감과 인게이지먼트의 공유차원으로 웹 3.0의 가속화와 더불어 현실과 디지털공간의 구별이 모호해지는 상황을 직면하게 된 것이다.

[표 3] 웹 2.0과 웹 3.0의 비교

	웹 2.0	웹 3.0
시기	2000~2010	2010~2020
상호작용	read & write	read, write & execute
키워드	참여, 공유, 개방	상황인식(context)
정보 이용자	인간	인간, 기계
정보권력	대형화 집중화	분산(필요한 정보만 선별)
콘텐츠 이용행태	이용자가 생산, 유통, 소비 모두를 담당	지능화된 웹이 원하는 콘텐츠 제공 → 개인별 맞춤
검색	여러 사이트에 있는 자료 개방 (open API)	이용자 맞춤형 검색
기반 기술	브로드밴드, 서버관리	시맨틱 기술, 상황인식, 클라우드 컴퓨팅
대응 단말	PC와 모바일 일부	PC, 모바일, 시계와 같은 악세서리 등 다양

〈출처〉 김택천(2009b), Bratt(2009), 스트라베이스(2009)를 바탕으로 재구성

이러한 ICT기술의 변화를 통해 사람들에게 맞춤형 경험을 제공하게 되었고 이는 새로운 재미와 편리함을 제공하게 있다. 이에 따라 다양한 기술들이 발전하며 온·오프라인의 경계를 넘어 새로운 공간으로써 경험 제공이 가능한 것이다. 사용자는 공간 속에서 다양한 상황을 지각하게 되면 심리적인 공간 활동을 시작하게 되는데 이러한 활동이 지각으로 이어진다. 이러한 현상을 통해 관람객은 물리적 공간감을 상실하고 물리적 공간보다 심리적인 공간을 중요하게 반응하면서 공간에 몰입하게 된다(나은영, 2015). 이처럼 공간에서 디지털을 이용한 장소는 더 이상 예전에 알던 그 장소가 아니다. 이러한 몰입 형상을 프레즌스(Presence)라는 이론으로 살펴볼 수 있다.

프레즌스(Presence)의 사전적 정의는 존재, 현존, 실재 등을 뜻한다. 프레즌스(Presence)는 가상공간에서 일어나는 심리적 반응이나 상태를 말하는 것으로 수용자가 매체를 통한 경험을 마치 실제로 경험하는 것처럼 지각하는 현상을 말한다. 다음의 연구들은 프레즌스를 가상환경을 의식하지 못하는 심리적, 인지적, 지각적 상태라고 정의하고 있다(Barfield & Hendrix, 1995; Lombard & Ditton, 1997; 김영용, 2003; 이관민, 유승호 2004; 권중문, 이상식, 2007; 이옥기, 2009; 전종우, 천용석, 2011). 초기 심리, 철학적 영역에서 논의되었던 프레즌스(Presence)의 개념은 다양한 기술의 발달로 인해 현실세계와는 다른 가상의 공간들이 생겨남에 따라 온라인 및 가상현실 관련 연구에서 최근 미디어 연구의 중요한 주제로 부각되고 있다(Biocca, et al., 2003; Lombard & Ditton, 1997).

프레즌스의 결정 요인은 대체로 매체 및 미디어의 형태와 사용자, 그리고 이들 사이의 상호작용이 중요하다는 것을 도출해 낼 수 있다. 그 예로 이동 사용을 특징으로 하는 모바일 기기는 혼합현실 기술과 결합될 때 공간과 인간 사이에 주관적 관계 형성을 돕는 경계적

매체가 될 수 있다.

프레즌스와 관련한 연구들은 대개 HDTV등과 같은 평면 매체, 혹은 최근 VR 기기를 통한 가상현실과 관련한 연구들이 주를 이루었다. 따라서 기존의 연구들에서는 이미지 해상도나 선명도(Barfield & Weghorst, 1993), 음질, 화면크시, 시청각도(권중문, 이상식, 2007)등에 대한 미디어의 형태와 몰입경향(immersive tedency)과 같은 수용자의 특성(천용석, 전종우, 2011)에 대한 연구들이 진행되었다. 미디어와 관련한 프레즌스의 연구에서는 이와 같이 미디어 소비과정에서 사용자의 경험 즉, 미디어의 매개를 망각하고 매개된 내용을 실재라고 지각하는 경험으로 개념화 해왔다(서지혜, 이재신, 2015). 따라서 디지털을 활용한 공간에서 매체와 사용자의 상호작용은 소비자의 심리적 경험을 자극하는 것으로 사용자의 경험과 몰입에 중요한 영향을 줄 것으로 예상된다.

[그림 11] 타임스퀘어 방탄소년단

이처럼 다양한 기술의 발전으로 인해 온라인과 오프라인의 경계가 무너지며 TV, PC, 휴대폰에 이은 제 4의 스크린 미디어인 디지털사이니지가 부각되고 있다. 이는 방송, 통신, 광고, 인터넷, 공공서비스 등 다양한 분야와 유기적인 관계를 맺고 있는 융합서비스이다(박주성, 2012). 또한 실내・외를 구분하지 않고 다양하게 적용되면서 모바일과의 연동을 통해 새로운 광고형태를 띄고 있으며 공공장소나 상업공간에서 각종 정보 및 광고를 디지털 정보디스플레이(DID, Digital Information Display)를 통해 제공하는 양방향 서비스를 말하는데 침체된 광고시장의 차세대 성장 동력으로 각광받고 있다. 이는 소비자의 생활환경 깊숙이 파고들면서, 광고매체로서의 역할이 점차 확대되어가고 있다.

[그림 12] 코엑스 밀레니엄광장 공공정보 송출

3. 디지털사이니지의 이용변화

1) 미디어 진화에 따른 소비경험

이러한 디지털환경은 개인화되고, 매우 높은 상호작용의 진행에 대한 니즈가 존재하며 기업들은 빅데이터 등을 활용하여 소비자 개개인의 니즈를 발견하고, 충족시킬 수 있는 방법을 모색하게 된다. 과거에는 소비자를 하나의 큰 집단으로 보고 생산이 이루어졌지만 이제는 개인의 차이로 세분화시켜 다품종 소량생산이 이루어지고 있다. 따라서 제품도 소비자 개개인의 맞춤형 생산이 주목받고 있으며 생산의 주체가 다양해지고 그 물건을 유통하는 경로도 많아지면서 그에 따른 소비자 맞춤형 광고와 서비스가 이루어지게 된다.

모바일 기술 및 IT인프라를 통해 소비자의 수요에 맞는 즉각적인 제품 및 서비스의 제공은 더 이상 공상과학영화의 소재가 아니다. 스마트폰 앱을 통해 증상을 설명하면 환자의 위치와 교통 상황을 고려해 의사를 보내 주는 메디캐스트, 청소, 빨래, 배관작업, 가구조립 등의 서비스를 온라인을 통해 구매할 수 있는 아마존 홈서비스, 온라인에서 상품을 주문하면 유사한 상품까지 가져와 마케팅을 펼치는 배달원, 레디밀을 넘어 레디투쿡을 통해 고급 레스토랑급 요리를 선사하는 블루 에이프런, 선물 받는 사람의 오감을 만족시키는 스마트박스까지, 이제 보다 간편하고 정확하게 원하는 것을 얻을 수 있는 세상이 되고 있다.

[그림 13] 매디케스트, 아마존 홈서비스

기술의 발전과 다양한 디지털 매체의 등장으로 사람들의 콘텐츠 소비 습관이 변화했고, 동시에 더욱 효과적인 광고에 대한 광고주들의 니즈가 확대되었다. 마케팅 권력이 고도화된 유저 타겟팅이 가능한 디지털 미디어로 이동할 수 밖에 없는 이유다. 소비자들의 콘텐츠 소비 습관의 중심이 기존 전통매체에서 온라인, 특히 모바일디바이스로 옮겨가면서 이에 따른 광고마케팅에도 큰 변화를 가져오게 된다.

소비자들은 수동적 매체 소비형태에서 벗어나 능동적인 정보 수집과 참여공유의 형태를 보여주고 있다. 이러한 미디어 소비 행태의 변화는 미디어 커뮤니케이션 기술의 발전과 다양한 디지털미디어의 등장과 맞물려 디지털 양방향 메체기 미디어의 페러디임의 변화를 주도하고 있는 상황이다. 디지털 융합은 미디어 트렌드를 변화시킬 뿐 만 아니라 다양한 커뮤니케이션 기법을 창출하고 있다(한국광고단체연합회, 2009).

새로운 디지털환경은 마케터와 소비자 간의 양방향 커뮤니케이션에 중점을 두는 새로운 마케팅 틀을 요구하고 있으며 이 가운데 기존 광고의 역할이나 기능도 새로운 패러다임에 맞게 변화하고 있는 것이다. 무분별하고 일방향적으로 제공되던 옥외광고사업도 디지털미디어의 도입을 통해 인터랙티브 광고를 송출함으로써 그 가치가 재인식되고 있다.

디지털사이니지는 전통적인 형태의 단순노출형이라는 측면에서 벗어나 소비자들과의 상호작용을 할 수 있도록 변화하고 있으며 이는 어떤 매체보다 다양한 경험을 제공하고 있다. 뿐 만 아니라 옥외라는 특징을 통해 소비자에게 자연스러운 노출과 소비자가 상품을 구매하는 시점에서 광고를 노출시키기 때문에 더욱 효과적이다. 과거 모바일 바이럴마케팅이 각광받았었지만 최근에는 개인정보 유출과 개인의 가상공간안에서 무분별한 광고의 침해를 받고 싶어하지 않는 소비자들의 욕구로 인해 그 이용효과가 급감하고 있다. 이러한 상황에서 소비를 위한 상황에서 상황에 맞는 광고를 제공하고 개인의 모바일 기기와의 연동을 통한 온・오프라인의 결합을 가능하게 하는 디지털사이니지는 소비자로 하여금 그 가치를 높게 평가하도록 한다. 이러한 상호작용은 수동적으로 노출되는 경험을 제공하는 것이 아닌 능동적으로 필요한 정보와 원하는 콘텐츠의 탐색 여부를 통제할 수 있다는 것에 큰 의미를 가진다.

[그림 14] 인터랙티브 디지털사이니지

디지털 트랜스포메이션 시대에서 미디어산업의 미래는 개인화와 맥락화(personalization and contextualization), 콘텐츠 파편화(content fragmentation), 파트너십과 산업화(partnership and industialization)으로 정리될 수 있다. 콘텐츠의 홍수 속에서 정보과부하 상황에 처해있는 소비자들을 집중시키기 위해서는 개인화된 콘텐츠와 광고를 생산해내야 한다. 또한 수많은 콘텐츠는 다양한 플랫폼, 기기, 미디어를 통해 분배되고 있는 상황에서 유튜브, 넷플릭스, 아마존 등과 같은 OTT서비스를 통해 각 플랫폼에 맞는 콘텐츠로 제공되어야 한다. 콘텐츠의 생산과 분배가 파편화되면서 미디어산업에서의 파트너십은 매우 중요한 요인으로 고려되고 있으며, 실제로 창의적인 콘텐츠를 생한하는 수용자들과의 파트너십 가능성이 날로 커지고 있다. 디지털 트랜스포메이션 시대의 핵심은 소비자 중심이며, 비즈니스 주도권의 근본적인 변화, 즉 생산과 소비활동 생태계의 주도권이 생산자에서 소비자로 전환되고 있다.

2) 디지털사이니지의 소비자 경험

디지털사이니지는 네트워크를 이용하여 필요한 정보를 즉각적으로 표출할 수 있는 즉시성과 다양한 정보를 디스플레이를 통해 내보내고 원격으로 관리할 수 있는 효용성, 그리고 최신 기술을 적용한 콘텐츠의 표출을 통해 사용자에게 새로운 경험을 제공하는 경험의 확장, 인터랙션 기능을 통한 미디어와 사용자간의 상호작용성을 들 수 있다(전종우, 박현, 천용석; 2012). 이러한 디지털사이니지의 특징은 전통적인 공간의 개념에서 벗어나 실재공간과 가상공간의 경계를 허물며 새로운 공간의 영역으로 확장시켰다. 공간에서의 '경험'은 단순히 사용자가 공간에 존재하는 것이 아니라 사용자가 경험을 통하여 공간을 지각하고 사고하며 감성을 느낄 수 있도록 사용자의 적극적인 참여를 유발하는 것을 말한다(하은정, 2012). 따라서 이러한 경험 중심적 공간은 필연적으로 체험적 요소를 포함하고 있으며 디지털미디어에 의한 공간체험은 사용자를 공간에 참여하게 하고 인간-미디어 혹은 미디어가 매개하는 인간-인간의 관계를 통해 상호작용하며 몰입이 높아져 시간성이 증가하면 지속적 체험으로서의 특성을 지니게 된다(하은경, 2010). 따라서 이러한 체험형 디지털사이니지는 물리공간과 가상공간을 연결하는 제3의 공간이자 예술과의 결합을 통해 관객을 능동적 참여자이자 체험의 주체로서 존재하게 한다.

Coke Zero의 상쾌한 제로칼로리 제품의 맛을 홍보하기 위한 브랜딩 캠페인으로서 TV광고 시청자가 코카콜라 제로 광고가 나올 때, 스마트 폰 화면을 통해 콜라 제로를 마시는 행위를 하면 20온스 제로콜라 모바일 쿠폰을 제공받는다. 소비자들의 대부분이 스마트폰을 가지고 있다는 점에 착안하여 스마트폰을 통해 콜라 1병 무료 쿠폰 및 바코드 쿠폰을 전달하였다. 많은 사람들이 코카콜라 제로의 맛을 알고 있다는 생각을 토대로 광고 시청의 공간과 장소의 장벽을 파괴한 혁신적인 디지털옥외광고 사례로 손꼽히고 있다. 소비자가 광고를 보고 특정 콜라를 마시는 듯한 연기를 해야 하는데서 오는 재미와 모바일 화면에 실제로 마시는 듯이 점점 콜라의 양이 줄어드는 콜라병의 연출을 통해 인터랙티브 경험과 코카콜라 브랜드 인지도에 일조하였다.

[그림 15] Coca cola Creates First Ever Drinkable Advertising Campaign

"섀도우 헌터스" 신규 TV시리즈 홍보를 위한 인터랙티브 광고로서 보스턴 버스정류장에서 AR을 이용하여 지나가는 행인들이 유리의 반대편에서 갑자기 괴물이 나타나는 것처럼 구성하였다. ABC는 광고 패널에서 초자연적 세계의 몬스터와 그 세계를 보스턴거리에서 증강현실을 이용하여 홍보하였다. 초자연적 드라마가 전달하고자 하는 무서움을 위해 갑작스럽게 버스를 기다리는 승객을 놀라게 하여 기억에 남는 경험을 제공하였다.

[그림 16] Shadow creatures haunt Boston streets

스페이스 니들(Space Needle)의 홍보 캠페인은 20피트 너비의 대화형 벽에 디지털미디어를 설치하고 방문자가 3D글로벌 방명록에 표시하고 추억을 공유, 탐색하도록 권장한다. 시애

틀의 상징으로서 일년에 150만명이 넘는 관람객이 방문하고 있으며 대화형 플랫폼 설계를 통해 방문자가 자신의 방문을 중요하게 여길 수 있는 방법을 제공하고 있다. 심플한 인터페이스로 콘텐츠를 즉시 사용하고 자신의 방문을 개인화할 수 있으며, 다른 사람과 같은 경험을 공유할 수 있고 여러 명이 함께 사용하며 낯선 타인과 인터페이스를 함께 움직이는 행위를 통해 보이지 않는 관계를 형성하게 된다. 이는 방문자로 하여금 개인화된 새로운 경험을 통해 공간에 대한 인지를 높이게 된다.

[그림 17] Clarity Matrix Video Wall Seattle Space Needle

라이프스타일의 개념이 디지털을 만나 새롭게 변화하고 있고 커뮤니티의 활동 방향성, 그리고 이를 기반으로 한 디지털사이니지 새로운 변화에 따라 기술의 결합 새로운 서비스모델의 등장이 예견되고 있다. 뿐 만아니라 소비자들의 욕구에 따른 변화에 발맞춰 소비자의 이해와 소비자들의 지향하는 경험들을 고민하는 것이 더욱 중요해지는 상황이다.

참고문헌

J.F. Engel, R.D. Blackwell(1982), Consumer Behavior, 4rd ed" Illinois* The Dryden Press, p. 189

Lazer W.(1963), "Life Style Concepts and Marketing", Stephen A. Greyser, Toward Scientific Marketing, AMA p.113

문화체육관광부(2016), 국민여가활동조사

문화체육관광부(2018), 국민여가활동조사

유민태, 박태원(2015), 복합쇼핑몰의 구성요소가 몰링(Malling)체감에 미치는 영향 분석, 국토계획50(8), 115-134

디지털 소비자 및 한국인의 디지털 라이프스타일 보고서(2015), 소비자 인사이트 보고서, DMC Report

주창윤(2010), 놀이공간으로서 인터넷 문화의 형성과정, 현상과인식, 34(3), 279-298

나은영, 나은경(2015). 미디어 공간 인식과 프레즌스. 한국언론학보, 59(6), 507-534.

전종우, 천용석(2011), 3D콘텐츠의 이용동기와 3D 크리에이티브 광고 효과와의 관계: 프레즌스, 소비자 태도, 구매의도를 중심으로, 한국광고홍보학회, 91, 96-122

이옥기(2009). 프레즌스 측정척도 개발에 관한 연구. 한국언론정보학보, 231-256.

권중문(2006), 미디어 형태가 프레즌스에 미치는 영향에 관한 연구 : HDTV와 아날로그 TV 비교를 중심으로, 학위논문(박사)

서지혜, 이재신(2015). 디지털 라이브 서비스의 수용요인에 대한 연구. 예술경영연구, 35, 33-59.

전종우, 박현, 천용석(2012), 광고매체로서 디지털사이니지의 효과측정 지표에 관한 고찰, 옥외광고학연구, 9(2), 119-141

하은경(2010). 디지털 미디어에 의한 공간체험의 몰입구조에 관한 연구, 학위논문 석사

유승철, 신일기(2018). 디지털사이니지 미디어 크리에이티브: 매체 유형화와 광고 크리에이티브 전략. 광고학연구, 81-108

웹사이트

서울신문(2018)

http://bitly.kr/krhYh

이투데이(2018)

http://bitly.kr/lh5u1

제4장 공간미디어로서의 디지털사이니지

1. 공간형 콘텐츠

공간형 콘텐츠는 공간 속에서 발생하는 즐길거리를 의미하는 것으로 여기서 공간은 특정한 건축물 혹은 구획된 공간 등을 의미한다. 대표적인 공간형 콘텐츠는 박물관, 테마파크, 축제를 꼽을 수 있다. 이들은 박람회, 전시회, 이벤트, 투어리즘 등과 같이 공간형 콘텐츠의 범주에 들수 있는 다양한 콘텐츠들의 전형으로서 각각 특별한 경험을 제공한다. 공간을 매개로 유통과 소비가 이루어지는 공간형 콘텐츠를 공간의 관점에서 다시 볼 때, 콘텐츠를 매개로 사람들이 공유하고 소비하는 공간이 되기 위한 중요한 요소로 콘텐츠, 장소(광장), 소비자 그리고 각 요소들의 상호작용이 있다.

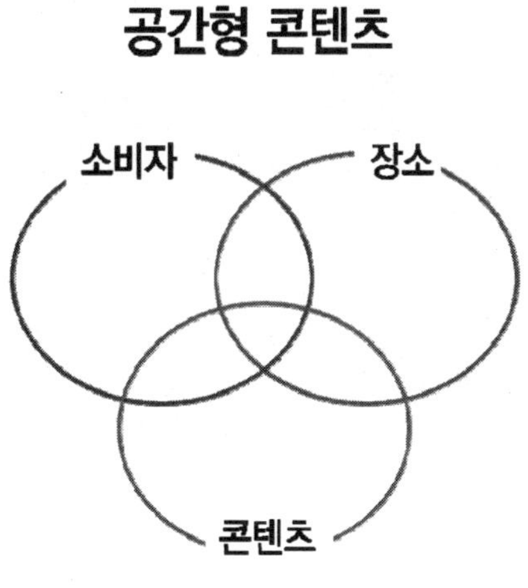

〈공간 관점에서의 공간형 콘텐츠 3가지 요소〉

이러한 공간형 콘텐츠에서 가장 중요한 요소는 **'소비자와 소비자 간의 상호작용'**이다. 공간은 개인의 독립적인 공간이 아니며, 각각 구분되는 그룹들만의 공간만이 아니다. 기존 공간이 가지고 있는 단순히 위치하고 있는 '공간'으로써 인식되고 있다면 소비자들이 다른 목적의 소비자들과 공간을 함께 '공유'하고 있다기보다는, 단지 '매개'로서의 공간을 '분리'해 이용한다고 느끼기 때문일 것이다. 소비자와 소비자가 장소를 공유함에 있어 서로의 영역을 침범당하지 않으며, 불편하지 않도록 의식해야만 소비자는 공간을 즐겁고 편안한 장소로 인식하여 자발적이고 적극적으로 행동을 하게 되고, 그것이 콘텐츠의 유통과 소비, 재유통을 발생시킬 수 있는 것이다. 예를 들어 엘리베이터에서의 타인과의 공간공유는 불편한 인식을 유발하지만 개인적 사교의 공간에서는 그 공간보다 더 친밀하게 움직이게 되는 것을 흔히 볼 수 있다.

공간을 공유한다는 것은 한 장소 안에서 사람들이 같은 콘텐츠를 "즐길 수 있어야" 한다는 것이다. 이는 단순히 콘텐츠의 재미와 질과는 별개로 사람들로 하여금 공간 안에서 타인과 상호작용을 통해 콘텐츠를 통한 즐거움을 더욱 극대화 시키고 이를 불쾌하게 여기지 않아야 한다. 비슷한 사례로 코엑스 앞 광장에서 백화점 연계 상품권행사를 한다고 생각해보자. 사람이 너무 많아서 긴 줄을 서서 행사 상품을 받아야 한다면, 사람들에게 코엑스크라운 앞 광장은 타인과 함께 있음으로써 자신의 영역을 침범당한 불쾌한 장소로서 기억 될 것이다. 하지만 코엑스 광장 앞에서 월드컵 응원전이 열렸을 때를 생각해보자. 수많은 인파가 광장에 몰렸음에도 불구하고 사람들은 그곳에서 '월드컵'이라는 하나의 콘텐츠를 장소를 '공유'하면서 사람들과 상호작용을 통해 콘텐츠의 즐거움을 극대화하기 위한 매개로써 인식하게 된다.

[그림 1] 인간-콘텐츠 상호작용에 따른 참여자 경험설계요소

경험된 장소는 더 이상 예전에 알던 그 장소가 아니다. 저명한 지리학자였던 이-푸 투안의 저서 '공간과 장소'에서 장소는 조직된 의미의 세계이며, 공간 자체가 실체라기보다는 관계를 나타내는 개념이다. 공간과 장소는 혼용하여 사용되거나 혹은 개념을 설명하기 위해 의도적으로 교차 인용되기도 한다. 사전적으로 '어떤 일이 이루어지거나 일어나는 곳'인 장소(place)는 공간(space)에 비해 보다 구상적(具象的)이고 실체적(實體 的)이며 영역적(領域的)이라고 할

수 있다. 또한, 사전적 의미와 결부하여 사건(story)과도 연계된 개념이기도 하다. 장소는 공간의 일부 영역이기도 하지만 동시에, 시간적 개념도 포괄적으로 함유하고 있는 공간의 모호함을, 보다 한정적, 구체적으로 압축시켜 놓은 개념이기도 하다. 공간의 특징이 초월적이라고 한다면 장소는 인식적이라 할 수 있으며 인식된 공간에 경험적으로 의도된 의미를 부여하는 것이 장소라고 할 수 있을 것이다. 하이데거는 '공간들(spaces)은 공간으로부터가 아니라 입지(location)로부터 그 존재를 부여받는다.'라고 하였다.

참여자는 장소를 타인과 공유함에 있어 자신의 영역을 '침범(불편함)' 당했다고 느끼게 되면, 머무르는 시간이 짧아지고 특정하거나 지속적인 방문 목적이 없는 이상 재방문의 확률이 낮아진다. 따라서 공간의 참여자가 타인과 체험을 공유하고 있다고 느껴야지 만이 공간에서 경험을 가지게 되고 비로소 의미를 가진 장소가 되는 것이다.

1) 경험재로서 문화공간콘텐츠

문화공간은 일반적으로 문화를 위한 공간(Space for Culture)과 문화화된 공간(Cultured Space)으로 구분하고 사람과 예술이 서로 만나는 장소를 제공해주는 개념으로 통용되었다. 그러나 문화의 개념이 확장되고 문화를 향유하는 환경과 방식이 변화함에 따라 21세기가 요구하는 문화공간은 더욱 복잡해지고 다양화되고 있다. 크리스티안 미쿤다는 사람이 머무는 공간은 일상적인 주거나 일터에서 확장되어 인위적으로 연출된 공간, 즉 '제3의 공간'이라는 새로운 개념을 제시하면서 이 공간은 사람을 끌어들이고, 돌아다니게 유혹하고, 전체를 망라하는 생각을 불어 넣어 주고, 호기심을 일으킨다고 이야기하고 있다. 현대의 문화공간은 교육적인 요소, 체험적인요소, 재미적인 요소 등이 서로 결합되는 형태로 나타나고 있다. 단순히 그곳에서 머물며 '보는 것'에 만족하는 것이 아니라 보고 듣고 먹고 만지고 온 몸으로 느낄 수 있는 콘텐츠로 구성되어 그 안에서 감각을 통한 체험, 감성을 통한 교육, 정서를 통한 교류가 이루어 질 수 있는 놀이와 배움과 소통의 공간을 지향하고 있는 것이다. 이것은 사람이 직접 지각하고 인식하고 소비하고 경험한 후에 비로소 그 질과 특성을 파악하고 평가 할 수 있는 경험재(experience goods)속성을 지니고 있음을 뜻한다. 문화공간 속에 배치된 콘텐츠는 참여자가 직접 방문하여 체험하고 향유한다는 점에서 이러한 경험재적 특성을 잘 표현할 수 있다.

2) 인간-콘텐츠 상호작용

상호작용은 디지털 시대나 컴퓨터가 등장하면서 새롭게 제시된 개념이 아니다. 오래전부터 존재했고 지금도 사람과 사물을 통해 이루어지고 있는 평범한 일상의 한 부분이다. 하지만 기술의 발달로 양방향 소통 방식이 진화하면서 인간과 인간(Transaction), 인간과 사물(Interface), 인간과 환경(Human Interaction), 인간과 우주(Participation)[1]로까지 확장되고 있다.[2] 이와 같이 리처드 부캐넌(Richard Buchanan)이 제시한 인터랙션 디자인의 4가지 유형은 문화 공간 속에서 일어나는 인간-콘텐츠 상호작용에 적용 가능하다. 콘텐츠는 인간이 오감을 통해 그 대상을 지각하고 생각과 패턴을 가지고 인식하며 해석하는 과정을 통해 향유되는 결과물로 문화공간 속에 연출된 환경, 매개의 도구로서 콘텐츠, 사람과 관계 맺기, 생각과 사고에 의한 참여로서 상호작용이 이루어질 수 있다.

3) 참여자 경험설계요소

(1) 6가지 경험요소의 인과관계와 상호작용

장해라(2013)는 브렌다 로렐이 구축한 '인간-컴퓨터 상호작용' 이론적 모델을 응용하여 '인간-콘텐츠상호작용'의 개념으로서 문화공간에 적용하였다. 브렌다 로렐이 제시한 6가지 구성요소는 문화 공간 안에서 참여자가 콘텐츠와의 상호작용을 통해 획득할 수 있는 6가지 경험요소로 재구성하였다. 이는 크게 감각, 감정, 언어, 사고, 역할, 행동으로 이야기할 수 있다.

공간 내에서 콘텐츠와의 상호작용에는 탄탄한 스토리텔링이 기반이 되어야 할 것이다. 이는 커뮤니케이션의 수단과 표현 방식으로서 언어적. 비언어적 활동 모두를 포함하는데 기획자의 생각과 의도를 표현하는 수단으로 사용되어 참여자와 기획자, 참여자와 참여자간의 소통과 그 소통을 유도하는 콘텐츠의 구성과 연출을 의미하며 이후 감각과 감정을 자극하는 부분까지도 고려하는 형식으로 표출된다.

감각이란 시각, 청각, 후각, 촉각, 미각 모두를 포함하는 것으로서 몰입을 높이기 위한 가장 중요한 요소이다. 문화공간 안에서 이러한 감각적 요소를 높이기 위해서는 공간 안에 적절한 콘텐츠의 배치가 중요하다. <신요코하마라면박물관>에서는 각 지방 유명한 라면을 직접 맛볼 수 있어서 미각과 후각을 충족시키고 <해리포터의 마법 세계>에서는 덤블도어 교수의 홀로그램 시각적 효과를 통해 마치 내가 직접 호그와트 마법학교에서 교장의 훈화

---

1) 리처드 부캐넌(Richard Buchanan)은 우주는 인간의 문화, 사상, 종교 등을 포괄하는 광의의 개념이며 인터랙션 디자인은 사물에서 시작해서 인간의 정신세계와 만나는 접점에 도달한다고 주장하면서, 이 단계를 참여(participation)라는 표현으로 정리했다. 배연준, 「공간과 오브제의 상호작용에 관한 연구」, 국민대학교 석사학위논문, 2006, p.23.

2) 리처드 부캐넌이 주장한 인터랙션 디자인 4가지 유형

말씀을 듣는 듯 한 몰입을 선사한다. 인간은 자신의 감각기관을 통해 사물을 인식하는데 이것은 가장 원초적이고 본능적으로 행하는 경험이다. 문화 공간의 주제를 가장 잘 파악할 수 있는 인간의 감각을 선택하여 콘텐츠와 융합시키는 것이 중요하다.

이러한 감각을 통해서 사람들은 '감정'을 느끼게 된다. 공간속에서 사람들이 의미를 가지기 위해서는 기획자의 의도와 주제에 맞는 감정을 느끼는 것이 매우 중요하며 그러한 감정을 가질 수 있도록 유도하는 콘텐츠의 설정이 필요하다. 즉, 사람들에게 감각적이 요소와의 연계를 통해 끊임없이 상호작용하며 감각을 자극해야 한다.

스토리를 통한 언어적 행동, 감각의 자극을 통한 감정 등은 모두 참여자의 선택과 행동을 이끌어 내기 위한 과정이다. 문화공간에서는 참여자의 사고가 추론될 수 있는 범위에 한정해서 콘텐츠를 통한 재현이 이루어져야 한다. 이 단계에서는 감각과 감정, 언어를 발화시키는 콘텐츠들의 유기적 관계로 인해 주제에 대해 사고할 수 있는 범위는 제한되어 있다. 문화공간에서는 감각의 단계에서부터 통일성과 개연성 있게 콘텐츠를 향유 할 수 있도록 재현함으로써 참여자의 올바른(기획자의 의도대로) 선택과 행동이 나올 수 있는 생각을 유도하는 요소라 할 수 있다.

브렌다 로렐은 사용자의 1인칭 시점의 캐릭터에 대해 설명하는데 이것은 게임 아바타와 같이 다양한 역할놀이가 가능한 스토리텔링을 말한다. 문화공간에서도 참여자는 제 3자의 입장에서 관찰 할 수도 있고 1인칭 시점에서 참여 할 수도 있다. 하지만 1인칭 경험이 몰입도가 높기 때문에 현재 문화공간에서는 수동적 감상보다 적극적인 참여를 유도하는 콘텐츠 구성을 지향하고 있다. 유니버셜스튜디오재팬(USJ)의 '어메이징 어드벤처 오브스파이더맨™ 더라이드(The Amazing Adventures of Spider-Man)'에서는 데일리부글(Daily Bugle)신문사에 구경을 온 관광객이 특종을 잡기 위한'기자'가 되어 스파이더맨을 만나러 가는 설정을 통해 참여자로 하여금 스토리에 적극 개입 할 수 있도록 역할 변화를 주어 몰입도를 높인다. 일본 오다이바에 위치한 '오에도온센모노가타리(大江戸温泉物語)'에서는 방문객이 일본의 전통의상인 유가타를 입고 에도 시대의 거리를 재현한 관내를 거닐며 온천을 즐길 수 있는데 현대인으로서 에도시대를 '구경'하는 것에서 그치는 것이 아니라 역할 변화를 주어서 에도 시대의 사람으로서 '생활'하는 체험을 하도록 유도한다.

〈출처〉 유니버셜스튜디오 재팬 공식홈페이지, 오에도 온천이야기 공식 홈페이지

[그림 2] 역할을 부여한 체험콘텐츠

스토리텔링 속에서 역할을 부여받은 소비자는 사고를 통해 공간 안에 배치된 콘텐츠 속에서 행동을 할 것인지를 결정하게 된다. 여기서의 행동은 앞서 살펴 본 다섯 개의 경험 요소들을 통해 문화공간 안에 배치된 콘텐츠들이 말하고자 하는 전체적인 구조를 파악하고 주제를 이해하여 최종적으로 그에 따른 참여자의 자발적 행동을 의미한다. 이것은 인간과 콘텐츠의 상호작용을 통해 발휘된 참여자의 '능력'이기도 하고 문화공간의 방문 전과 방문 후에 달라진 참여자의 '내적변화'를 뜻하기도 한다. 이 6가지 경험요소들은 인과관계에 따라 상호작용하고 유기적으로 결합한 형태로도 나타날 수 있다. 감각과 감정은 '지각(perception)'으로, 언어, 사고는 '인지(recognition)', 역할과 행동은 '행위(action)'으로 묶일 수 있으며 이 형태는 '체감', '체득', '체현'의 체험 과정과도 연결된다. 여기서 체험의 과정은 주체(主體)가 몸으로 감각을 느끼고 의미를 획득하며 행동으로 표현하고 실현하는 과정을 뜻한다. 이것을 정리하면 다음 그림과 같다.

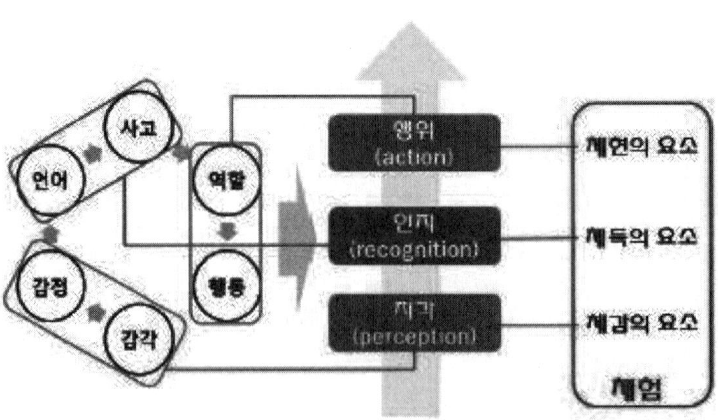

[그림 3] 인간–콘텐츠 상호작용에 따른 참여자 경험설계요소

이와 같이 6개의 경험요소를 유기적으로 결합하고 상호작용을 통하여 적절하게 자극시켜준 콘텐츠로 구성된 문화공간에 한해서 참여자는 지각과 인지, 행위의 경험을 통해 주제에 대한 몰입과 만족도를 체험하게 되고 모든 체험을 마친 후에는 '긍정적 변화', 혹은 '긍정적 강화'의 상태에 들어서게 된다. '긍정적 변화'는 주로 잘 몰랐던 주제에 대해 정확히 알게 됨으로써 얻게 되는 만족의 범주이고 '긍정적 강화'는 인지하고 있었던 주제에 대해 더욱 확고히 깨닫게 됨으로써 얻게 되는 만족의 범주이다. 이처럼 소비자가 어떠한 공간 안에서 지각하고 인지하고 행위를 함으로써 개인화된 경험을 가지게 되고 이러한 일련의 과정을 통해 장소는 의미를 가지게 된다. 이렇게 의미를 가지게 된 공간은 명소로 자리 잡게 되며 SNS를 통해 공유, 확산되고 이는 또 다른 참여자들이 공간에 참여하게 만들고 또 다시 새로운 경험을 만들어내는 선순환 구조를 가지게 된다.

2. 예술, 문화를 활용한 공간 활용 사례

코엑스 별마당도서관은 삼성역 코엑스 스타필드 복합쇼핑몰에 위치하고 있다. 복합쇼핑몰 내에 개방형 도서관이라는 테마로 국내 최초로 선보인 사례로서 복합쇼핑몰을 방문한 방문객들에게 이질적이지만 '새로운 목적'을 심어주고 이를 통해 개개인의 새로운 경험을 유도하였다. 특히 별마당도서관 내에서는 단순히 도서관을 조성한 것이 아니라 방문객들이 문화예술의 장으로 인지할 수 있는 다양한 콘텐츠를 제공하고 있다. 별마당도서관에서는 명사 강연과 문화 공연 등을 매주 2회 이상 진행, 지난 1년간 총 142회의 문화 행사가 열렸다. 문화유산 답사기 저자 유홍준 교수, 건축가 승효상, 혜민 스님 등 유명 인사들이 매주 강단에서 직접 고객들과 만났다. 뿐 만 아니라 방문객들이 직접 참여한 도서관 패션쇼를 비롯 한밤의 '북맥(북+맥주)파티', 스타벅스 인문학 강연, 크리스마스 스페셜 콘서트 등 이벤트도 다수 열려 방문객들에 즐거움을 선사하고 별마당도서관을 딱딱하게 책을 읽는 공간이 아니라 문화예술 체험을 할 수 있고 즐길 수 있는 의미가 있는 장소로 만들어 주었다.

〈출처〉 스타필드 코엑스 별마당 도서관. 신세계프라퍼티 제공

[그림 4] 코엑스 별마당도서관

1) 덴마크 코펜하겐 북쪽 뇌어브오갤의 '슈퍼킬른'

코펜하겐의 낙후된 뇌어브오 지역에 짜투리 공원을 리모델링하여 만든 '슈퍼 킬른(킬른은 '쐐기모양')'은 붉은 광장, 검은 광장, 초록 광장 세 구역으로 나누어 각각의 광장에 특색을 부여하였다. 붉은 광장은 젊은 층을 대상으로 운동시설과 놀이시설, 공연을 여는 곳, 검은 광장은 벤치와 분수 등 전통적인 광장의 모습을 재현하여 '앉아서 쉬고, 만나서 이야기 하는 곳, 초록 광장은 낮은 언덕과 나무를 심어 녹지 공간으로 기획하였다. '슈퍼킬튼'은 공공장소를 만드는데 있어 '지역적 특색'과 '사용자들의 요구'가 기획단계에서부터 반영되었다는 점에서 의의가 있다. 슈퍼킬른 광장의 인근에 사는 60개국 이민자들과 덴마크 원주민들은 서로의 문화를 수용하고 접할 기회가 없어 같은 공간에 살지만 낯선 이웃주민들이었다. 이러한 지역적 특색을 반영하여 광장의 상징물을 60여개 나라에서 수집한 물건을 사용하였고 이를 통해 광장을 방문하는 대다수의 주민들에게 친근함을 제공하였다. 즉, 단순히 일방적으로 공간을 조성한 것이 아니라 지역적 특색과 광장을 사용하는 사용자의 요구를 반영한 공간을 조성함으로써 방문객들에게 애착감을 생기게 하고 이미 경험되어진 다양한 물건을 통해 의미를 가진 장소로 만들었다. 각국의 상징물을 모으는 기획과정부터 지역 주민들과의 만남과 소통이 이루어 졌으며 이 과정부터가 '슈퍼킬른'의 상징이 된 것이며 단순한 공공장소의 역할을 넘어 서로의 문화를 공유하는 '장소'가 된 것이다

[그림 5] 코펜하겐 뇌어브오갤에 위치한 붉은 광장

[그림 6] 코펜하겐 뇌어브오갤에 위치한 검은 광장

[그림 7] 아랍어로 씌어져 있는 표지판

[그림 8] 이스라엘에서 가져온 맨홀 뚜껑

3. 공간형 콘텐츠를 적용한 디지털사이니지

광장은 도시의 대표적인 공공공간으로 다양한 만남과 활동, 의사소통이 이루어지는 공간이다. 도시 속에서 광장은 길이 만나는 공간이자 비어있는 공간이고 활동이 집결되고 확산되는 공간이며 융합적 차원에서 도시 중심의 기능을 한다. 이러한 광장이 장소성을 가지지 못하게 되면 그곳은 더 이상 의미가 있는 장소가 아니라 단순한 공간에 그칠 것이다. 공간형 콘텐츠를 이야기 할 때 광장을 빼놓을 수 없는 이유는 광장이라는 공간 안에서 수많은 사람들이 모이고, 그 속에서 수많은 장소적 의미가 생겨나기 때문이다. 한 공간이 하나의 장소성을 부여받는 것이 아니라 개개인의 경험 속에서 서로 다른 의미를 가지게 되고 이는 공간미디어로서의 디지털사이니지의 가치를 극대화 시킬 수 있다.

국내의 대부분의 광장에는 크고 예술적, 시각적인 조형물을 가져다 놓거나 일시적인 이벤트 행사를 하는 방식으로 활용되고 있다. 하지만 결국 그것은 광장을 수동적인 '공간'으로 만들기만 할 뿐이다. 과장에서 제공되는 일련의 콘텐츠들은 모두 하나의 테마를 가지고 대표적인 이미지를 담아 상징적인 '문화'를 만들어 낼 수 있어야 한다. 그러기 위해서는 스스로 만든 콘텐츠가 기반이 되어야 사람들이 그것을 인식, 기억하고 재방문 할 것이고 명소가 될 수 있다. 또한 이러한 순환구조를 획득하여야 사람들에게 공통적인 큰 목적과 행동방향을 유도할 수 있다.

디지털의 패러다임은 인간의 생활양식, 가치관, 사고체계에 이르기까지 다양한 변화를 가지고 왔다. 이에 따라 공간의 개념 역시 가상공간과 물리공간이 모호해지며 공간에 대한 인식이 다원화되었다(한은경, 2012). 디지털 기술이 만들어낸 가상공간은 단순하게 실재를 반영하는 것을 넘어 새로운 실재를 생성시킬 잠재성과 가치 생성을 지니고 그 안에 다양하게 구현되는 스토리텔링으로 다양한 소통의 과정을 이룰 수 있다(안성모, 2009; 김영근, 안성혜, 2006). 뿐 만 아니라 디지털 미디어가 가진 매체 특성은 기존의 매체보다 확장된 스토리텔링으로 사용자의 몰입도 경험을 높이는 요소라고 할 수 있다(조수진, 최유미, 황용회, 2011). 다양한 형태와 주변 시설물과의 연계가 가능한 디지털사이니지는 크고 예술적, 시각적인 조형물의 역할을 할 뿐만 아니라 소비자들의 체험소비에 대한 욕구를 충족시켜 줄 수 있다. 텅 빈 공간에 디지털사이니지를 설치함으로서 공간의 재구성을 통해 이동 동선을 유도하고 광장을 효율적으로 활용할 수 있는 방안을 마련한다.

1) 디지털사이니지를 활용한 광장 사례

시카고에 위치한 밀레니엄 광장의 경우 주 야간에 따른 새로운 공간을 창조함으로써, 단순한 수익구조 창출 이외에도, 공간 가치제고를 통해 지역의 문화적 정체성을 창조한다. 다른 지역과 차별되는 전통문화와 창의력을 바탕으로 지역의 경쟁력을 창출하고 문화적 인프라를 확충할 수 있는 기반으로 작용한다. 광장 양 쪽에 유리블록으로 만들어진 15m높이의 기둥 2개 설치, 각 기둥의 앞면 LED전광판에서는 1,000여명의 시카고 시민의 표정 애니메이션과 자연 경치가 번갈아 나오고 화면 속 인물의 입에서 물이 나오도록 연출을 통해 이동 방문객의 호기심을 자극하여 머무르는 장소로 새로운 공간을 창출한다. 다양한 나이와 인종, 문화가 공존하는 시카고의 특성을 표현하는 동시에 관람자의 흥미를 유발하여 작품과 양방향 의사소통을 할 수 있는 공공미술 작품으로 디지털 미디어를 적극 활용하여 야간 테마 파크를 조성하고 있다.

〈출처〉 [금속 조형물] 금속, 스테인리스 스틸 조형물 사례 소개, 추상 금속 조형물(업체, 디자인, 견적문의, 설치, 제작 기간 외)(네이버블로그)

[그림 9] 시카고 밀레니엄 광장

영국 런던에 있는 금융지구 내 기존의 Finsbury Avenue Square는 어둡고 보행자가 많지 않아 인적이 드문 곳이었으나 지상에 매트릭스 조명을 설계하여 사람들이 즐겁게 다닐 수 있는 공간으로 개조하였다. LED조명은 계절과 날씨에 따라 다양하게 색상을 변경하며 방문객으로 하여금 지루하지 않게 하고 공간에 맞는 조각상의 전시 등을 함께 진행하고 있다. 또한 광장의 입구와 출구를 각각 다르게 디자인 하여 이용자로 하여금 다른 공간과 연결시키는 또 하나의 새로운 공간을 만들어냄으로서 세계 상위 10개 공개 광장에 선정될 만큼 독창적인 광장으로 주목받고 있다(Top 10 Public Squares of the World Article, 2014). 이러한 영국 런던의 Finsbury Avenue Square는 보행자를 위한 공간으로 다시 설계되었으며 이는 단순히 광장을 활성화 시켰을 뿐만 아니라 안정성까지도 높였다.

〈출처〉 Maurice Brill Lighting Design, Broadgate, London, UK

[그림 10] 영국 Finsbury Avenue Square

2) 디지털사이니지를 활용한 팬덤 사례

인터넷을 기반으로 형성된 가상공간은 기술의 발전과 디지털 기기의 다양화를 통해 빠르게 확산되고 있다. 인터넷을 기반으로 한 가상 공간 속에서 소비자들은 다양한 역할을 부여받게 된다. 온라인에서 역할의 특징은 한가지 역할에 고정되어 있지 않고 소비자들이 상황과 환경에 따라 다른 역할로 이동할 수 있다는 점이다. 이러한 특징들 속에서 최근 가장 눈에 띄는 역할은 바로 '팬(fan)'이다. 이들은 소위 말하는 '덕후'의 기질을 발휘하여 '팬덤'을 구축하고 그 속에서 결집력과 엄청난 영향력을 자랑한다. 이들은 십대부터 오십대까지 다양한 연령층을 아우르고 있으며 좋아하는 대상과 관련된 정보를 수집하고 모으는 것에서 그치지 않고 새로운 콘텐츠를 만들어 냄으로써 최근에는 '참여하는', '생산하는' 등과 같은 의미를 포함하게 된다. 이들은 가상공간 안에서 이루어지는 생산 활동에 만족하지 않고 직접 보고 만지고 느끼며 현실감 있는 체험활동을 요구한다.

카카오프렌즈샵, 라인샵의 경우 모바일에서 제공되고 있는 '이모티콘'의 캐릭터가 현실에서 대형 조형물로 등장하였다. 카카오(Kakao)와 라인(Line)이라는 모바일 기반의 소셜메시징 서비스가 전세계적으로 열풍이 불게 되면서 소비자들은 온라인 속 메시지 이모티콘에 만족하지 못하고 이를 오프라인의 실제 현실세계로 가지고 오고자하는 니즈를 표출하게 된다. 즉, 카카오프렌즈와 라인이라는 캐릭터의 팬덤을 구축하게 된 것이다. 이는 스마트폰에서 촉발된 비개방적 영역에서 공공적 영역으로 확산됨에 따라 개인의 경험과 서비스의 경계가 모호해지는 것을 의미한다. 이는 경험소비의 일상화를 통해 가상성과 물리성이 혼재되는 현상을 나타낸다.

〈출처〉 카카오프렌즈 공식 계정

[그림 11] 카카오프렌즈, 어피치 오모테산도 스튜디오

디지털사이니지는 이러한 가상공간과 현실공간의 경계를 허물고 디지털공간에서 혼합현실화 된 인간을 기초로 한 기술적인 융합, 오감 활용과 멀티감각 콘텐츠의 활용을 통해 매체의 기능을 수행하고 있다. 디지털사이니지가 주도하는 혼합현실은 결국 디지털공간의 소비자 공감 또는 반응요소를 현실공간에 인출하는 디지털과 물리적 공간의 연결을 이끌어 내는 것이다. 단순히 공공정보와 광고, 기술과 체험이 결합되었을 때 하드웨어 기반 서비스 콘텐츠가 제공된다. 네트워크와 체험 그리고 개인화된 공공정보가 더해졌을 때 플랫폼 기반의 개인 서비스 콘텐츠가 제공되게 된다. 이때 소비자들은 순간의 소비를 지향하게 되며 가상공간과 가상의 실재 공간, 즉 혼합현실을 경험하고자 한다. 따라서 디지털옥외광고는 단순히 인터랙티브한 정보전달 콘텐츠 소비에서 벗어나 공간의 가치와 경험 증대 차원에서 플랫폼을 진화시키고 소비자로 하여금 가상의 공간을 현실로 확장시키는 매개역할을 하게 된다.

삼성역 자유표시구역에 설치되어 있는 SM타운 대형 미디어에서는 단순히 광고의 표출만이 아니라 보이는라디오와 같은 콘텐츠를 송출함으로서 SM타운의 한류 엔터테인먼트의 정체성과 공간의 문화 정체성을 만들어내고 있다. 이는 가상공간에서 이루어지는 팬덤문화를 오프라인으로 확장시켰을 뿐만 아니라 광장의 활성화를 이루어낸 우수한 사례이다. 이원생중계 시스템 도입을 통한 라디오 채널 운영으로 방문객과 실시간 소통의 장을 마련하고 방문객에세 예술, 문화의 감상 경험을 비롯한 체험을 극대화한다. 또한 팬덤을 이용한 지속적인 문화소비를 촉진함으로써 재방문과 콘텐츠의 선순환 구조를 확보하였다.

〈출처〉 WTC ooh 자유표시구역 공식 계정

[그림 11] SM타운 대형미디어 보이는라디오

3) 디지털사이니지를 활용한 테마공간 사례

팀랩월드가 주최하여 일본 미후네산 공원에 꾸민 해당 전시는 자연과 디지털이 조화롭게 꾸며진 우수한 사례이다. 미후네산 공원은 300년이 된 나무를 중심으로 3000그루 이상의 큰 나무들이 울창하게 어우러져있는 숲이라고 보여지는데 이는 자연을 최대한 활용하여 정원 조경으로 활용하였기 때문이다. 해당 전시는 바로 이러한 숲 속을 걸을 때, 사람이 만날 수 있는 동물, 혹은 바위와 동굴 등 이러한 자연의 모습을 더 극적으로 드러낸 사례이다. 팀랩월드는 "디지털화 된 자연"이라는 주제를 가지고 숲속에서 만날 수 있는 동물, 바위, 물가의 잉어, 'A Forest Where Gods Live'이라는 테마에 맞는 오묘하고 신비한 소리 등 다양한 어포던스의 배치를 통해 사람들로 하여금 '숲 속'이라는 공간에 더욱 몰입할 수 있도록 하였다. 경험소비를 공간에 적용한 전략으로 상호작용을 통한 재미를 제공하고 스토리텔링 중심의 콘텐츠를 구성하여 체계적이고 다차원적인 경험을 제공하였다. 이는 공감각적 커뮤니케이션을 도와주고 이용자에게 특정 장소에 대한 의식적 연상 혹은 정체성을 부여하고 있다.

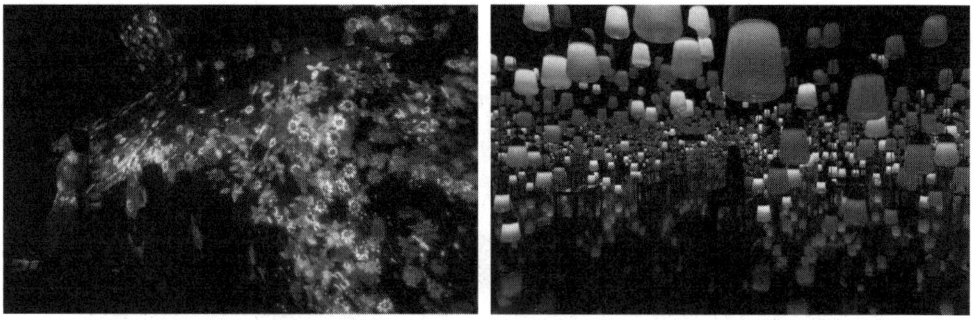

〈출처〉 teamLab: A Forest Where Gods Live, 2018, Takeo, Kyushu, Japan

[그림 13] A Forest Where Gods Live

상암 디지털파빌리온에서 진행된 '라이브 스케치북(Live SKETCHBOOK)'은 디지로그(digital+analog) 키스 에듀테이먼트 상품으로서 디지털과 아날로그가 적절하게 결합되어 있다. 해당 프로젝트는 아이들이 직접 자신이 그린 그림이 눈앞에서 살아나서 반응하는 모습을 볼 수 있도록 구성하고 있는데, 동물들이 움직이는 숲속의 일부분을 화면으로 보여줌으로써 숲속 동물농장으로 공간을 구성하였다.

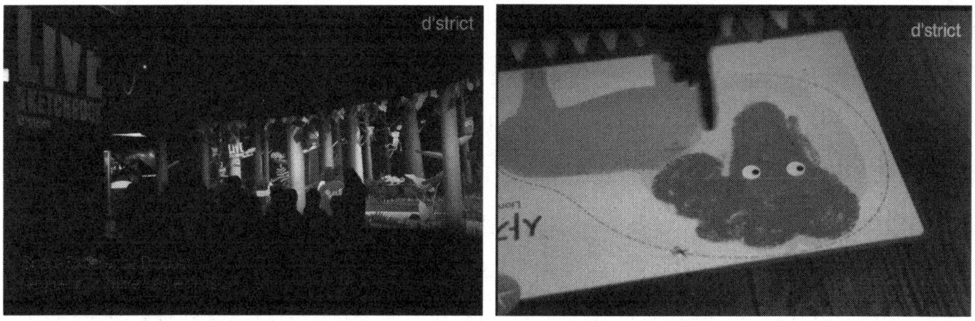

〈출처〉 d'strict_1301_NIPA Digital Pavilion_4D Kids Platform_Live Sketchbook_Korea

[그림 14] Live SKETCHBOOK

이처럼 디지털 기술의 발전으로 엔터테인먼트의 공간은 표현매체를 통해 전통적인 공간의 개념에서 벗어나 실재공간과 가상공간의 경계를 허무는 무한한 공간 확장으로 볼거리 제시와 심미적인 체험을 가능하게 하고 있다(안성모, 2009; 윤현주, 2017). 이러한 디지털 매체는 어떻게 공간에 적용되느냐에 따라 공간의 성격이 변화되고 실재공간에 하드웨어와 소프트웨어의 인터페이스를 통해 사용자에게 경험을 하도록 하여 시공간의 확장을 통한 가상성을 보여준다는 것이 특징이다(김향자, 김영삼, 2015). 따라서 디지털 영상이 공간 안에서 어떤 기술의 사용에 따라 구분되는가는 공간을 구현하는 중요한 요소일 것으로 예상된다.

우리는 도시 공간 내의 광장을 만남과 교류의 유인 공간이자 사회문화적 커뮤니케이션의 채널이 되어 지역의 활성화를 이끄는 활력의 공간으로 만들어야 한다. 뿐만 아니라 역사문화적 상징성을 강화하고 문화 예술 활동의 집적지로서 도시 내에서 랜드마크 역할을 할 수 있기 때문에 광장은 더 이상 선택이 아닌 필수이다. 광장의 활성화는 단순히 지역주민들의 근린성을 높이는 문제가 아니라 관광지로서의 역할을 수행하며 융합적 문화를 활발히 할 수 있다. 이는 도시 경쟁력을 강화시킬 뿐만 아니라 상업자본의 유입을 가져올 수 있으며 선순환 구조를 구축할 수 있다.

디지털사이니지를 활용한 공간 구성은 새로운 공간으로서 공간의 가치를 증대시킬 뿐만 아니라 방문자에게도 새로운 엔터테인먼트의 공간으로 인식 될 것이다. 이는 재방문율을 높이고 온라인을 통한 공유와 확산을 통해 긍정적인 공간의 인식을 유도한다. 디지털사이니지가 더 이상 광고를 송출하는 단순 미디어가 아니라 엔터테인먼트의 기능을 할 수 있는 공간미디어로서 역할을 하는 것이다.

참고문헌

구지향, 김태양, 신동희(2014), 온라인 전시에서 몰입감을 높이기 위한 어포던스 요인에 관한연구, 디자인지식저널, 31, 2014.9, 239-250

국토해양부, 2011 새만금 랜드 마크 조성사업 국제공모 추진을 위한 연구 용역

김영근, 안성혜(2006), 디지털 만화의 인터랙티브 스토리텔링 구조에 관한 연구, 게임&엔터테인먼트 논문지 제2권 제2호, 2006.6, 35-44

김향자, 김영삼(2015), 디지털 패션영상에 나타난 가상성 연구, 한국의류학회지, 233-246

김현지, 문정민(2011), 공간에서 나타나는 인터랙션 디자인 특성과 어포던스 연출 방법의 특성에 관한 연구 -국내 기업 홍보관을 중심으로, 한국디자인문화학회지, 17(3), 2011.9, 172-184

문화체육부(1993), 공간의 효율적 조성방안에 관한 연구, 문화체육부

문화체육부, 공간의 효율적 조성방안에 관한 연구, 문화체육부, 1993.

배연준(2006),「공간과 오브제의 상호작용에 관한 연구」국민대학교 석사학위논문, 2006, p.23.

서구원, 민형철(2009), 복합문화공간형 유통매장에서의 체험과 소비자 태도, 서울도시연구, 10(4), 143-158

안성모(2009), 디지털대행자를 통한 가상과 실재의 혼성적 공간디자인 연구, 디자인학연구 통권 제 86호(Vol.22 No.6), 2009.11, 79-84

원동규, 유선희(2013). 창조경제혁신의 동태적 구조분석, 한국기술혁신학회.

이상호(2005), "도시성장관리와 도시경쟁력", 도시성장관리와 도시개발, 대한국토도시계획회·대한주택공사, pp. 2-15

장해라 외, 이야기를 파는 나라 일본, 미래의 창, 2008, p.18.

장해라(2013), 문화공간콘텐츠에 적용 가능한 참여자 경험설계요소 제안 -브렌다 로렐의 '인간-컴퓨터 상호작용'이론의 응용을 통하여, 글로벌문화콘텐츠, 2013.5, 115-139.

전택수(2004), 향토문화전자대전의 산업적 활용과 창조조시 발전전략, 한국정신문화연구원, 한국향토사연구전국협의회 공동심포지움

최우선, 김기호(2013). 행태의 장 개념을 통해 본 도심 내 광장의 이용 및 기능에 대한 연구 -광화문 광장, 서울 광장, 청계 광장을 중심으로, 한국도시설계학회지, 14(1), 109-120

태지호(2009). 테마파크의 '가상성'을 통한 관객성에 관한 연구,『인문콘텐츠』, 14호, 20-228. 인문콘텐츠학회.

태지호(2013). 독립기념관에 나타난 독립의 기억과 그 재현 방식에 관한 연구,『미디어, 젠더&문화』, 25호, 145-177. 한국여성커뮤니케이션학회

한은경(2012), 소셜 미디어의 신뢰도가 광고 효과에 미치는 영향광고 신뢰도의 매개효과를 중심으로, 광고연구 제92호, 2012.3, 7-29

황희곤(2012), 한국 MICE산업의 발전을 위한 정책 과제, 한국관광공사 관광투자 뉴스레터, 2012년 봄호.

Cohan,S.(1988). Telling Stories: A Theoretical Analysis of Narrative Fiction.

제5장 디지털사이니지와 콘텐츠 진화

정보기술 혁명에 의해 아날로그매체에서 디지털 매체로서의 발전은 단순한 기술적 발전의 수준을 넘어서고 있다. 이는 새로운 의사소통양식과 새로운 생활양식의 출현을 말하며, 더 나아가서는 새로운 인지체계 및 행동양식 그리고 변화된 가치관과 세계관을 반영한 문화의 새로운 패러다임이 성립되었음을 의미한다(류지석 · 김석태, 2002). 최근 급격하게 성장하고 있는 디지털사이니지는 새로운 정보전달 매체로서, 새로운 광고 마케팅 미디어로서 부각되고 있다. 디지털사이니지가 지닌 특성들은 다양하다. 소프트웨어나 하드웨어, 네트워크는 물론 콘텐츠 등 관련 기술이 한데 어우러진 새로운 커뮤니케이션 수단으로서 다양한 디스플레이 장치를 통해 적절한 시간이나 장소에 맞춰 제품이나 서비스에 대한 매우 높은 퀄리티 수준의 정보를 제공할 수 있다. 또한 인터넷 플랫폼을 통해 가장 최신의 디지털 콘텐츠를 원격으로 마음대로 제공 할 수 있다. 이러한 디지털옥외광고 장점은 공간을 기초로 소비자의 욕구를 충족시켜줄 수 있는 정보를 제공함에 있어 소비자가 위치한 시공간적 맥락에 근접하게 설치, 특정 지역 그리고 특정 집단을 대상으로 실시간적이고 상호작용적인 정보를 전달할 수 있는 수단이기도 하다.

디지털사이니지를 이용하는 소비자는 이른바 활성화된 오디언스의 특성을 지닌다고 볼 수 있다. 영화를 보기 위해, 물건을 구매하기 위해, 또는 교통수단을 이용하기 위해 기다리는 등 다양한 서비스의 이용을 위해 대기하면서 기다리는 고객은 이른바 지연되는 시간에 대한 왜곡된 지각을 형성하기 마련이다. 전략적으로 잘 고안된 디지털 이니지는 이들을 겨냥하여 줄을 서거나 대기하는 등의 시간동안 경험할 수 있는 부정적 지각들을 감소시킴으로써 원하는 메시지를 효과적으로 전달할 수 있다. 디지털사이니지는 특정 행동 직전이나 구매 접점 상황에서 영향을 미칠 수 있는 중요한 요인이므로 적절히 활용된다면 제품이나 브랜드에 대한 지식이나 인지적 측면뿐만 아니라 판매에 영향을 미칠 수 있는 효과적 수단이다. 이처럼 디지털사이니지는 적절한 시간에, 적절한 장소에서, 적절한 오디언스를 대상으로 결정적 상황에서 중요한 영향을 미칠 수 있는 커뮤니케이션 수단의 하나라 할 수 있다(강태중, 2012).

이렇듯 디지털사이니지는 인터넷, 모바일에 이은 제 4의 미디어 시대를 주도할 대표적 미디어로서, 공공 또는 상업 공간에서 다양한 디지털 정보 등을 디지털 디스플레이 장치를 통해 전달하는 새로운 커뮤니케이션 미디어를 지칭한다. 아울러 정보나 콘텐츠를 통해 소비자와 양방향 커뮤니케이션이 가능한 인터랙티브 미디어의 한 형태이기도 하다(심성욱, 2010). 초기에는 디지털정보디스플레이(DID) 개념으로 유동인구가 많은 장소 등에서 광고 등 다양한 정보나 콘텐츠 등을 진화된 디스플레이 장치 등을 통해 단순히 일방향적으로 전달하는 개념으로 시도되었으나, 2세대적 발전이 진행중인 현 시점에서는 다양한 기술과의 접목 등을 통해 이른바 상호작용성에 기반하여 이용집단과 소통, 공유가 가능한 형태의 미디어로 진화하고 있다. 특히 타겟 집단의 특성을 분석하여 이들에게 맞춤형 광고 등을 제공함으로써 광고효과의 극대화를 기대할 수 있으며 광고효과에 대한 실시간 측정 및 분석 등이 가능함으로써 광고집행의 과학화에 기여하는 측면도 있다(심성욱, 2010).

그러나 디지털사이니지에 대한 긍정적인 전망에도 불구하고 시장의 파급력은 크지 않았다. 이는 디지털사이니지를 매체적 기능적 관점에서만 접근하였기 때문이다. 광고는 사람들의 시선을 끌고 몰두하게 만드는 인지와 흥미라는 요소가 갖추어지지 못하면 성공할 수 없다. 디지털사이니지의 여러가지 원인들 중 대표적인 문제점으로 업계 대부분에서는 콘텐츠의 부족을 공통적으로 지목하고 있다. 이러한 디지털사이니지의 한계점을 극복하고 새로운 마케팅 가치에 대한 접근으로, 최근에 부각되고 있는 흐름으로 SIMA(Site-specific Installation Media Art) 마케팅을 논할 수 있다. SIMA는 번역하면 장소 특정 설치미디어 아트로, SIMA는 다수의 대상공간을 입체적으로 분석한 후, 공간의 형태에 맞춰진 입체영상을 디스플레이나, 프로젝터 에 투사해 구현하는 미디어아트의 한 장르다. 북미와 유럽에서 시작됐던 빌딩 프로젝션(Buadng Projection)이 발전된 형태로 볼 수 있다.

공간 특성	표현 요소	내용
분열과 조합	조합성	표현요소의 분열과 조합을 통해 새로운 요소로 표현
확장과 축소	공간변형	공간의 형태, 크기, 깊이의 변화를 통해 표현
키네틱성	운동성	표현요소의 위치적 변화를 통해 표현
퍼포먼스성	행위유발	사용자의 행위를 유발시키거나 행위로 인식하여 변화하여 표현
네러티브성	맥락성	시간성이나 맥락(Context)의 변화를 연속성을 통해 표현
이미지연출	이미지	추상, 설계, 기호나 재질 등 이미지를 이용하여 공간을 이미지화하여 표현
증감과 감소	양적변화	공간의 변화요소를 표현요소의 증감이나 감소를 통해 표현
투명성	투명성	주변환경이나 대상과의 투명한 혼합이나 표현요소들의 특성을 남긴 혼합표현

SIMA가 기존의 프로젝션 미디어아트와 변별점을 갖는 것은 장소특정이라는 말 그대로 대상공간의 형태에 따라 맞춤형으로 제작된 영상이라는 점이다. 대상공간을 스캔해 크기, 모양, 굴곡 등을 분석한 후, 여기에 정밀하게 대응할 수 있는 영상을 투사함으로써 마치 건물

자체가 살아 움직이는 듯한 효과를 구현하는 것으로 볼 수 있다. SIMA는 전통적으로 인식해 왔던 영상예술의 고정관념을 파괴한다. 한정된 평면의 틀 안에 갇혀 있던 영상이 건물, 교각 등의 인공적 건축물을 비롯해 때로는 나무와 물과 같은 자연물에 이르기까지 다양한 대상과 공간이 영상매체로 활용된다. 말 그대로 '탈 스크린' 시대를 만들어가는 것이며, 문화예술 영역에 머무르지 않고 기업 PR과 영상 간판 등 옥외광고 분야로 빠르게 확산되는 원동력을 제시할 수 있다. 이에 따라 SIMA의 등장은 '상업의 예술화' 시대를 예고하고 있다(신일기,2012). 이러한 일련은 방향은 예술분야에서 주도 되었는데, 발전된 기술을 인간의 관념역영에서 디지털로 드러내고자 하였으며, 다시 디지털매체를 통해 현실공간에 드러내는 방향을 갖게되었다.

이러한 시도도들은 여러 외부효과들을 이끌어 냈는데, 건물 전체의 인상을 단적으로 나타낼 뿐만 아니라, 정보의 전달이나 브랜드의 이미지제고 등 홍보나 마케팅 의 수단으로서도 다양하게 활용되었다. 디지털미디어를 이용하여 건축물의 외벽에 시각 적으로 변화하는 그래픽이나 영상으로 다양한 메시지를 전달하는 미디어파사드의 개념으로 진화하고 있으며, 이러한 흐름은 건물에서 좀 더 작은 단위로의 이행되고 있다. 탈 스크린 개념을 통해 대상화된 디스플레이(자연이나 건물 등 구조물)에 예술 또는 상업콘텐츠를 입혀 대상의 해체를 시도함으로서 예술과 상업성이 결합한 감동을 경험하게 할 수 있다.

〈출처〉 모노핀, 2017

[그림 1] 파리 노트르담 성당 맵핑 사례

〈출처〉 TV5MONDE, 2014

[그림 2] 프랑스 '리옹 빛 축제' 맵핑 사례

이러한 도시공간매체로서의 강점은 공간이 한순 간에 전혀 다른 공간으로 탈바꿈하는 경험해 보지 못한 광경을 제공하여 소비자에게 강렬한 경험을 제공할 수 있으며 이를 통해 SNS나 미디어를 통해서 빠르게 확산될 수 있다는 장점이 있다. 그리고 중요한 핵심 가치는 이러한 디지털사이니지를 통해 콘텐츠의 예술성으로 인해서 기업의 마케팅이 문화적 가치와 차별화적 가치의 실체성을 가지게 될뿐만 아니라 보다 쉽게 기업과 브랜드의 품격을 공간에서 소통할 수 있다는 것이다.

이처럼 디지털사이니지만큼 다양한 매체 유형과 신기술을 포괄하는 매체가 없을 것이라는 말은 과언이 아닐 것이다. 최근 3D디스플레이 및 증강현실(AR: Augmented Reality)을 포함한 첨단 정보기술의 발전과 더불어 디지털사이니지는 단순히 옥외광고의 한 분류를 넘어 진정한 의미에서 집을 벗어난 모든 디지털 정보 매체를 의미하는 [Digital Out of Home Media]로 진화하였다(유승철, 민지원, 황혜형, 2016).

[그림 3] 안면인식 디지털 사이니지, LG Thailand(2013) 캠페인 사례

디지털사이니지는 상업 뿐 아니라 공공 커뮤니케이션 측면에서도 각종 공공정보를 전달하는 채널로 주목받고 있고 큰 성장가능성을 가지고 있다(Dennis et al., 2010) 특히 정보적/예술적 측면에서 디지털사이니지가 도시 마케팅이나 장소 마케팅으로 활용 가능성 또한 높다(Crewe, & Beaverstock, 1998).

[그림 4] 영국에 설치된 공공정보/광고 결합형 디지털사이니지

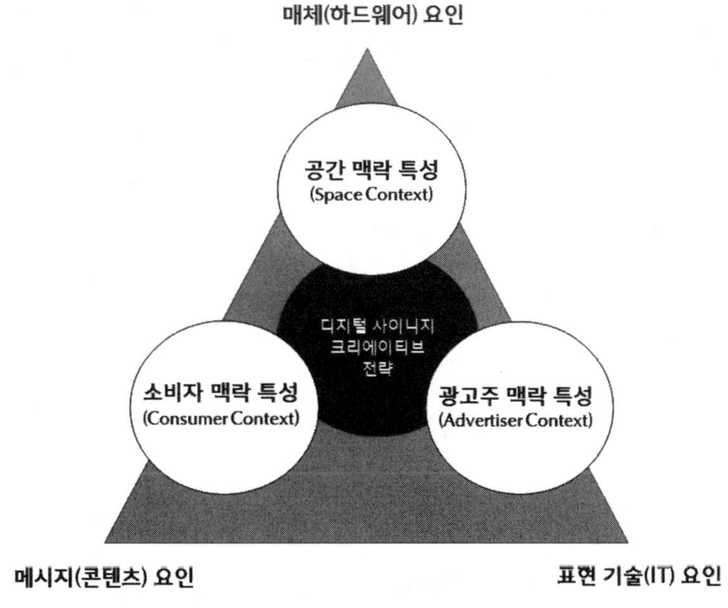

[그림 5] 디지털 사이니지 크리에이티브 전략을 규정하는 요인과 특성들

기존 문헌 및 집행사례를 분석한 결과 디지털 사이니지 크리에이티브 전략은 매체(하드웨어), 메시지(콘텐츠), 표현기술(다양한 IT)요인 그리고 소비자 맥락, 광고주 맥락, 공간 맥락 특성에 따라 다르게 정의되는 다층적(Multi-level)인 특성을 지님을 알 수 있다.

1. 브랜드 경험으로서의 디지털사이니지 이해와 활용

디지털사이니지의 개념은 TV, 컴퓨터, 모바일 등 일반적인 디지털디바이스와는 조금 다르다. 기술적 측면과 정보내용에서는 유사하지만 디지털옥외광고는 개인적 디바이스와는 달리 공용공간에서 운영된다는 특징을 갖는다. 집 밖에 있는 생활공간인 도심, 교통시설물, 쇼핑몰, 경기장, 리테일숍 등 다양한 공간에서 운영되기 때문에 각각의 장소적 특성을 반영한 디지털 옥외광고가 만들어진다.

즉, 디지털옥외광고는 특정 OOH(Out Qf Home) 공간에서의 목적성에 맞도록 정보와 내용을 제작하여 표출하는 맞춤 정보 제공 시스템이다. 편의점 매체들은 영화 관련 정보, 뮤직비디오, 날씨 검색 등 소비자 지향적인 콘텐츠로 소비자의 관심을 얻고자 한다. 이러한 옥외광고의 접근전략은 지나가다가 필요에 의해 접촉되거나 저절로 눈에 띄는 장소에 놓여있는 디지털 옥외광고는 사용자의 필요성과 목적성을 충족시켜주면서 무료로 제공된다는 특성을 가지고 있다. 또한 개인 디지털기기와 연결되어 제 3의 혜택을 제공하여 다양한 인터랙션을 체험함으로써 소비자 경험을 풍부하게 할 수 있다.

그렇다면 이렇게 디지털옥외광고를 통한 브랜드 경험에서 가장 중요한 핵심은 무엇인가? 그것은 상호작용성을 통한 소비자 참여다. 소비자들의 상호작용에 참여하는 요인은 무엇인가? 간략하게 정리하면 참여의 유형을 통제성, 반응성, 개인화, 실재감 등으로 정의할 수 있다. 통제성은 '소비자가 광고의 내용이나 순서 등을 선택할 수 있는 정도', 반응성은 '소비자의 입력에 광고가 응답하는 정도', 개인화는 '소비자 개인정보를 통해 소비자에게 1:1로 맞춰주는 정도', 실재감은 가상의 공간이 현실처럼 느껴지는 정도'로 정의되고 있다.

이러한 상호작용 요소들은 기술의 발전으로 기능적 측면과 정보적 측면이 충족되면서 그 매체적 가치가 높아지고 있다. 그러나 소비자가 전제된 상호작용광고가 집행되고 있는가에 대해서는 의문을 갖게 된다. 따라서 소비자의 가치에 부합하고 소비자의 상호작용할 수 있는 디지털옥외광고의 운영에 대해 살펴볼 필요가 있다.

1) 소비자의 정서와 상황 맥락을 고려한 디지털사이니지광고의 적절성

소비를 뜻하는 영어 단어 consume의 어원적 정의는 '얻다(to get)'이고, '정서'에 해당하는 영어단어 emotion은 어원적으로 '움직이다(to move)'라는 뜻을 가지고 있다. 이 두 단어를 한데 모으면, 어떤 것을 얻으려면 소비자를 움직여야 한다는 말이 된다. 소비 행위는 감정을 떼어 넣고 생각할 수 없다. 소비자는 더러는 긍정적이며 더러는 부정적이기도한 정서적인 요소로 가득찬 경험이다. 그리고 각각의 상황에서 얻는 경험이 소비자에게 실제로 어떤 의미로 다가가는지에 따라 제각기 다른 정서적 반응을 이끌어 낸다. 이러한 정서는 제품과 서비스 브랜딩의 일부로 사람들에게 어떤 브랜드가 무엇을 상징 하냐고 물으면 대다수의 사람들은 어떤 형태로든 정서적 동일성을 보여준다.

과거 매스미디어들은 이러한 소비자들의 정서적 가치에도 불구하고 대부분 일종의 상징을 제공하여 브랜드의 로고나 회사의 CI에 의미를 부여하여 일방향적으로 주입하는 선에서 멈춰있었다. 하지만 기술 적 진보와 더불어 마케팅 전략의 큰 변화가 지속되면서, 옥외광고도 온라인 광고와 마찬가지로 양방향커뮤니케이션(인터랙티브) 기능을 구현할 수 있게 되었다. 초기에는 단순히 흥미를 유발하기 위한 디지털 미디어 기능의 일부로 인식되던 인터랙티브 기능은 버스쉘터의 QR코드 광고를 통해 정보 전달의 창구로, 그리고 매장 외부 디스플레이와 결합하면서 양방향커뮤니케이션이 가능하며 상품 구매로 직접적으로 연결되는 고리로 작용하고 있다.

인터랙티브 기능을 통해 옥외광고에서 가진 제일 큰 장점은 양방향 커뮤니케이션을 통한 흥미 유발과 정서의 공유를 나눌 수 있게 되었다는 점이다. 소비자로 하여금 광고에 흥미를 유발하게 해 브랜드를 인지시키면서 브랜드 경험 및 정서를 공유할 수 있도록 되었다는 것이다. 다양한 아이디어의 적용이 가능하지만 근본적으로는 소비자를 인지할 수 있는 동작 인식 기능이 기본이 된다. 이러한 동작 인식 기능을 사용한 인터랙티브 미디어는 구매 접점에서 소비자가 브랜드에 더욱 친숙하게, 그리고 무의식적으로 다가갈 수 있도록 돕는 역할을 하고 있다.

따라서 인터랙티브의 장점을 극대화하기 위해서는 먼저 이용자의 중심에서 매체적 특징을 규정하여 현행의 디지털사이니지 집행전략에 대한 제고가 필요하다. 이를 위해서는 소비자의 일상분석자료의 심층적 분석을 통해 그에 대한 소비자 시간과 장소에 따른 정서적 고려가 필요하다.

예를 들어 <그림 6>와 같이 단순노출형과 인터랙티브 사이니지의 경우 지하철, 버스와 같은 교통시설에서는 단순노출의 사이니지가 중요하다. 또한 극장이나 놀이 공원 쇼핑공간의 경우 인터랙티브형 사이니지 효과가 높을 것이라는 것이 일반적인 인식이며, 일견 사실이라고 해석할 수 있다. 하지만 이것은 부분적인 진실이며, 소비자의 상황과 정서를 고려한 전략에 따라 마케팅 효과는 달라질 수 있다.

출근시간대의 바쁜 시간과 정서상태에 의해 옥외광고물에 대한 노출 시간은 좀 더 줄어들게 되며 이 순간의 많은 광고정보량이 과연 효과를 얻을 수 있는가는 의문이 든다. 반면 퇴근 시간대의 경우 옥외광고물에 정보량의 허용범위는 보다 많아 질 수 있다는 것이다. 결국 이 부분은 개별 소비자를 고려한 메시지와 크리에이티브를 어떻게 제공하는가에 따라 매체효과가 달라질 수 있으며, 이러한 문제가 선행되어야만 인터랙티브가 발생하고 브랜드 경험을 통한 브랜드 가치 확립이 가능하다는 것이다.

〈출처〉 헤럴드 경제, 2011

[그림 6] 벨기에 브뤼셀 공항의 옥외광고

예를 들어 <그림 6>의 벨기에 브뤼셀 공항의 옥외광고의 경우 에스컬레이터를 타고가면서 이용자의 체온을 측정하여 그에 대한 정보와 관련된 제품 광고나 브랜드를 노출시켜 높은 주목성과 브랜드 경험을 제공하고 있다.

출처: 국내외 언론보도 종합

[그림 7] 피자헛 주문 테이블

<그림 7>의 디지털사이니지 메뉴의 경우, 맞춤형 피자 주문이 가능한 테이블 형태이다. 공개된 영상에 따르면 피자헛 매장의 방문자는 테이블 앉아서 터치스크린을 통해 직접 피자에 들어가는 재료를 선택할 수 있으며, 피자가 만들어지는 도중에는 테이블에서 광고가 노출된다. 이것은 디지털 대기시간 등의 단축으로 만족도 극대화를 이룬 사례로 볼 수 있다.

극장이나 놀이동산의 코몰라이브, 디지털뷰의 경우에도 동일한 문제를 가지고 있다. 평일이냐 주말이냐에 따라 제공되는 콘텐츠와 그를 표현하는 크리에이티브는 소비자의 정서를 고려해야 하는데도 불구하고 정보 의 종류와 가치에 대한 측면에만 가치를 부여하고 있는 문제를 가지고 있다.

새롭게 등장하고 있는 디지털사이니지의 기술적 구현과 보급도 중요한 문제이지만 세계적 석학 마살맥루 한이 언급한 바와 같이 "도구는 인간의 확장이고, 매체도 인간의 확장의 개념이다." 소비자에게 선택받고 경험을 나누기 위해서 인터랙티브매체의 공간과 이용자 정서맥락의 적절성, 우리나라 소비자문화를 고려한 정보와 오락적 효용을 제공할 수 있도록 해야 하며 이를 통해 보다 고객지향적인 마케팅 활동과 광고산업에 새 바람을 일으킬 수 있을 것이다.

2. 인터랙티브 융합과 소비자의 만남 홀로그램 옥외광고

우리가 최근 접하고 있는 매체 간 융합과 새로운 매체의 등장은 다양한 마케팅 상황을 출현시켰으며 이를 통한 생산자와 소비자의 정보 비대칭성이 사라지면서 수동적인 소비자를 대상으로 하는 전통적인 마케팅전략의 근간을 흔들만큼 커다란 사건이 되었다. 그 결과 소비자는 이제 가만히 TV수상기 앞에서 기다리지 않는다. 그들은 끊임없이 소통하고 검색하고 탐욕적으로 자신만의 정보체계를 구축하고 강화한다. 이러한 소비자에게 기존의 매스미디어를 통해 정보를 전달한다는 것은 쉽지 않은 일이 되었다. 단순히 수용자의 욕구를 자극하고 그에 대한 반향으로 마케팅 효과를 노리던 시대는 서서히 지나가고 있는 것이다. 이러한 변화의 흐름에서 최근 기술적 융합으로 각광받고 있는 홀로그램 옥외광고에 대해서 살펴보고자 한다.

옥외광고는 외부 일정 공간을 점거하여 불특정 다수인의 가시영역에 시각적인 자극을 주는 광고의 하나로서 여기에 따른 효과는 모든 매체 가운데 가장 지역적이며 정밀하게 대상을 선택해서 목표에 도달할 수 있는 능력을 갖추고 있다는 점이며, 이러한 옥외광고의 일반적인 특성은 TV, 라디오, 신문, 잡지 등의 매체광고가 지니고 있는 역기능을 보완하며 상품의 구매시점에서 결정적인 영향을 미친다는 점이다.

옥외광고의 효과성을 일반 소비자 측면에서 검증해보면, 다른 매체와 다른 효과 즉, 스케일(Scale) 효과, 서브리미널(Subliminal) 효과, 랜드마크(Landmark) 효과 등의 독자성을 가지고 있다. 개별적인 특징을 살펴보면 다음과 같다.

가. 임펙트(Impact): 자극이 있고 강력한 소구로 처음 의도한 인상을 줄 수 있다.

나. 순간적인 이해: 옥외광고의 광고 노출은 순간적이므로 짧은 시간 동안 이해할 수 있는 광고 구성을 한다.

다. 단순성: 순간적인 이해가 요구되는 만큼 단순한 광고구성으로 한번의 단순 노출로 이해된다.

라. 탁월성: 광고의 현저성을 높이기 위해서는 옥외광고의 크기, 모양, 색깔 등이 중요한 요소로 작용하며, 표현의 아이디어로 광고의 레이아웃, 디자인 등에서 탁월성이 중요한 영향을 미친다.

마. 적응성: 옥외광고의 일부 또는 전부가 다른 매체에 일러스트레이션으로서 이용할 수 있어야 하며, 신문, 잡지, TV 광고에도 공통적으로 이용된다면 광고 전략의 통일성이라는 점에서 브랜드 인지도를 높이는데 매우 효과적이다.

이러한 옥외광고의 고유한 특징은 최근의 콘텐츠와 결합된 홀로그램 옥외광고를 집행할 경우 그 영향력은 급격하게 증가하게 된다. 최근 화재가 되고 있는 한류콘텐츠의 홀로그램 공연을 비롯해서 해외의 경우 3D 광고콘텐츠를 통해서 다양하게 활용 되고 있는 상황이다.

〈출처〉 국내외 언론보도 종합

[그림 8] 홀로그램과 콘텐츠의 만남 사례

앞서의 홀로그램의 다양한 가능성 중 옥외광고분야에 적용함으로서 마케팅효과와 사업적 파급력은 극대화 될 것으로 보인다. 현재 거대화 되면서 문화공간으로 거듭나고 있는 쇼핑몰의 경우 소비자들의 쇼핑편의와 문화적 볼거리에 대한 관심이 높아지고 있다. 이러한 현장에 홀로그램을 적용한 콘텐츠 기반 옥외광고를 집행할 경우 그 효과는 과거의 일반적인 옥외광고의 효과 양상과는 비교가 되지 않을 것이다.

기업의 광고예산을 설정하고 집행하는 경우에 보다 세심한 분석과 효과예측을 통해서 집행하는 것이 필요하다. 현재까지 옥외광고는 보조적인 매체로서 TV, 라디오, 신문을 통해 알려진 브랜드 및 메시지를 재인(Recognition) 하는 매체로 인식되어 왔다. 그러나 홀로그램을 활용하여 메시지 전달률과 주목성을 확보한다면 보다 중요성이 높은 매체로써 활용될 가능성이 높다고 할 수 있다.

홀로그램을 이용한 옥외광고에 대한 관심이 높아지고 있는 것은 기존의 옥외광고가 비용효율성에 비해 메시지 전달방식 및 표현방식에 있어 한계를 가졌던 점도 또 하나의 이유가 된다. 그러나 홀로그램을 이용한 광고표현 방식을 채택할 경우 보다 입체적인 영상과 표현으로 효과적인 메시지 전달이 가능할 것으로 판단된다.

이러한 효과과정에 대한 이해를 돕기 위해 <그림2>를 보면 기존의 단순한 옥외광고 효과에서 홀로그램을 통해서 소비자의 인지적반응을 극대화 할 수 있으며, 쉽게 체험의 형태와 공유라는 행동적인 변화까지 이끌어 낼 수 있다는 장점을 가지고 있다.

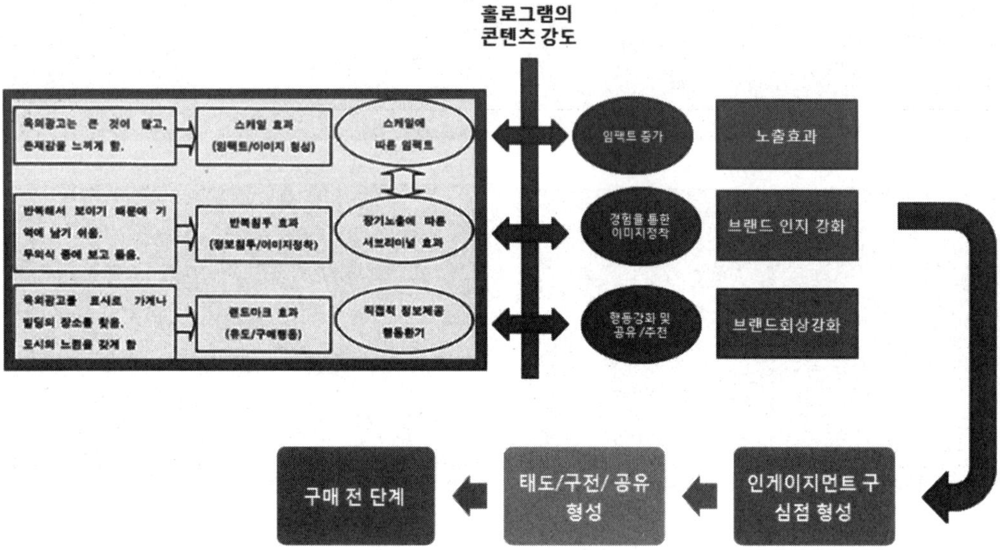

[그림 9] 인터랙티브 융합과 소비자의 만남 홀로그램 옥외광고 효과 확장

호기심은, 인간을 유인하는 가장 강력한 요인 가운데 하나이다. 광고에 대한 소비자의 심리학적 관점은 소비자가 어떤 자극에 대해 사람들이 주목(Attention)하는가, 어떠한 자극에 대해 흥미(Interest)를 느끼는가, 그리고 어떠한 광고자극들이 욕구(Desire)로 전환되는가에 대해서 심도깊게 접근해야 한다. 홀로그램과 콘텐츠를 이용한 다양한 표현방식은 경쟁사의 고객이나 관련 상품군을 구매하지 않았던 고객에게 제품이나 브랜드에 대한 관심과 호기심을 유발시킴으로 해서 자사의 브랜드를 인식하게 하거나 긍정적인 태도를 갖게 하는데 효과적일 것으로 판단된다.

또한 기존 고객의 경우 홀로그램을 이용한 광고를 통해 첨단의 느낌이나, 세련된 표현방식을 접하게 되면 호감도나 높아져 상표충성도를 확보하여 재구매율을 높이는데 기여할 수 있을 것이며, 스마트폰을 통해 네트워크에 접속하여 단순히 물리적 공간에서의 랜드마크효과 또는 서브리미널 효과를 발생하는 것이 아니라 온라인 공간에서는 더욱더 확장되고 깊은 수준의 효과를 파생할 수 있다는 것이다. 이러한 측면에서 홀로그램을 통한 콘텐츠기반 옥외광고의 매력은 높을 수밖에 없는 것이다.

〈출처〉 Cleveland Artlens Gallery

[그림 10] 홀로그램 적용 사례

물론 이러한 옥외광고전략들이 시행초기 어려움을 겪는 것이 사실이다. 국내 소비자들은 항상 새로운 자극에 목말라 있고 변덕스럽고 빠르게 변화한다. 결국 인터랙티브 콘텐츠 옥외광고의 비용에 비해 소비자들의 기호변화에 맞추기 위해 출혈적인 투자가 필요한 상황이 발생한다. 그러나 이러한 측면들은 단순한 기술기반이 아닌 아날로그시대부터 사람들이 사용해 왔던 창작의 대상인 문화예술콘텐츠로 확대될 때 그 가치는 배가 될 수 있다.

따라서 이러한 효과를 기대하기 위해서는 기존의 옥외광고 고유의 가치와 기술적 완성도 콘텐츠의 문화예술적 가치가 적절하게 조화되어야 할 것으로 보인다. 이를 위해서는 기업의 다양할 활동도 필요하지만 정부의 역할도 중요할 것이다. 기초기술과 융합기술의 조화가 필요한 만큼 이를 위한 정책이나 제도적인 지원이 필요할 것으로 생각된다.

3. 도시공간매체와 융합현실매체로서의 가능성

도시공간매체로서 디지털사이니지는 필연적으로 도시공간의 매체적 기능과 동시에 소비자가 원하는 정보와 공간적 조형성 그리고 공간의 미적 상징성을 획득하게 되는데 필연적으로 미적 가치와 체험의 의해 예술의 영역으로 접근한다. 또 그것이 가지는 기호와 상징의 의미화에 의한 커뮤니케이션 도구로서 역할을 한다. 도시공간매체는 인간과 인간과의 사이의 공유영역을 이미지에 의한 커뮤니케이션의 장으로 인식하여 그 사이 영역에 공유 가치를 만들어 공간의 상징화를 가능하게 한다. 도시공간 이미지 커뮤니케이션은 공간과 주체로서의 인간을 동일시하며 공간체험에 있어서 인간의 감정이입을 가능하게 한다. 또한 상호작용성을 통해 상호작용적으로 디자인된 공간에서 사용자 중심의 체험이 중요해지게 되었다. 행위를 지원하는 요소로 감각, 행위, 관계, 감성 등이 인터랙티브에 발생에 중요한 정보 요소가 되고 있고, 사용자의 직접적인 움직임과 접촉으로 일어나는 반응들로 하여금 다양한 효과를 체험하게 된다. 또한 연출요소로 미디어를 이용한 영상, 음향, 조명으로 기존의 물리적공간에서는 일방향적인 체험이 사용자의 행동과 상황을 쌍방향적인 체험으로 가능해 졌다. 이러한 테크놀로지와의 결합으로 인해서 공간이 생생한 현장감을 갖게 되고 자연적 요소의 효과와 더불어 비물질화된 공간을 만들어 낸다(조성우 · 김문덕, 2010).

이러한 디지털사이니지의 특성은 현실과 가상공간의 플랫폼으로서의 가능성을 가지고 있다. 초창기의 개념이 '통합' 중점을 두었다면, 최근에는 경계의 소멸 또는 플랫폼을 넘나드는 콘텐츠에 주목하는 등 '융합의 본래 의미' 보다 근접하고 있는 것을 알 수 있다. 이런 점에서 영국의 규제기관인 오프콤(Ofcom)과 헨리 젠킨스(Henry Jenkins)의 정의가 비교적 새로운 시각을 제공한다. 오프콤은 융합을 '이용자가 단일의 플랫폼 혹은 단말기를 통해 다양한 서비스를 받거나, 특정 서비스를 다양한 플랫폼이나 단말기를 통해 구득할 수 있는 역량(the Ability of Consumersto Obtain)'으로 정의함으로써 소비자 관점에서 융합을 정의하고 있다(Ofcom, 2008). 이것은 융합의 궁극적인 목표와 가치가 기술이나 산업이 아니라 최종적인 수혜자인 소비자에게 있다는 인식을 반영한다. 그들은 융합이 추구하는 소비자 측면의 가치로 통제력, 이동성, 참여능력, 그리고 혁신을 들고 있다. 한편 젠킨스는 '융합은 다양한 미디어의 기능들이 하나의 기기에 융합되는 기술적 과정이 아니라 소비자로 하여금 새로운 정보를 찾아내고 서로 흩어진 미디어 콘텐츠 간의 연결을 만들어 내도록 촉진하는 문화적 변화' 라고 정의하였다(Jenkins, 2006). 그는 융합이 단순히 기술적인 변화가 아니라 기술, 산업, 시장, 수용자, 나아가 장르들간의 상호관계에 영향을 주며, 그자체가 최종의 목표점이 아니라 과정이라고 주장하였다. 그의 관점에서 융합은 단순한 기술적인 변화에 그치지 않고, 소비자가 콘텐츠를 소비하고 반응하며 또 참여함으로써 콘텐츠 제작까지도 관여하는 경제, 사회, 문화적 의미를 가지는 현상이다.

이러한 배경에서 디지털사이니지의 기술이 개발되고 적용됨에 따라 이용자 중심의 융합이 디지털공간에서 다양한 양상으로 확산되고 있으며, 이를 도시의 공적 공간 및 공적 공간 내 시설에 대한 대형 디스플레이를 통해 정보를 광범위하게 제공 하고 있으며, 또한 물리공간 상 사람들의 활동과 이동에 반응하여 공적 공간을 제어하고 있다.

[그림 11] 러시아의 디지털사이니지 사례

[그림 12] 독일의 디지털사이니지 사례

이러한 맥락에서 이용자들이 주도하는 디지털의 가상정보체계가 상업용 대형 디지털사이니지를 통해 표출되면서 현실공간에 드러나는 디지털 가상세계의 형태를 가지는 양상을 보이고 있다. 이를 혼합현실이라고 하는데, 혼합현실은 현실세계와 가상세계와의 조합을 의미하는 것으로 물리적인 개체와 디지털 개체가 같이 존재하고 실시간으로 교류하는 새로운 환경을 만들고 구현하는 것을 말한다. 1994년 Paul Milgram과 Fumio Kishino가 혼합현실(MR)를 다음과 같이 정의하였다. "가상 연속체(VC)의 가장 끝 가장자리 안에 위치한 모든곳. 가상 연속체는 완벽한 현실세계에서 증강현실, 가상현실이 있는 완벽한 가상현실 사이의 개념이다"라고 정의 하고 있다. 따라서 혼합현실은 현실공간(RS), 증강현실(AR), 가상현실(VR), 증상가상(AV) 네 가시의 구성 공간체세로 세시될 수 있다. 최근 가상현실과 증강현실은 우리에게 잘 알려진 개념이다. 그러나 이런 공간 개념이 전적으로 인간의 시지각에 의존한 것인지

혹은 그래픽 이미지에 의존한 것인지, 현실공간에서 보여 지는 것들인지, 아니면 디스플레이 기기를 통해 보여 지는 것인지, 보는 사람이 증간된 현실을 느끼게 하려고 한 것인지, 가상화된 현실을 보는 관점인지, 디스플레이의 용도가 세상의 사물들에 대한 정보를 체계화 하는 것인지 등 에 대한 기초적인 차이가 아직 명확하지가 않다. “현실real”과 “가상 virtual”의 명확한 구분은 구분하는 사람의 인지적 관점, 즉 사람이 시지각에 의해 현실의 물체를 보는지, 가상의 물체를 보는지, 실제 물체의 이미지인지, 가상의 물체의 이미지인지, 직접 본 이미지인지, 디스플레이등의 정보기기를 통한 간접적으로 본 이미지인지 등에 대한 다양한 측면에 따라 분별되어진다. 혼합현실 콘텐츠의 미래 발전 가능성을 디지털사이니지에서 참조한 것은 이들의 방향이 영화등에서 제시한 미래예측에서 크게 벗어나지 않는다. 이에 대한 반증으로 1985년 개봉된 영화 <백 투더 퓨처>(Back to the Future, 1985)에서 예상한 30년 후의 미래기술은 평면 벽걸이 디지털옥외광고, 증강현실을 이용한 홀로그램광고 등과 같이 혼합현실 콘텐츠의 발전도상에서 예술에서 살펴본 인간을 기초로 한 기술적인 융합, 오감 활용과 멀티감각 콘텐츠의 활용을 통해 매체의 기능을 수행하고 있다.

이러한 혼합현실은 결국 디지털공간의 소비자 공감 또는 반응요소를 현실공간에 인출하는 디지털과 물리적공간의 연결을 이끌어내는 것이다. 결국 ‘사회반응적 공간(Socially Responsive Environment: Context Aware Environment)’ 형성하는 것으로 디지털혁명을 통해 형성된 환상적인 상호성과 실시간 응답성을 다시 물리적 공간에 반영함으로써, 인간의 활동과 이동에 대응하여 적절히 반응하는 공간을 의미한다(Witzgall & Burleson, 2000). 이 개념의 주창자들은 사회반응적 환경이 개개의 이용자를 연결시키는 공유된 정보와 인식을 형성하며 이를 통해 개인의 공간인지 뿐만 아니라 이용행태에까지 영향을 미칠 수 있다고 주장한다. 공적 공간의 미래모습이 정보통신기술을 통해 상호적이고 동태적이며 사회적인 공간으로 변할 수 있는가, 또는 IT가 공적 공간의 소통성, 공동체성, 소속감을 높일수있는가 등의 질문은 이제 실증적으로 답하기보다는 실천적으로 연구되어야 할 과제라 하겠다.

국내문헌

강태중(2012), 광고매체로서 디지털사이니지의 수용에 관한 연구, 언롱과학연구, 제 12권 4호, pp.5-34

김운한, 최윤슬(2014). 디지털 사이니지의 기술적 이해와 광고 크리에이티브 적용에 관한 연구. OOH광고학연구, 11(2), pp. 65-100.

김주란, 황장선(2008). 국내 기업의 사회공헌 활동(CSR : Corporate Social Responsibility) 전략 및 메시지 전략, 크리에이티브 전략분석 : 100대 기업 CSR 웹사이트 분석을 중심으로. 한국언론학보, 52(3), pp. 76-97.

디지털 사이니지의 최근 동향과 주요 이슈, 2014

김현아, 김지은, 정만수(2016). 글로벌 기업의 SNS 커뮤니케이션 전략 연구 : 한미 맥도날드 페이스북 팬페이지의 내용분석을 중심으로. 광고학연구, 27(1), pp. 43-69.

심성욱(2010). 강남역 미디어폴에 관한 연구. 옥외광고학연구, 7(4), pp. 187-211.

유승철, 민지원, 황혜형(2016). 한국 디지털 사이니지 연구의 어제와 오늘 - 연구 추세와 미래 연구 제안. 한국콘텐츠학회논문지, 16(10), pp. 745-757.

유승철, 송시강, 박정선(2017). 디지털 미디어 환경에서 옥외 광고의 새로운 정의와 범위에 대한 연구: 광고학과 법학적 관점의 종합. 광고연구, 봄(112), pp. 199-237.

외국문헌

Bailey, Kenneth D.(1994). Typology and Taxonomies. An Introduction to classification techniques. Sage University Paper Series on Quantitative Applications in the Social Sciences, Series No. 07-102. Thousand Oakes; London; New Delhi: Sage.

Belch, G., & Belch, M.(1998). Advertising and Promotion. Irwin McGraw-Hill.

Berelson, B.(1952). Content Analysis in Communication Research. New York: Free Press.

Crewe, L., & Beaverstock, J.(1998). Fashioning the city: Cultures of consumption in contemporary urban spaces. Geoforum, 29(3), pp. 287-308.

Dennis, C., Michon, R., & Newman, A.(2010). The appeal of a town's separately branded environments to market segments and the segmented appeal of digital signage. Place Branding and Public Diplomacy, 6(2), pp. 156-175.

Frazer, C. F.(1983). Creative Strategy: A Management perspective. Journal of Advertising,

Hill, R., & Mazis, M.(1983). Measuring emotional response to advertising. R. Lutz(ed.), Advances in Consumer.

Kluge, Susann(2000). Empirically grounded construction of types and typologies, qualitative social

research, Forum: Qualitative social research(On-line Journal), vol. 1, no. 1, pp. 1-9.
Kothari, C. R.(2004). Research methodology: Methods and techniques. New Age International.
Lasky, H. A., Day, E., & Crask, M. R.(1989). Typology of main message strategies for television commercials. Journal of Advertising, 18(1), pp. 36-41.
McKinney, John C.(1969). Typification, typologies and sociological theory. Social Forces, vol. 48, no. 1, pp. 1-12.
Schaeffler, J.(2008). Digital Signage: Software, Networks, Advertising, and Displays. Focal Press.
Vaughn, Richard(1980). How advertising works: A planning model. Journal of Advertising, vol. 20, no. 5, pp. 27-33.

웹 사이트

Digital Signage Today
https://www.digitalsignagetoday.com
Grand Vide Research(2016).
http://www.grandviewresearch.com/industry-analysis/digital-signage-market
KBS 뉴스(2014).
http://news1.kr/articles/?1526162
Moment Factory.
https://momentfactory.com/
TV5MONDE(2014).
http://bitly.kr/NHOn6
cleveland gallery
http://ww8.onvacations.co/20180608cleveland-gallery/

제6장 디지털옥외광고의 확장: 모바일 SNS

1. SNS의 등장과 연결

소셜 미디어란 사람들의 의견, 생각, 경험, 관점 등을 서로 공유하기 위해 사용하는 온라인 툴과 플랫폼(최민재, 2009)으로 정의될 수 있다. 소셜 미디어란 용어를 최초로 사용한 사람은 가이드와이어 그룹의 창업자이자 글로벌 리서치디렉터인 크리스 쉬플리(Chris Shipley)이다. 소셜 미디어는 텍스트, 이미지, 오디오, 비디오 등의 다양한 형태를 활용할 수 있다는 장점을 갖는다. 가장 대표적인 소셜 미디어로는 블로그(Blog), 소셜네트워크사이트(Social Network Site), 메시지 보드(Message Board), 팟캐스트(Potcast), 위키스(Wikies), 비디오블로그(Vlog) 등이 있다. 이러한 광고를 소셜 미디어 광고라 한다. 소셜미디어 광고는 줄여서 소셜 광고로도 불린다. 소셜 미디어 광고는 소셜 미디어의 일반적인 특성을 활용한다. 따라서 광고주가 소비자와 일대일로 마주할 수 있다는 점을 비롯하여 이용자들이 서로 지인이므로 암묵적으로 추천해주므로 신뢰를 기반으로 한다는 점 그리고 지역 중심의 마케팅이 가능하다는 점 등의 장점이 있다.

소셜 미디어란 사람들이 자신의 의견이나 생각 또는 직접 제작한 콘텐츠 등을 다른 사람들과 공유하기 위해 사용하는 온라인 틀과 플랫폼을 뜻한다(최민재, 2009). Blackshaw & Nazzaro(2004)보다 소셜 미디어를 마케팅 관점에서 보아 "제품과 브랜드와 서비스, 개성, 그리고 이슈들에 관해 서로를 교육하려는 의도로 소비자들에 의해 생산되고 주도되며 유통되고 사용되는 새로운 형태의 다양한 정보원"으로 정의하였다(Blackshaw & Nazzaro, 2004, p.2). 한편 '위키피디아(www.wikipedia.org)'의 정의는 좀 더 상세하다. 소셜 미디어는 미디어 설계 자체가 인터넷을 통해 인간의 사회적 상호작용성을 충족시켜 줄 수 있게 디자인되었으며 다대다(many to many) 형태로 콘텐츠 전송이 가능하며 콘텐츠 생산을 위한 기술적 접근성이 높다. 이러한 특성을 바탕으로 소셜 미디어는 지식과 정보의 민주화를 지원하고 사람들을 콘텐츠 이용자에서 콘텐츠 생산자로 전환시키며 비즈니스 영역에서도 이용자 중심의 콘텐츠나 소비자 중심의 콘텐츠에 주목하게 한다(최민재, 2009). 소셜 미디어는 텍스트, 이미지,

오디오, 비디오 등의 다양한 형태를 활용할 수 있다는 장점을 가지고 있으며 가장 대표적인 소셜 미디어로는 블로그(Blog), 소셜네트워크사이트(Social Network Site), 메시지 보드(Message Board), 팟캐스트(Potcast), 위키스(Wikies), 비디오블로그(Vlog) 등이 있다(FKII 조사연구팀, 2006).

소셜 미디어의 분류와 유형을 살펴보면, Newson, Houghton, & Patten(2009)은 소셜 미디어의 카테고리를 사이트의 기능에 따라 블로그, 전문적이고 사회적인 네트워크 사이트, 위키피디아, 팟캐스팅과 비디오캐스팅, 가상공간 서비스 사이트, 소셜 북마킹 등으로 분류하였다. 반면 Safko & Brake(2009)는 개별 사이트가 다루는 콘텐츠 형태나 내용 그리고 주된 기능을 중심으로 분류하고 있다. 즉, 사회적 네트워킹 사이트, 정보 공표 사이트, 사진 공유, 오디오, 비디오, 마이크로 블로그, 라이브캐스팅, 가상공간, 게임, 정보 집적 등의 영역으로 분류하고 있다.

이러한 소셜 미디어의 특성을 살펴보면 크게 참여, 공개, (쌍방향적)대화, 커뮤니티, 연결의 크게 다섯 가지를 들 수 있다. 우선 소셜 미디어는 관심 있는 모든 사람들의 기여와 피드백을 촉진하여 직접 참여하게 함으로써 미디어와 수용자의 개념을 불명확하게 한다. 이는 누구나 소셜 미디어에 참여할 수 있도록 공개되어 있으며 투표, 피드백, 코멘트, 정보 공유를 촉진함으로써 콘텐츠 접근과 사용에 대한 장벽이 거의 없다는 것을 의미한다. 또한 전통적인 미디어가 콘텐츠를 일방적으로 수용자들에게 전달하는 반면, 소셜 미디어는 쌍방향적인 커뮤니케이션이 이루어진다는 특징이 있다. 아울러 소셜 미디어는 빠르게 커뮤니티를 구성하고 커뮤니티에서 공통의 관심사에 대해 이야기 하도록 한다. 그리고 대부분의 소셜 미디어는 다양한 미디어의 조합이나 링크를 통한 연결을 특징으로 한다(FKII 조사연구팀, 2006). <표 1>은 소셜 미디어의 특징을 요약한 것이다. 국내의 경우 소셜 미디어의 이러한 특징은 블로그나 트위터와 같은 마이크로 블로그, 한국의 인터넷 카페와 같은 동아리 서비스에서 잘 나타나고 있다.

한편 소셜 미디어라는 개념은 이른바 '웹 2.0'의 환경에서 더욱 구체화되었다(김강민, 2006). '웹 1.0'으로 일컬어지는 기존의 웹은 인터넷 상에 있는 정보를 이용자들에게 전달해주는 차원에 머물러 있었던 반면, 웹 2.0은 이용자들이 정보를 직접 제작하거나 가공하고 유출할 수 있는 플랫폼의 역할을 담당하고 있다. 즉, 웹 2.0은 이용자 중심의 서비스로 정보나 콘텐츠를 누구나 직접 이용할 수 있는 인터넷 환경을 제공하여 주었다. 웹 2.0의 특징으로는 개방성, 전방위적 연결성, 참여지향 및 상호작용성을 들 수 있다(김강민, 2006). 즉, 웹 2.0은 어떤 누구도 데이터를 소유하지 않고 모든 인터넷 환경에서 모든 사람들이 데이터를 사용할 수 있는 플랫폼을 제공한다. 따라서 웹 사이트에 올리거나 서비스되는 모든 데이터를 이용자가 자신의 편의에 따라 자유롭게 이동하거나 수정하여 활용이 가능하다. 또한 웹 2.0으로 향상된 연결성(connectivity)은 '생태계형' 웹에서 사람과 정보는 타 요소들과 연결되지 못하면 생존이 불가능하다. 따라서 정보와 정보간의 연결성(informational connectivity) 및 사람과 사람간의 사회적 연결성(social connectivity)이 자연스럽게 강화될 수밖에 없다. 이 밖에 정보가 개인의 참여와 이용자 간 상호작용에 의해 생성되며 이용자들이 직접 제작하는 콘텐츠(user created contents)와 이용자 집단의 능동적인 참여와 공유를 통해 새로운 가치를 창출하는 '집단지성'(collective intelligence)이 매우 중요한 특징이다(김강민, 2006).

[표 1] 소셜 미디어의 특성

구분	해설
참여(Participation)	소셜 미디어는 관심 있는 모든 사람들의 기여와 피드백을 촉진하며 미디어와 오디언스의 개념을 불명확하게 함
공개(Openness)	대부분의 소셜 미디어는 피드백과 참여가 공개되어 있으며, 투표, 피드백, 코멘트, 정보 공유를 촉진함으로써 콘텐츠 접근과 사용에 대한 장벽이 거의 없음
대화(Conversation)	전통적인 미디어가 'broadcast'이고 콘텐츠가 일방적으로 오디언스에게 유통되는 반면 소셜 미디어는 쌍방향성을 띔
커뮤니티(Community)	소셜 미디어는 빠르게 커뮤니티를 구성케 하고 커뮤니티로 하여금 공통의 관심사에 대해 이야기하게 함
연결(Connectedness)	대부분의 소셜 미디어는 다양한 미디어의 조합이나 링크를 통한 연결상에서 번성

출처: FKII 조사연구팀(2006, 12). 소셜 미디어(Social Media)란 무엇인가?. 「정보산업지」, p53.

웹2.0 시대는 2010년을 기점으로 해서 '웹3.0'시대로 진화하고 있다(김택천, 2009). 웹 2.0은 참여와 개방과 공유라는 성격을 가지며 데이터와 정보 중심의 상호작용에 의해 비롯되는 사회적, 경제적 조류를 지칭하는 사후적 성격을 가지고 있다. 웹 3.0은 지식과 네트워크 중심의 데이터와 정보를 주문제작하는 개인화 과정으로 웹 환경을 구축하기 위한 기술적 측면을 강조하고 있다(김택천, 2009). 웹 3.0이란 용어는 2006년 뉴욕타임즈의 John Markoff 기자가 처음 사용하였다, 웹 3.0은 웹은 개인화, 지능화, 상황인식으로 수렴되어 웹의 진화방향을 예측할 수 있다. 웹3.0은 지능화된 웹이 시맨틱(semantic)기술을 이용하여 상황인식을 통해 이용자에게 맞춤형 콘텐츠 및 서비스를 제공한다(박윤정, 2009).

소셜 미디어 이용 동기에 관한 선행 연구들을 살펴보면 다음과 같다. Lampe, Ellison, Steinfield(2006)에 따르면 온라인 소셜 네트워크 사이트는 몇 가지 다른 기능을 제공하는데 페이스북의 경우 오프라인 사용자들과의 상호작용에 초점을 맞추고 새로운 관계를 발전시켜 나가는데 도움을 주기도 한다. 2,000명 이상의 학생들을 대상으로 조사한 이들 연구에서는 페이스북을 이용하는 목적이 주로 오프라인에서의 함께 수강신청 할 학생이나 기숙사 룸메이트를 찾는 등의 ‘사회적 검색(Social Searching)’ 기능을 사용하는 것으로 밝혀졌다. 페이스북은 ‘사회적 열람(Social Browsing)’ 기능도 갖고 있는데, 예를 들어 오프라인 회의에서 만날 사람을 사이트를 통해 만난다거나, 온라인 이벤트에 참여할 수 있다. 우리나라의 싸이월드의 경우는 미니홈피를 통해 이러한 사회적 검색보다는 오프라인에서 친구만나기 기능을 온라인 상에 하고 있다. 서로 하루의 안부를 묻고 하루에 있었던 일을 공유함으로써 ‘친구만나기’를 하고 있다.

소셜 미디어의 사회적 검색 기능에 기여하는 특성으로는 페이스북과 같은 소셜 네트워킹 사이트가 갖는 추적(surveillance) 기능을 들 수 있다(Lampe, et. al., 2006). 이 기능은 자신이 속한 그룹의 행위, 믿음, 흥미를 추적할 수 있음을 의미한다. 페이스북의 감시역할과 사회적 검색기능은 그들의 개인 설정을 공개해놓는 이유가 된다. 만약 사회적 검색이 공익적 측면이라고 볼 때, 호혜적 규칙(reciprocity rule)이 적용되어 다른 사람이 나를 추적케 함으로써 나도 집단 내 다른 사람을 추적할 수 있게 된다. 예를 들어, Gross와 Acquisti(2003)의 연구에 따르면 오직 1.2%만이 기본 개인 설정을 변경하였으며 ½% 미만 정도만 개인 프로필을 공개로 해 놓았다. 또한, 페이스북의 이용자들은 자신의 소셜 네트워크 규모를 키우기 위해 일부러 프로필을 친구가 아닌 다른 사람들에게도 공개하는 것으로도 볼 수 있다. Lampe 등(2007)은 이러한 ‘프로필 공개’가 공통 관심사를 가진 더 많은 친구들을 만날 수 있게 해주고 각자의 경험을 토대로 유대관계를 이루어 더욱 발전할 수 있도록 해준다고 주장하였다.

이외에 소셜 네트워크는 오프라인에서도 많은 기능들을 제공한다. 예를 들면, 복지 부분이나 정서적으로 도움을 줄 수 있고 정보자료를 제공하며 다른 사람들과의 관계 형성을 가능하게 해준다. 소셜 네트워크 사이트는 온라인 커뮤니티에서도 이러한 기능들을 제공한다. 두 가지 모두 사람들에게 사회적 자본을 제공하는 것이다.

페이스북 뿐만 아니라 많은 소셜 미디어들이 개인의 의사소통과 관계에 중요한 역할을 한다는 사실에 의견을 제시할 사람은 많지 않다. 이러한 순기능이 가능한 이유는 무엇보다 소셜 미디어가 한 개인의 요구를 반영하여 개인이 원하는 관계의 형태를 형성하게 해주는 소셜 네트워크를 기반이기 때문이다(황상민, 김지연, 조희진, 2008). 이때 소셜 미디어가 개인의 의사소통에 기여하는 정도는 해당 미디어에서의 개인의 동기 및 활동에 따라 달라질 수 있다. 현재 이러한 SNS는 디지털옥외광고와 연결되어 바이럴 효과를 나타내고 있다.

1) 디지털옥외광고와 SNS의 연결

현재, 디지털옥외광고와 SNS가 연결되는 사례가 많아지고 있다. 옥외광고가 인터랙티브하게 바뀌고 SNS을 통해 공유함으로써 파급효과가 더욱 커지고 있다. 이러한 사례를 살펴보면 다음과 같다. 지난 2014년 4월 홍대 일대에서 열린 리바이스의 팝업스토어에서는 SNS인 페이스북과 NFC기능을 접목한 이벤트를 열었다. 페이스북에서 리바이스 팝업스토어를 '좋아요'한 사람 중 방문객에게 커피를 무료로 제공해 팝업스토어에 방문객을 늘리는 동시에 홍보를 하고, NFC를 통해 이벤트 경품을 추첨하는 방식이었다. 제주항공은 페이스북와 연계한 이벤트를 통해 다양한 행사를 진행해 고객들의 참여를 높인 프로모션을 진행한 적이 있다. AK플라자 분당점의 경우는 지하철 서현역과 바로 연계되어 있어 목적지를 향해 떠나는 모습이 비행기를 타기위해 게이트를 통과하는 것이 연상되는 장소이다. 제주항공측은 이런 특징을 착안해 지하철역으로 향하는 에스컬레이터에 비행장 게이트 형태의 조형물을 설치해 재미와 광고 효과를 노렸다. 또한 1층의 열린 광장 건물 상단을 래핑으로 장식해 실제 공항과 같은 느낌이 들도록 꾸몄다. 설치된 조형물과 함께 촬영한 사진을 페이스북에 올리는 이벤트를 시행해, 직접 참여하는 고객 외에도 온라인을 통해 많은 사람들이 관련 이벤트를 볼 수 있도록 했다(팝사인, 2014).

〈출처〉 팝사인(2014).

[그림 1]

KT미디어허브도 2014년 지하철 신분당선 강남역에 디지털사이니지와 SNS 기능을 접목한 신개념 광고 서비스 'SNS 보드'를 설치했다. 'SNS 보드'는 대중이 자유롭게 참여할 수 있는 SNS의 장점과 대형 디스플레이가 가진 커뮤니케이션 툴의 우수성을 결합한 신개념 광고 서비스이다. 기존 옥외 매체가 광고주의 콘텐츠를 일방적으로 내보내는 방식이었다면 'SNS 보드'는 고객이 직접 생산하는 콘텐츠를 함께 노출해 가독성을 높였다. SNS 보드 화면은 이미지와 텍스트로 이뤄진 'SNS 영역'과 동영상이 재생되는 '비디오 영역'으로 구성된다. 이용자들은 광고 영상을 시청하면서 해당 상품에 대한 고객 반응, 평가 등이 담긴 SNS 활동을 한 눈에 확인할 수 있게 하였다(팝사인, 2014).

2. 엠비언트 미디어와 스토리텔링 그리고 바이럴

엠비언트 미디어는 우리를 둘러싼 주변 환경을 이용하여 만들어내는 광고미디어를 말한다. 다시 말하면 광고매체가 아닌 광고매체 또는 광고매체의 형식을 파괴한 매체이며 고정된 형태가 없기 때문에 크리에이티브 자체가 미디어 광고매체인 것이다. 이것은 전통적인 옥외광고의 개념을 탈피하여 소비자가 생활 접점에서 만날 수 있는 각종 사물과 환경을 이용하여 브랜드의 특징 또는 브랜드가 전달하고 싶은 메시지와 연결함으로써 소비자에게 더 재미있고 친숙하게 다가갈 수 있게 한다. 이러한 엠비언트 미디어는 옥외공간별 콘텐츠 크리에이티브를 만들어 내고 있다.

대표적인 엠비언트 크리에이티브 사례들을 통해 그 특징을 5가지로 정리할 수 있다. 기존 매체를 활용하거나 변형하여 새롭고 기발하게 보이도록 하는 크리에이티브, 생활 속의 사물 또는 기구, 소품 등의 형태나 특징을 이용한 크리에이티브, 공간의 특성을 이용한 크리에이티브, 사물이나 기구의 움직임 또는 기능적 특성을 이용한 크리에이티브, 마지막으로 소비자의 참여를 통해 메시지나 이미지를 생산해내는 크리에이티브이다.

먼저, 기존매체를 활용하는 크리에이티브 전략이다. 주로 경기장에서 출입구를 활용하여 하는 세탁기광고, 이동교통수단을 통한 차량광고 등을 들 수 있다. 남아프리카공화국의 축구 경기장 선수 출입구 래핑 광고이다. 선수들이 깨끗하게 세탁된 유니폼을 입고 세탁기에서 나와 경기 후 다시 세탁기로 들어갈 수 있도록 연출한 광고로서 기존의 래핑광고 매체를 세탁기 이미지와 연결하여 표현한 사례이다. 그림2)는 일반적으로 볼 수 있는 페덱스 배송차량 외부 래핑 광고에 경쟁사인 DHL 앞부분 이미지를 뒤에 그려 넣어 절대 따라올 수 없는 속도감을 표현했다.

[그림 2]

[그림 3]

출처: 칸 광고제 공식 홈페이지

두 번째, 생활 속의 사물 또는 기구, 소품을 활용한 크리에이티브 전략이다. 이렇게 생활 주변에서 늘 볼 수 있는 사물 또는 시설물, 소품 등을 이용한 사례는 엠비언트 크리에이티브 중 기발한 아이디어가 가장 많은 편이다. 그 이유는 소비자에게 익숙하고 자연스러운 소재를 사용하기 때문이다. 하지만 국내에서는 불법적인 성격이 강하기 때문에 상업적으로 많이 활성화 되지는 못했으며 대구육상대회광고와 국립미술관 서울관의 공사장 펜스광고, 종로경찰서 벽면의 부엉이 래핑 등 공익적 차원의 광고에서 최근 운영되었다.

〈출처〉 서울미술관 보도자료

[그림 4] 서울미술관 펜스광고

〈출처〉 이제석 광고연구소

[그림 5] 유리세정제 WINDEX 광고

세 번째, 공간의 특성을 이용한 크리에이티브 전략이다. 공간의 특성을 활용하여 제품의 특성을 나타낸 것이다. 옥외광고로 모노레일을 떠받히는 에너자이저로 그 힘을 느낄 수 있는 광고이다. '힘세고 오래가는 건전지'의 슬로건이 다시 한 번 떠올리게 되는 광고로 시각적으로 많은 주목을 받을 수 있고, 에너자이저의 상상할 수 없는 힘을 보여주고 있다(성수연, 김병진, 2011).

〈출처〉 튀어야 산다!! 기발한 옥외광고 디자인(네이버블로그)

[그림 6] 말레이시아 쿠알라룸프르 에너자이저 광고

네 번째, 사물이나 기구의 움직임 또는 기능적 특성을 이용한 크리에이티브 전략이다. 이와 같은 크리에이티브광고도 많이 볼 수 있다. 예를 들어, Rejoice 삼푸 광고를 들 수 있다.

〈출처〉 앰비언트 광고란?(Ambient Advertising)(네이버블로그)

[그림 7] Rejoice 삼푸광고

전봇대를 이용하여 실타래처럼 엉킨 전선사이의 빗이 마치 심하게 엉킨 머리카락에 걸려있는 이미지를 연상시켜 흥미를 유발한다. 이는 복잡하게 엉켜져 있는 전깃줄도 Rejoice Shampoo를 사용한다면 쉽게 빗질을 할 수 있다는 점을 연상시켜 옥외광고가 모든 사물을 이용하여 표현할 수 있어 표현의 한계가 없다는 것을 보여준 광고 표현이다(성수연, 김병진, 2011).

마지막으로 소비자의 참여를 통해 메시지나 이미지를 생산해내는 크리에이티브 전략이다. 소비자 참여하여 브랜드를 경험하게 하는 전략이다.

〈출처〉 [옥외광고] 기발하고 재미있는 '맥도날드' 옥외광고(네이버블로그)

[그림 8] 맥도널드 광고

직접 퍼즐을 완성할 수 있게 한 맥도날드의 옥외광고이다. 사람들이 많이 지나다니는 거리에 비치해 많은 사람들이 한 번씩 참여할 수 있도록 만든 소비자 참여형광고이다(SP투데이, 2014).

참고문헌

김강민(2006). 웹 2.0과 소셜네트워크 서울:한국인터넷진흥원:인터넷이슈리포트 2006-04.

김동진(2011). CHEIL WORLDWIDE(제일기획사보) 2011년 1월호.

김택천(2009). 웹3.0 시대의 미래기술의 방향, 한국인터넷진흥원: 이슈인사이드.

박윤정(2009). 웹 3.0 정보 서비스의 사례와 시사점, 한국통신사업자연합회, 21(20), 473호.

FKII 조사연구팀(2006). 소셜 미디어(Social Media)란 무엇인가? 정보산업, 242호, 52-55.

서울미술관(2011). 보도자료.

성수연, 김병진(2011). Visual Pun 표현기법을 적용한 옥외광고디자인에 관한 연구: 해외옥외광고 사례를 중심으로, *커뮤니케이션디자인학연구 제36호*, 104-114.

SP투데이(2014). 와글와글 인터넷세상, http://www.sptoday.com/bbs/print_view.php?wr_id=53794&p=1&bo_table=article

최민재(2009). 인터넷 소셜 미디어와 저널리즘. 한국언론재단. p.266.

팝사인(2014). 트렌드: SNS는 어떻게 옥외광고와 결합했나? 9월호. http://www.popsign.co.kr/index_media_view.php?BRD=3&NUM=564

황상민, 김지연, 조희진(2008). 사이버공간 속의 관계 맺기: 싸이월드 이용행동에 나타난 소셜 네트워크 활동 양상에 대한 탐색. 한국심리학회지: 소비자·광고, 9(2), 285-303.

Blackshaw, P., & Nazzaro, M.(2004). Consumer-Generated Media(CGM) 101: Word-of-mouth in the age of the Web-fortified consumer. Retrieved July 5, 2008, from http://www.nielsenbuzzmetrics.com/whitepapers.

Gross, R. & Acquisti, A.(2005). Information revelation and privacy in online social networks, In Worshop on privacy in the electronic society, ACM Press.

Lampe, C., Ellison, N., & Steinfield, C.(2006). A facebook in the crowd: Social searching vs. social browsing, In proceedings of ACM Special Interest Group on Computer-Supported Cooperative Work, ACM Press, 167-170.

Lampe, C., Ellison, N., & Steinfield, C.(2007). A Familiar facebook: Profile elements as signals in an online social network. In Proc. CHI 2007, ACM Press, 435-444.

Newson, A., Houghton, D., & Patten, J.(2009). Blogging and other social media: Exploiting the technology and protecting the enterprise. Farnham: Gower.

제7장 디지털옥외광고의 전략과 효과측정

1. 공간에 따른 광고전략

한국콘텐츠진흥원(2012)은 시스템 구성, 서비스 형태, 콘텐츠 내용 등 디지털사이니지의 여러 가능한 분류 중에서도 설치 장소에 따라 이를 분류하였는데 이에 따르면 디지털사이니지는 대기 장소, 환승 장소, 판매 장소로 분류된다. 대기 장소는 병원, 은행, 호텔 등 주로 구매 또는 서비스를 대기하는 과정에서 디지털사이니지가 노출될 수 있는 장소로 뉴스나 각종 정보, 이벤트 등의 정보 또는 안내성 콘텐츠가 게시된다. 환승장소 디지털사이니지는 공공 교통 이용자를 그 대상으로 한다. 지하철역이나 공항, 버스정류장 등을 중심으로 설치되고 있으며 버스노선표나 대기시간 등의 공공교통정보나 관광정보, 광고 등의 콘텐츠를 게시하고 있다. 판매 장소에 설치되는 In-store 디지털사이니지는 구매자를 대상으로 하며 쇼핑몰이나 상점에 설치하는 키오스크나 스크린을 말한다. 여기에는 보통 구매접점의 광고가 주로 노출된다. 이를 정리하면 <표 1>과 같다.

[표 1] 장소에 따른 디지털옥외광고 분류

	대기 장소	환승장소	판매장소
대상	대기자	공공 교통 이용자	구매자
설치위치	병원, 은행, 박물관, 경기장, 호텔, 레스토랑 등	기차역, 지하철역사, 공항, 버스나 택시 정류장 등	쇼핑몰 또는 상점 등에 설치하는 키오스크 또는 스크린
주요 콘텐츠	뉴스, 경제, 기상 정보, 개최될 미팅의 시간 및 장소 안내 등 정보 콘텐츠	공공교통정보, 관광정보, 광고 등	광고 등

〈출처〉 한국콘텐츠진흥원(2012)에서 재인용

향후 디지털사이니지 시장은 큰 성장을 보일 것으로 전망되고 있다. 아직까지 국내 디지털사이니지 시장 규모에 대한 구체적인 통계는 없는 상황이나 KT경제경영연구소(2010)에 따르면 북미시장을 중심으로 유럽, 일본 등 세계적으로 디지털사이니지 시장이 매년 29% 이상의 성장률을 보이며 높은 성장세를 이루고 있으며 이것으로 미루어 볼 때 국내의 디지털사이니지 시장의 성장률은 시스템 분야에서 연 6%, 콘텐츠 분야에서 연 30%로 높게 추정되어 2015년까지 약 2,800억에 이를 것으로 예상하고 있다. 더불어 나스미디어의 상반기 보고서(2010)에서는 당시 국내 디지털사이니지 시장을 1,100억대 규모로 추정하였으며 약 19%의 성장률 전망을 보인다고 기술하였다. 이러한 시장상황과 맞물려 장소와 설치위치 등에 따라 수많은 디지털옥외광고가 개발되고 설치되고 있으며 공간에 따른 디지털옥외광고를 통해 정보나 광고를 접할 수 있다. 다음, 장소에 따른 디지털옥외광고 사례를 보자.

먼저 병원, 은행 등의 디지털옥외광고를 살펴보면 다음과 같다.

〈출처〉 사이니지 TV로 방문하고 싶은 사업장 만들기〈중앙일보〉

[그림 1] 병원, 은행 대기 장소의 디지털옥외광고

위의 그림과 같이 왼쪽 병원에서는 대기하는 동안 진료에 관한 내용을 디지털옥외광고에서 보여주고 있고 오른쪽은 미국 마이애미 병원에 설치되어 있는 디지털옥외광고로 어린이들이 콘텐츠를 보고 있다.

두 번째는 공공교통 이용자로 버스쉘터 광고를 볼 수 있다. 이를 통해 교통관련 정보나 제품광고를 볼 수 있다.

〈출처〉 에스지유나이티드

[그림 2] 버스쉘터 디지털 옥외광고

세 번째는 쇼핑몰에서 볼 수 있는 디지털옥외광고이다. 쇼핑에 관련한 제품광고를 보거나 필요한 정보를 알 수 있으며 대단위 쇼핑몰에서는 많은 디지털옥외광고를 볼 수 있다.

출처:(주)세원에스피

[그림 3] 쇼핑몰 디지털 옥외광고

2. 미디어 플래닝

디지털옥외광고가 미디어 플래닝에 추가 된다면 옥외광고가 전체적으로 캠페인의 도달률을 높일 수 있다. TV 캠페인은 18%, 라디오 캠페인은 45%, 웹 캠페인은 68%, 소셜 캠페인은 212%, 모바일 앱은 316% 증가한다는 것이다(Touchpoints USA Billboard Study, 2012). 이렇듯 캠페인에서 옥외광고는 중요한 역할을 한다.

미국의 Outfront옥외광고 회사는 다음과 같은 미국의 top50 마켓을 제공하고 있다.

이 자료에서는 마켓, 18세이상 인구수, 블루틴, 월스크레이퍼, 교통 모바일 등 다양한 매체를 소개하면서 이 회사에서 제공할 수 있는 미디어와 디지털옥외광고와 랩핑 광고를 소개하고 있고 옥외광고 타기팅에 관해서 소개하고 있다. 예를 들어, 미국 흑인을 타겟으로 하고 뉴욕시티에 있는 지역을 선택하여 타기팅 하는 사례를 보여주고 있다. 아울러, 타겟 오디언스에 대한 지표들도 소개하고 있다.

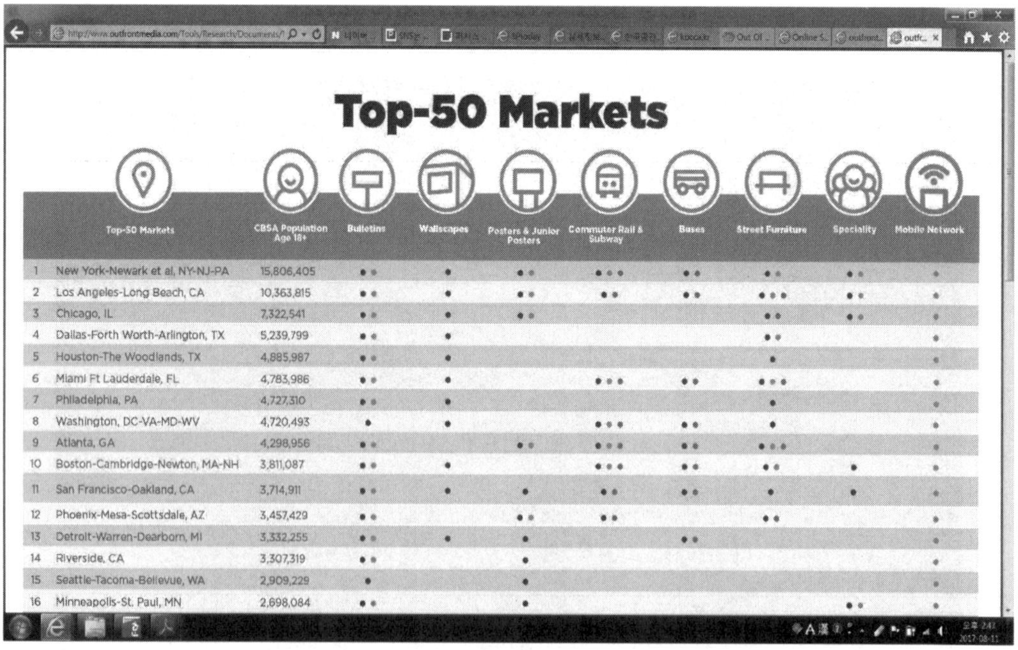
Top-50 Markets

	Top-50 Markets	CBSA Population Age 18+	Bulletins	Wallscapes	Posters & Junior Posters	Commuter Rail & Subway	Buses	Street Furniture	Speciality	Mobile Network
1	New York-Newark et al, NY-NJ-PA	15,806,405	●●	●	●●	●●●	●●	●●	●●	●
2	Los Angeles-Long Beach, CA	10,363,815	●●	●	●●	●●	●●	●●●	●●	●
3	Chicago, IL	7,322,541	●●	●	●●			●●	●●	●
4	Dallas-Forth Worth-Arlington, TX	5,239,799	●●	●				●●		●
5	Houston-The Woodlands, TX	4,885,987	●●	●				●		●
6	Miami Ft Lauderdale, FL	4,783,986	●●	●		●●●	●●	●●●		●
7	Philadelphia, PA	4,727,310	●●	●				●		●
8	Washington, DC-VA-MD-WV	4,720,493	●	●		●●●	●●	●		●
9	Atlanta, GA	4,298,956	●●		●●	●●●	●●	●●●		●
10	Boston-Cambridge-Newton, MA-NH	3,811,087	●●	●		●●●	●●	●●	●	●
11	San Francisco-Oakland, CA	3,714,911	●●	●	●	●●	●●	●	●	●
12	Phoenix-Mesa-Scottsdale, AZ	3,457,429	●●		●●	●●		●●		●
13	Detroit-Warren-Dearborn, MI	3,332,255	●●	●	●		●●			●
14	Riverside, CA	3,307,319	●●		●					●
15	Seattle-Tacoma-Bellevue, WA	2,909,229	●		●					●
16	Minneapolis-St. Paul, MN	2,698,084	●●		●				●●	●

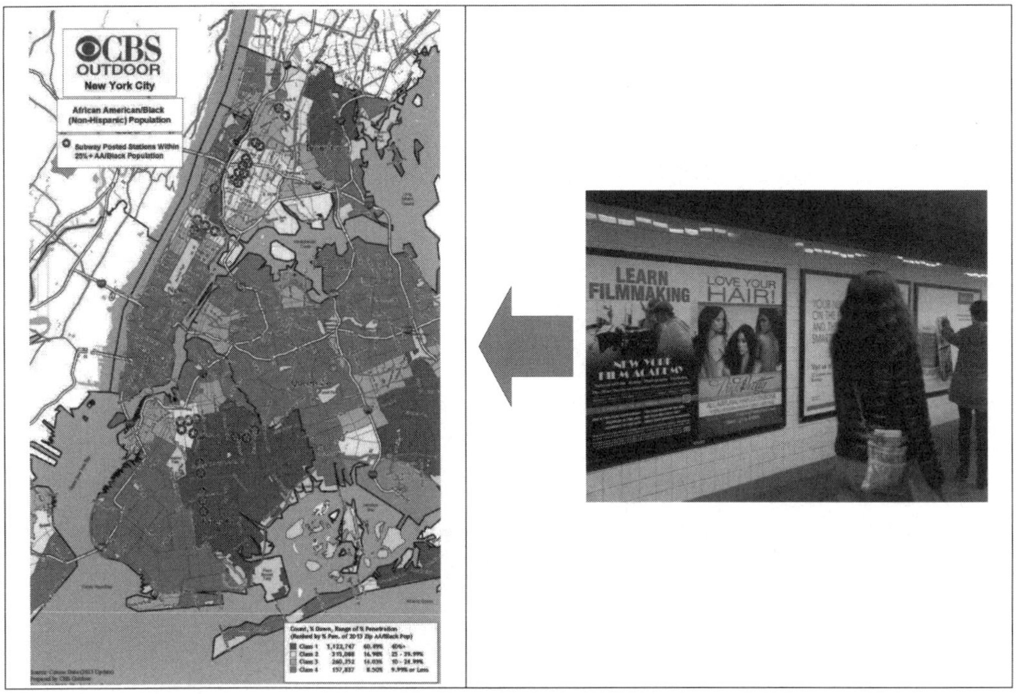

[그림 4] Outfront top50 마켓 소개자료

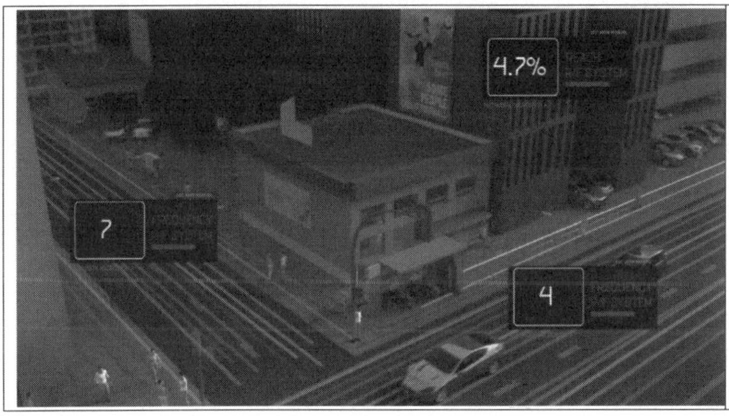

가능한 지표들은 다음과 같다.
.TRPs
. GRPs
. Reach
. Frequency
. Impressions

출처: OUTFRONT 자료

[그림 5] 타깃팅 사례: OOH메트릭스

미국의 인터스테이트 아웃도어(Interstate outdoor)회사의 경우도 지역을 통해 옥외광고 플래닝을 소개하고 있다. 미국 뉴욕시티의 버스의 루트를 소개하고 있다.

이와 같이 기본적으로 지역과 타깃, 매체를 소개하면서 옥외광고 미디어 플래닝을 과학화하고 있다.

3. 광고효과 측정사례

1) 디지털옥외광고의 광고효과

디지털옥외광고 시장이 성장한 배경에는 광고주의 인식 전환, 기술의 성장, 소비자의 매체 소비 형태 변화 등을 들 수 있다. 광고주가 전통매체를 보완해줄 수 있는 대안적인 매체의 필요성을 느끼고 행동 중심적인 성과를 낼 수 있는 행동유도성 광고를 중시하는 경향을 띠게 되었으며 디지털옥외광고의 성능을 개선해줄 IT 기술이 다양하게 개발되어 활용되고 있어 광고의 표현 방식은 물론 광고 관리나 광고효과 측정에 있어서도 발전을 보였다는 것이다. 또한 소비자의 매체 이용 패턴이 수동적인 것에서 벗어나 매체를 선택하고 통제할 수 있게 되었으며 다매체를 동시에 소비하는 능동적인 것으로 바뀌게 되었기 때문에 보다 정교한 커뮤니케이션 수단이 필요해졌다(유승철, 2011). 이러한 배경에서 디지털옥외광고는 소비자의 광고회피를 최소화하고 타기팅을 통한 이용자 맞춤형 콘텐츠를 제공함으로써 소비자의 참여와 구매 등의 행동을 유발시켜 마케팅 커뮤니케이션을 효율적으로 수행할 수 있는 수단으로 기대되고 있다(강태중, 2012).

광고 매체로서 디지털옥외광고의 효과는 여러 사례에서 증명되고 있다. 일본의 슈퍼마켓 체인 이나게야의 경우 2개월간 한 점포에서 조미료 제품에 대한 디지털옥외광고를 실시한 결과 제품의 매출이 약 세 배 증가하는 효과가 있었다(김현, 2009). 호주에 전국적으로 지점을 가지고 있는 한 약국 브랜드에서는 디지털옥외광고의 효과를 증명하기 위해 두 개 제품에 대해 2개월간 광고를 실시한 결과 디지털사이니지 광고를 설치한 점포가 설치하지 않은 점포에 비해 두 제품의 매출이 약 20% 높다는 결과를 얻었다(Digital Signage Today, 2008년 6월 1일). 유승철(2011)에 따르면 월마트에서 실시된 디지털옥외광고 효과조사 결과 최대 28% 이상의 매출증대 효과가 있었다. 디지털옥외광고가 없는 매장에 비해서는 9% 판매증가를 보였다. 월마트에 설치된 디지털사이니지는 매달 약 3천 2백만 명의 각기 다른 고객에게 노출되며 광고 노출은 10억 회에 이른다고 2011년 발표한 바 있다. 또한 제품 주변에서 90초~120초 간 제품에 대한 메시지를 노출시켰을 때 통제그룹에 비해 약 두 배의 매출 증가효과가 있었다(James Bickers, 2011. 1. 9).

한편, 디지털옥외광고효과는 일반적인 선행연구들에서 검증되어왔다. 민슬기, 김성훈(2014)의 연구에 따르면 디지털옥외광고 노출은 다른 미디어보다 브랜드에 대한 체험으로 인지하기 때문에 광고에 몰입이 되어 광고효과 역시 높으며 또한, 디지털옥외광고를 통해 정보와 광고를 접한 이용자들은 일반적으로 타 매체에 비해 매체태도가 긍정적이라고 한다. 더욱이 대중교통, 음식점 등 특성장소에 일정시간 머무르는 경우 디지털옥외광고의 집중도가 높아지므로 인지도가 매우 높아 콘텐츠의 효과도 함께 증가 된다(노광현 외, 2014).

일반적으로 뉴미디어매체에 경우에는 매체효과에 대한 매체태도, 광고태도, 구매의도 외의 종속변인으로 광고가치적 측면에서 사용자가 인식하는 광고속성을 중요변인으로 본다. 대표적으로, 듀코프(Ducoffe,1996)는 웹 광고에 있어서 광고 가치에 대한 연구에서 오락성, 정보성 그리고 성가심의 변수가 광고의 가치에 어떠한 영향을 미치는지를 연구하였는데 그 결과 오락성, 정보성은 광고태도에 긍정적인 영향을, 성가심은 부정적인 영향을 주었다(심성욱, 2010). 이러한 광고속성은 디지털옥외광고에서도 중요한 영향변인이다. 디지털옥외광고에 대한 실증적 연구는 대부분 오락성, 정보성, 성가심에 대한 변인을 광고가치 혹은 이용동기의 차원에서 광고효과에 유의미한 영향을 미치는 지를 검증하였다. 이에 심성욱(2010)의 연구에서 광고속성의 오락성은 미디어 폴 매체 태도에 영향을 준다는 것을 검증하였으며 이에 따라 미디어 폴 매체는 소비자가 이 매체를 이용하면서 재미를 유발해줄 수 있는 오락적 요소가 있어야한다고 밝힌 바 있다.

하지만, 이러한 다양한 디지털옥외광고효과에 대한 연구가 활발히 진행되어 표준화된 모델 개발이 필요한 시점이다.

2) 옥외광고 효과측정 모델

광고주는 매체를 통해 메시지를 소비자에게 효과적으로 노출, 인지시키고 호의적인 태도를 유발시켜 구매로 이어지기 위해서 광고를 집행한다(심성욱・김미정・박정선, 2012). 광고효과를 객관적으로 측정하는 것은 이론적으로는 광고효과를 측정방법 간 상호관계 이해를 통해 광고이론을 정립하고 실무적으로는 광고효과 달성 여부와 광고캠페인 수정 및 보완 여부를 알 수 있으며 전략적인 광고관리를 가능하게 하는 데 있어 매우 중요한 사안이다. 광고효과를 측정하는 방법은 광고의 목표나 집행한 매체에 따라 다양한데 일반적으로 옥외광고의 효과를 측정하는 방법은 양적으로는 접촉할 사람의 수 즉 교통량과 유동인구, 광고물의 규격이나 가시거리와 각도, 밀집도 등 광고물의 노출특성, 도로형태나 도로폭 등 광고물의 물리적 특성, 유동인구의 특성과 같은 주변 상권에 대한 특성 등을 고려하고 질적으로는 소비자를 대상으로 인지, 태도, 행동적 차원을 측정하게 된다(서범석, 2002; 심성욱 외, 2012). 양적인 측면의 옥외광고 평가항목을 정리하면 <표 2>과 같다.

아직까지 옥외광고는 다른 매체와 함께 집행되는 경우가 많아 옥외광고만의 효과를 분리해서 측정하는 것이 어렵고(Whitehill & Tinkham, 1989, 전종우・박현・천용석, 2012, 박현, 2017) 다른 매체에 비해 광고물의 종류가 많고 광고효과에 영향을 미치는 요인 또한 월등히 많다(Fitts & Hewett, 1977, 전종우 외, 2012). 또한 규격과 설치장소, 노출 상황 등이 다르기 때문에 광고효과를 일반화하는 데에도 한계가 있으며 이동하는 상황에서 접하는 매체이므로 조사가 어려운 상황이다(최민욱, 2006). 옥외광고 효과를 정확하게 측정하는 것은 광고효과를 상대적으로 정확히 추산할 수 있는 다른 매체를 선호하는 광고주에게 옥외광고의 광고효율에 대한 확신을 주고 합리적인 매체단가 책정을 가능하게 함으로써 국내 광고시장의 약 9%를 차지하고 있는 옥외광고 시장 규모에 걸맞은 질적 발전을 위해서 매우 중요하다(김영배, 1996; 서범석, 2001a; 심성욱・양병화, 2007).

[표 2] 옥외광고 평가항목

평가항목	내 용
교통량	- 일일 평균 교통량 - 구간속도 - 차량정체도 - 광고물 노출 시간대 교통량 - 교통유동인구의 특성
광고물의 노출특성	- 주, 야간별 최대가시거리 - 야간조명도 - 매체에 대한 접근도 - 노출시간(광고물이 처음 보이는 시점부터의 노출시간 조사) - 노출방향 - 광고물의 규격 - 설치높이 - 광고물 밀집도 조사(주변 광고물의 밀집도 및 내용조사)
광고물의 물리적 특성	- 도로형태 - 도로폭 - 차선수 - 주변건물, 전시물 및 수목조성상태 - 건물 건축연도 및 청결도
광고물 주변상권 특성	- 유동인구조사 - 유동인구의 특성 - 광고게시 지역인구의 소득수준 - 광고게시 지역인구의 게재 광고물에 대한 소비자 구매지수 - 광고게시 지역 소매점의 매상고

출처: 서범석(2002) 연구에서 재인용

이러한 필요성에 의해 선진국에서는 공인된 기관에서 과학적으로 축적된 데이터와 체계적인 효과측정 시스템을 개발해 광고주에게 옥외광고 효과를 제시하고 있으며 국내에서도 메이저 광고대행사를 중심으로 옥외광고 효과측정 시스템이 자체적으로 개발되고 학계의 여러 연구자에 의해 다양한 종류의 옥외광고에 대한 효과측정 모델이 개발되어 왔다(권규승・한상필, 2010; 심성욱・양병화, 2007). 반면 디지털옥외광고의 경우 2013년 옥외광고 시장의 성장률에 대한 엇갈린 전망 속에서도 활성화가 기대되는 매체임에도 불구하고 많은 연구가 이루어지지 않고 있으며 효과측정 모델 역시 부재한 상황이다(박현, 2017).

[표 3] 옥외광고 평가기준표(실내)

평가항목		평가기준					내용 평가 점수
		가중치	10	8	5	2	
설치위치	유동인구	15	5만이상	3-5만	1-3만	1만미만	
	지역	15	서울	경기	영남	호남/충청	
	설치공간	8	500평이상	300평이상	200평이상	100평이상	
	소계	38					
매체노출도	노출시간	10	1분이상	30초이상	10초이상	10초미만	
	광고물규격	11	180m이상	150m	100m	100m미만	
	노출방향	10	정면	동선측면	비동선측면	후면	
	야간조명도	5	점등			비점등	
	소계	36					
구매유인도	지역상권역	6	핵심상권	부도심상권	지역상권	비상권	
	소구대상층	3	OL	중산층	서민층	소수서민층	
	사회적공헌도	1	공공성		무관	공익저해	
	주변광고물밀도	1	1개이하	2-4개	5-9개	10개이상	
	소계	11					
기타	경제성	8	저렴	비교적저렴	평균	비경제적	
	허가여건	3	기허가	허가추진중		허가불능	
	업체신뢰도	1	우수	양호	보통	불량	
	구조물안전도	3	우수	양호	보통	불량	
	소계	15					
총계/등급							

등 급: 90점 이상 (A), 80점 이상 (B), 70점 이상 (C), 60점 이하 (D)

〈출처〉 서범석(2002)에서 재인용

국내에서는 일부 기업 또는 광고회사에서 자체적으로 옥외광고 효과측정 평가항목과 기준을 설정해 사용하고 있다(서범석, 2002). 특히 메이저 종합 광고대행사를 중심으로 옥외광고 효과측정 시스템이 구축되고 있는데(심성욱・박현, 2012), <표 3>은 서범석(2002)의 보고서에 나타난 평가모델의 한 사례로 이는 국내 광고회사에서 각 옥외광고 매체 유형에 대해 설치위치, 매체노출도, 구매유인도 등을 기준으로 가중치를 부여해 등급을 부여할 수 있도록 한 평가모델이다.

구체적으로 각 메이저 대행사들의 옥외광고 효과측정 시스템에 대해 살펴보면 다음과 같다. 제일기획은 옥외광고 효과를 측정하기 위해 Optimax Outdoor 모델을 운영하고 있는데 이는 주요 지역의 유효 노출 인구수를 기초로 광고 주목도를 추출해 전광판, 네온사인, 빌보드, 야립 등의 CPM을 예측할 수 있는 평가모델이다. 이 모델에서 사용되는 변수는 유효노출

인구, 차량, 유동인구, 가시거리 등이다(심성욱 · 박현, 2012). TBWA코리아의 경우 2002년부터 OOH Media-DB 시스템을 운영하고 있다. 이는 가시거리 및 노출도를 기초로 매체의 등급을 매겨 적절한 매체 집행이 이루어지고 있는지의 결과 치를 도출하는 시스템이다. TBWA코리아는 정량적으로 효과를 나타내기보다는 매체 모니터링을 통한 효과성 검증에 주력하고 있다(이민영, 2005년 3월 7일). HSAd는 2002년부터 m.POPS라고 하는 미디어 컨설팅 시스템을 중심으로 다양한 매체정보를 웹상에 구현해 운영하고 있다. 지역성, 노출도, 품위, 화제성 등의 평가항목이 포함된 매체평가표를 사용하여 이를 평가 자료로 삼고 있다. 또한, HSAd 노출지수(주목률)를 바탕으로 DEC, CPM을 예측하고 있는데 이 지수에는 가시거리, 차량정체도, 노출시간, 독점성, 품위 등 지역적 특성과 물리적 특성이 포함되어 있다(심성욱 · 양병화, 2007). <표 4>는 HSAd 노출지수의 사례이다.

[표 4] HSAd 옥외매체 노출율 지수 테이블

평가항목	가중치	평가기준				평가	환산점수
		4	3	2	1		(가중치*평가)
가시거리 (총면합)	15	2KM이상	1.5KM	1KM	1KM이하		
차량정체도	8	10KM/H 이하	30KM/H	50KM/H	60KM/H		
노출시간 (총면합)	5	2분이상	1분	30초	30초미만		
노출면수	8	4	3	2	1		
설치높이	2	7층이하	9층이하	11층이하	12층이상		
노출의 질	15	정면노출			측면노출		
주변광고물밀도	10	1개이하	2~4개	5~9개	10개이상		
動화상	10	채택	Full점멸	단순점멸	비채택		
독점성	5	독점	30%이상	10%	10%이하		
규모감	5	400m이상	300m^2	200m^2	200m^2 미만		
조명체택	10	3면	2면	1면	비점등		
품위(prest)	3	고급			저급		
운영시간	4	24시간	18시간	12시간	12시간미만		
소계	100						

〈출처〉 심성욱 · 박현(2012)

고아한, 심성욱(2012)연구에서는 전문가 설문조사를 통해 4개 등급의 각 평가기준에 대한 의견을 모으고, 이를 바탕으로 최종적으로 물리적 In-store 디지털옥외광고 평가테이블을 만들었다. 그 결과는 다음과 같다.

[표 5] In-store 디지털사이니지 평가테이블(통행량 포함)

세부 항목	세부 가중치	평 가 기 준			
		1등급 (최상)	2등급	3등급	4등급 (최하)
통행량(명), 1일	15	5000명	4000명	3000명	2000명
일 평균 구매고객 수 (객수, 명)	10	800명 이상	500명 이상	300명 이상	300명 미만
점포 일 평균 매출	10	200만원 이상	150만원 이상	140만원 이상	140만원 미만
점포 전면길이	5	6m이상	4-6m	3-4m	3m미만
행정구역	15	수도권 (시 이상)	지방 (시 이상)	수도권외곽	지방외곽
점포 앞 체류	10	있다			없다
휴게공간여부	5	있다			없다
가시거리(주간)	5	5m이상	4-5m	3-4m	3m미만
가시거리(야간)	5	8m이상	6-7m	4-5m	4m미만
출입구와 패널거리	5	2m미만	2-4m	4-6m	6m이상
출입구 기둥여부	5	없다			있다
주변광고물	4	없음			있다
점포별 매체운영력	6	매우 우수 (소리○, 적재물×)	우수 (소리△, 적재물×)	보통 (소리×,적재물△)	열악 (소리×, 적재물○)
합 계	100점				

위의 광고효과평가 테이블에 나타난 것처럼 디지털옥외광고효과를 측정하기 위한 정량적 모델이 필요하다. 옥외광고 관련 회사들이 유동인구와 광고효과를 동시에 볼 수 있는 솔루션을 만들고 있다.

3) 새로운 디지털옥외광고효과측정방법

새로운 광고효과 측정들이 나타나고 있다. 예를 들어, QR코드를 활용한 광고효과 측정사례이다. 강남역에 미디어 폴은 디지털옥외광고매체가 있을 때 그 광고 앞에서 얼마나 많은 사람들이 지나가고 반응을 보였는지 수동적인 방법으로 측정하여야만 했다. 아니면 카메라를 통해 유동인구와 광고체류시간을 측정해야만 했다. 그런데 QR코드와 바코드 스캔을 클릭으로 인식, 스캔 통계를 바탕으로 CTR(Click Through Ratio: 온라인상에 노출된 광고의 노출 수 대비 실제 클릭 수)을 측정하는 방법이 나타났다. 오프라인 옥외광고물과 온라인광고물의 이미지코드의 스캔 행위를 클릭으로 인식, 스캔통계를 바탕으로 클릭률(Click through rate)를 측정한다. CTR이 높아지면 광고 단가를 할인해주고, CTR이 낮아지면 광고 단가를 높이는 기술도 나왔고 어느 지역에 할 것 없이 어떠한 QR코드 스캔 앱을 이용하더라도 몇 명이 QR코드를 스캔했는지 통계 수치를 집계할 수 있게 되었다. 이제는 이러한 데이터를 통해 광고단가를 산정하고 나중에 빅데이터로 활용할 수 있다(안수영, 2013).

〈출처〉 IT동아(2013).

[그림 6]

이 외에도 최근에 통신사 데이터를 활용한 옥외광고 효과 측정 시스템이 개발되고 있다. 한국옥외광고센터, 한국언론진흥재단, SK텔레콤은 합동으로 통신회사의 빅데이터(기지국 정보)를 활용하여 주변 유동인구를 분석하고, 실시간 트래픽을 측정함으로써 옥외광고 효과 측정에 혁신적인 방법을 제시하고 있다.

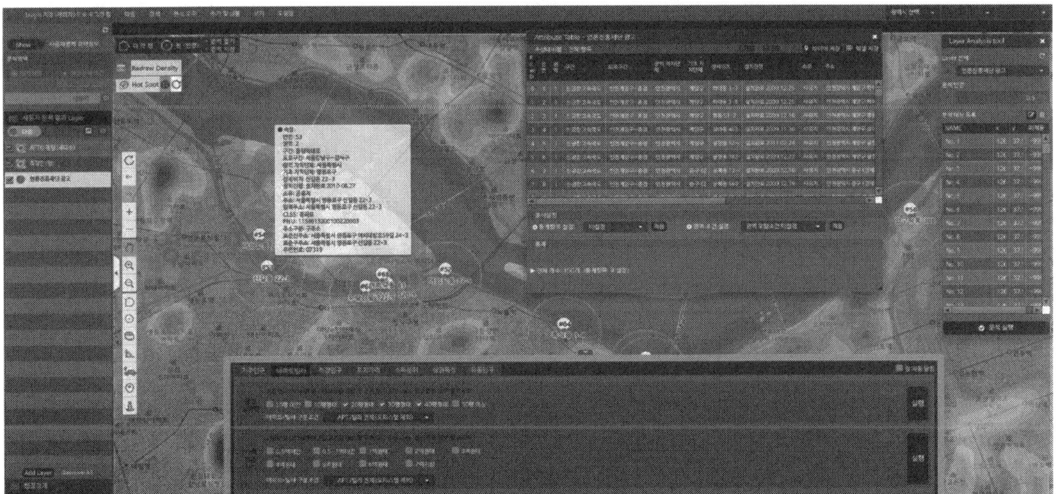

〈출처〉 SK텔레콤 옥외광고 효과분석 측정 프로그램

[그림 7] 옥외광고 효과분석 프로그램 실행화면

이를 바탕으로 최일도, 이영화 (2018)가 제시한 통신인구 유동량 분석을 통한 옥외광고효과지수 산출법은 다음과 같다.

[표 6] 통신인구 유동량 분석을 통한 옥외광고 효과 지수 산출법

통신인구 데이터 분석 옥외광고 효과 측정 모델
Y(옥외광고 효과 지수) = [거리변수(가시거리) 지정값 × 시야각변수 지정값 × 시간변수(노출 시간대) 지정값 × 통신인구 특성(성별, 연령대별) 지정값]
가시거리 = 유효 가시거리 / 최대 가시거리 시야각 = 유효 시야각 / 최대 시야각 시간변수 = 유효 시간대 / 최대 노출시간 통신인구 특성변수 = 목표 대상별(성별, 연령대별) 비중 / 전체 인원

이와 같이 예전보다 더 정확하게 유동인구를 파악할 수 있는 방법이 생겨 더 나은 옥외광고효과모델을 가질 수 있게 되었다.

4. 공간별 콘텐츠 크리에이티브전략

디지털옥외광고는 공간별 콘텐츠 크리에이티브전략이 필요하다. 공간별로 필요한 콘텐츠가 필요하다. 먼저, 건물을 이용한 미디어파사드를 들 수 있다. 최근에 LED를 이용한 미디어파사드가 많이 나타난다. 기존건물에 다양한 표현을 할 수 있어 장점이 무척 많다. 이러한 미디어파사드는 도심공간에 있는 백화점이 많이 활용하고 있으나 법적인 문제는 있지만 고속도로상에 있는 회사가 자체건물을 활용하여 노출하고 있다. 녹십자 사례를 보면 다음과 같다.

〈출처〉 SP투데이(2013).

[그림 7] 녹십자 건물

두 번째, 이동경로에 따른 크리에이티브 전략이다. 이동경로에 따라 콘텐츠를 배치하게 되어 자연스럽게 옥외광고를 보게 된다. 따라서 지하철에서 내려가면서 보게 되는 공간 앞과 측면에 광고가 설치된다. 다음 그림은 신분당선 역에 설치된 사례이다. 신분당선 디지털옥외광고는 지하철 설계 단계부터 디지털 광고 매체를 설치하기 위한 구조적 설계를 고려한 것으로 알려져 있다. 이러한 광고콘텐츠는 공간과 동선에 최적화한 것이다. 지하철 이용자의 동선을 방해하지 않으면서 고객과의 접점을 늘리기 위한 콘텐츠를 만들어내야 한다(팝사인, 2014).

〈출처〉 팝사인(2014)

[그림 8] 신분당선 디지털 옥외광고 사례

세 번째, 기존의 공간을 변경하는 콘텐츠 크리에이티브 전략이다. 예를 들면, 디지털옥외광고가 실내의 기둥면과 벽면을 활용해 스탠드 혹은 부피가 작은 벽면형으로 변화하는 것이다.

〈출처〉 팝사인(2014).

[그림 9] 지하철 공간 변경 크리에이티브

오른쪽 나이키 프로모션은 2014년 2월에 진행된 프로모션이다. 나이키 러닝화의 가벼움을 터치 스크린을 활용해 보여주고 있다. 스크린을 터치하면 모니터에 나타난 러닝화가 공중으로 뜨게 된다. 기존 프로모션광고와는 달리 디스플레이를 맞대어 두 대를 설치해 환승을 위해 걸어가는 시민들이 어느 방향에서든 쉽게 참여가 가능하도록 노출도를 높였다. 마찬가지로 코엑스가 리노베이션에서 하면서 공간을 이용한 사례도 있다.

〈출처〉 씨제이파워캐스트

[그림 10] 코엑스 안내 키오스크(디지털 옥외광고)

위의 사례에 보듯이 코엑스는 UHD 트렌드 방송 채널인 디지털옥외광고 전문 방송 '채널 코엑스'을 구축하여 코엑스 고객들의 이야기나 테넌트의 이벤트, 코엑스 행사소식을 UHD 콘텐츠로 제작하여 제공하고 있다. 디지털사이니지가 디지털미디어로 플랫폼으로 나아가고 있으며 공간의 상황(context)과 맞물린 콘텐츠가 되어가고 있다.

네 번째, 매장내의 메뉴가 디지털옥외광고로 변화하고 있다. 디지털옥외광고에서 메뉴와 동시에 광고 영상이 나타난다. 그 뿐만 아니라 각종 프로모션 행사나 타임 세일 등을 진행할 때도 메뉴 보드를 통해 소비자에게 즉각적으로 정보를 안내하게 된다. 이러한 메뉴보드에선 정보위주의 콘텐츠를 주로 보여주게 될 것으로 본다.

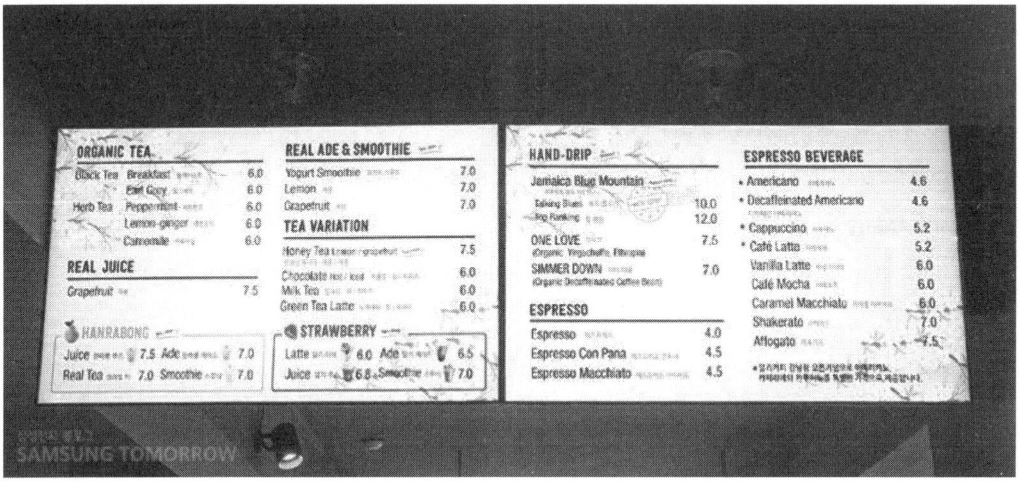

〈출처〉 삼성전자 블로그(2017).

[그림 11] 매장 내 메뉴 디지털옥외광고

참고문헌

고아한 · 심성욱(2014). 국내 In-store 디지털사이니지 효과측정 모델 개발에 대한 연구: 편의점 디지털사이니지의 물리적 특성을 중심으로. *광고학연구*, 25권 1호, 153~178.

민슬기 · 김성훈(2014, May). 체험 마케팅으로서 디지털사이니지 광고 활용에 관한 연구. *한국디지털디자인협의회 컨퍼런스*, 365~366.

노광현 · 황호영 · 김승천(2014). 디지털사이니지와 스마트폰의 연동을 통한 개인 맞춤형 모바일 광고 서비스 연구. *한국인터넷방송통신학회 논문지*, 14권 1호, 139~146.

박현(2013). *소비자의 심리와 설치장소, 설치위치가 디지털사이니지 광고효과에 미치는 영향*. 단국대학교, 석사학위논문.

삼성전자 블로그 http://news.samsung.com/kr/rcXPh

심성욱(2010). 강남역 미디어폴에 관한 연구. *옥외광고학연구,* 7권 4호, 187~211.

안수영(2013). 옥외광고물 QR코드를 스캔하면 클릭으로 인식하는 광고 기술 나왔다, http://it.donga.com/15699/

팝사인(2014). 지하철 광고매체 디지털로 속도낸다, http://www.popsign.co.kr/index_media_view.php?BRD=1&NUM=479.

SP투데이(2013).대한전광, 용인녹십자 R&D센터에 미디어파사드설치, http://www.sptoday.com/bbs/board.php?bo_table=article&wr_id=53343&sca=%C6%F7%C5%E4%B4%BA%BD%BA%2F%C8%AD%BA%B8&sop=and&p=2

한국콘텐츠진흥원(2012). 디지털사이니지(Digital Signage) 기반 콘텐츠산업의 현황과 전망 보고서

Ducoffe, R. H.(1996). Advertising value and advertising on the web. *Journal of Advertising Research,* September/October, 21~35.

CJ 파워캐스트 홈페이지 http://blog.cjpowercast.com/archives/1048

Outfront media(2017). http://www.outfrontmedia.com/whatwedo/solutions/mediaplanning/pages/default.aspx

제2부
디지털사이니지의 미래

제1장 디지털사이니지와 미디어 생태계

1. 컨버전스 시대 마케팅 이해하기

오늘날의 미디어환경은 디지털 기술의 융・복합으로 인해 크게 변화하고 있다. 디지털 기술로 인하여 콘텐츠 및 서비스를 구현하는 단말기가 서로 수렴하는 현상, 또는 방송, 통신 등의 미디어가 디지털 기술의 발달로 서비스의 경계와 구분이 점차 모호해지는 현상을 디지털 컨버전스라고 일컫는다. 사전적으로 '한 점으로 모인다'라는 의미를 가지고 있는 컨버전스는 '하나로 합친다' 또는 '경계가 무너지면서 사실상 하나가 된다'는 포괄적 의미를 갖고 있으며, 이종 제품간, 비즈니스 모델간, 산업간 '결합' 또는 '융합'의 의미로 주로 사용되고 있다. 컨버전스란 디지털 융합은 동일한 콘텐츠를 방송망과 통신망 모두를 통해 전달 가능한 현상으로 크로스 플랫폼(Cross Platform), 통합플랫폼과 유사하거나 또는 부분 집합의 개념으로 볼 수 있다.

이러한 기술의 발전에 따라 TV, 모바일, 인터넷에서 이루어지는 각각의 서비스를 연동하여 하나의 매체에서 이용하는 것이 가능해졌다. 이러한 융합서비스로 인해 매체간의 특성과 장벽이 사라지고 대중은 자신에게 맞는 매체를 선택하여 동일한 서비스를 이용할 수 있게 되었다. 즉, 다중적 매체 특성을 지닌 새로운 사업 영역이 확대되고 있으며 이에 따라 개별적으로 발전하던 산업구조에서 벗어나 새로운 가치사슬 구조가 구축되고 있다.

이러한 컨버젼스의 가장 중요한 핵심가치는 '인터랙티브(Interactive)'다. 인터랙티브 미디어의 가장 큰 특징은 디지털화를 통한 양방향커뮤니케이션이다. 이러한 인터랙티브는 기존의 광고, PR, 텔레마케팅 등과 연계하여 통합적 마케팅 커뮤니케이션의 수단으로 중요한 의미를 지닌다. 이러한 인터랙티브 미디어에서 구현되는 양방향커뮤니케이션은 디지털미디어와 사용자 뿐만 아니라 디지털미디어로 연결되어 있는 사용자간, 미디어와 미디어간의 여러 가지 형태와 차원의 상호작용이 가능함을 의미한다. 따라서 이러한 상호작용성을 활용한 소셜커머스의 경우 소비자와 소비자, 혹은 소비자와 판매자간의 커뮤니케이션 채널을 확장시키고 관계를 긴밀하게 만들어 소비의 개인화를 이루고 있다.

〈출처〉 Medium, 2014
단순 배달플랫폼이 아닌 음식채널로서 콘텐츠와 다양한 마케팅융합이 진행된 대표적 사례

[그림 1] 소셜커머스 '배달의 민족' 구현 형태

이러한 컨버전스 시대에서 소비자는 적극적이고 능동적인 사용자로 진화하였으며 이에 마케팅 커뮤니케이션도 획일적 메시지를 일방적으로 전달하던 일 대 다수(one-to-many)의 커뮤니케이션 형태에서 일 대 일(one-to-one)의 커뮤니케이션 방식으로 변화하고 있다. 따라서 소비자들은 이제 원하는 정보를 시간적, 공간적 한계에 구애받지 않고 받을 수 있으며 나아가 콘텐츠와 상호작용을 통해 자신만의 콘텐츠를 스스로 구성해나가고 있다. 뿐 만 아니라 기업의 측면에서도 모든 정보를 디지털화하여 수집하고 이를 토대로 소비자에게 맞춤형 정보를 제공할 수 있게 되었다. 이러한 소비자의 변화에 대해서 IBM 비즈니스 컨설팅 그룹은 소비자의 복잡성, 디지털기술, 비즈니스모델, 파트너전략의 네 가지 주요 영역에서 트렌드에 전망에 대해 다음과 같이 예측하였다.

[표 1] 소비자의 복잡성, 디지털기술, 비즈니스모델, 파트너전략 변화

소비자의 복잡성	디지털 기술
•소비자의 콘텐츠 소비에 대한 자유와 통제권이 증가 •소비자가 훨씬 더 현명해짐 •소비자 활용이 소비자 정의 핵심 •권한 관리가 소비자 엑서스와 행동에 영향을 미침	•콘텐츠 제작과 제공을 위한 새로운 방법 •콘텐츠 표준과 네트워크의 정교화 •규모와 범위를 확대하기 위한 기술의 이용 •가전제품, 휴대제품이 소비자의 통제권 강화 •콘텐츠 관리는 중요한 차별화 요소
비즈니스 모델	**파트너 전략**
•비즈니스 모델이 새로운 환경에 적응 •미디어 비즈니스 환경의 변화 •비즈니스 인텔리전스로 인한 혜택 제공 •비즈니스 모델이 새로운 소비 패턴에 맞춰 변화하고 대응 •자산 축적으로 인한 규모 달성 •비즈니스는 지속 가능한 차별화 요소에 집중	•소비자들의 요구를 잘 충족시키기 위해 서비스 제공 업체와 중간 기업이 등장 •파트너 관리가 새로운 가격 구조와 매출 증대의 기본이 됨 •비즈니스 파트너는 규모와 오퍼링의 가치 증대를 위해 상호작용하여 협업 •기업 간 프로세스와 워크플로우를 관리하기 위해 비즈니스가 통합

이러한 변화에 대응하기 위해서 산업측면에서는 사업간의 유사성을 갖게 되면서 산업 내 뿐만 아니라 산업 간의 융합이 활발해지고 있다. 이러한 융합은 디지털기술을 매개로 하여 컴퓨터, 가전, 통신 등의 전자기기들이 서로 유사한 기능을 가지고 결합되는 현상을 나타내며, 통상 디지털 컨버전스로 통용된다.

디지털 융합은 다양한 기기들이 서로 유사한 기능을 가지고 하나의 서비스를 연동하여 제공할 수 있게 되며 기업에게는 새로운 사업기회를 제공한다. 망간 서비스 연동은 온·오프라인의 경계를 허물고 게임, 디지털영상, 이러닝 등의 콘텐츠 분야 간 융합을 발생시키고 있다. 주력 서비스들이 광대역 통합네트워크 기반 위에서 디지털과 양방향의 특성을 가지는 결합 커뮤니케이션 서비스로 전환되는 통신-방송의 융합, 다양한 콘텐츠를 한 개의 단말기에서 구현하는 정보기기 간 융합으로 발전하고 있다. 대표적인 것이 아이폰과 아이패드, 갤럭시탭 등이 대표적이나 이러한 형태의 제품도 하나의 가능성이지 최종 종착지는 아닐 것이다.

▶아마존의 킨들 전자책 콘텐츠 서비스와 킨들 HDX 태블릿

[그림 2] 컨버전스 기반, 콘텐츠 기기 융합의 한 가능성

이러한 변화들로 인해 마케팅 산업은 크게 세가지 변화에 직면하고 있다.

첫째, 산업 간의 경계가 허물어졌다. 고유의 제작방식이나 유통구조로 인해 발전의 한계를 겪고 있던 사업들이 새로운 성장 모델을 구축하고 고객 중심 서비스에 맞춰 서비스의 고도화를 이루고 있다. 즉, 고객 요구를 반영하기 위해 기존 산업 고유의 경계를 허물고 융복합을 추진 할 수 밖에 없는 것이다.

둘째, 기술의 혁신과 소비를 이야기 할 수 있다. 발달된 네트워크를 통해 소비자의 개인정보는 다양한 미디어 채널에서 제공될 수 있으며 따라서 소비자 맞춤형 정보 제공을 통해 소비에 보다 역동적이고 적극적이며 자기중심적인 개인화된 형태로 변화시켜 놓았다.

셋째, 고객가치의 다양화이다. 자신만의 가치를 추구하는 소비자가 증가함에 따라 소비자들은 찾고, 참여하고, 의사표현과 커뮤니케이션 관계가 지속적이며 고급화되는 환경을 요구하게 된다. 획일적 수요자로서의 고객이 아니라 실제 제작하고 자신의 의견을 콘텐츠에 반영하는 프로슈머로서의 확산은 향후 광고 산업의 융합현상에 큰 시사점을 제공하고 있다.

기업의 프로슈머 활용 사례 자료: 각 회사

기업	이름	비고
SK텔레콤	앱스토어	미국 애플 앱스토어, 구글 안드로이드 마켓, MS 윈도 마켓플레이스, 노키아 오비 스토어, 삼성전자 삼성 앱스토어 등 세계적 추세
SK브로드밴드	브로드&TV 쇼핑	일반 주부 등이 손수제작물(UCC)을 만들거나 쇼 호스트로 직접 나와 생활용품, 식료품 등을 판매
삼성전자	파워 블로거 마케팅	비용이 많이 드는 옥외광고 등을 줄이고 소비자를 마케팅에 참여시키는 파워 블로거 마케팅 확대
현대·기아차	오토 프로슈머, 오토 컴패니언	자동차 개발, 네이밍 등에 소비자 참여 확대

출처: 김민구, 『경제상식사전』, 길벗, 2015

[그림 3] 국내 기업들의 프로슈머 활용 사례

이러한 변화를 기반으로 새로운 미디어에 대한 소비자의 관심은 급속도로 증가하고 있으며, 소비자의 지출이 확대됨에 따라 단순한 매스미디어가 아닌 개별 소비자를 수용하는 융합미디어가 증가하고 있다. 이를 유기적이고 선제적으로 대응하기 위해서는 스마트 비즈니스 전략이 선행되어야 할 것이다. 기업이 물리적 개념의 범위를 확장하는 것 뿐만 아니라 내외부적으로 융복합을 통한 개방이 선행되어야 함을 의미한다. 아래 그림은 미디어와 콘텐츠 산업에 대해 한정된 것으로 보이나 “개방”이라는 개념에 대해 다시 한 번 생각하게 한다.

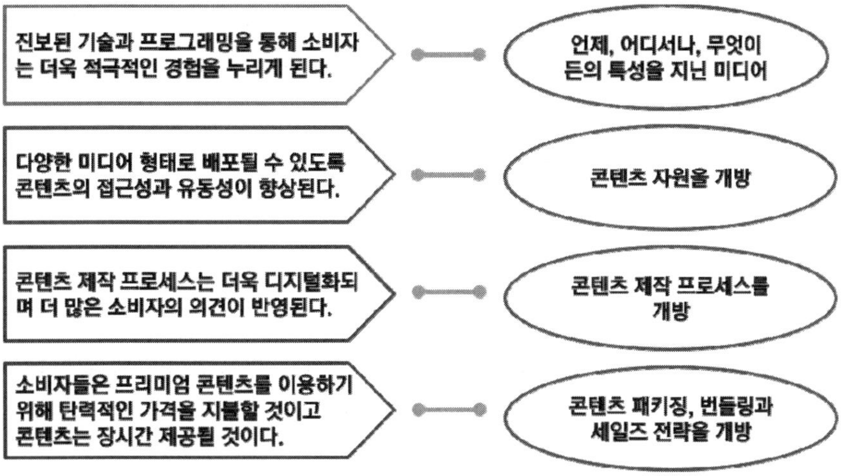

〈출처〉 Soslrce : IBM Bslsiness Cons니lting Services analysis, IBM Institute for Bslsiness Value analysis, 2004

[그림 4] 스마트 비즈니스 기업의 핵심가치 "개방"

향후 소비자의 변화와 시장의 컨버전스 속에서 살아남기 위해서는 새로운 기업 경영 질서를 받아들이고 변화에 대응이 아닌 변화를 앞서서 받아들이는 스마트 비즈니스의 도입이 중요하다. 이를 통해 컨버전스 시장에서 기업이 지향해야 하는 가치는 수용자의 참여를 기반으로 한 오감 체험형, SNS 기반, 언제 어디서나 즐길 수 있는 개인 맞춤형 서비스 등을 구현할 수 있는가, 이를 인터랙티브적인 매체 특성을 바탕으로 소비자와의 양방향적인 커뮤니케이션이 가능한가의 개념이다. 아울러 이러한 기술의 발전을 통한 미디어생태계의 변화가 옥외광고 산업에 어떠한 영향을 미치는지, 기존의 옥외광고가 가지고 있는 특징이 어떠한 변화를 가지고 오며 소비자가 어떻게 반응하는지, 기업은 이를 어떻게 활용해야 하는지가 중요한 논점이 될 것이다.

2016년 다보스포럼에서 제시된 4차 산업혁명을 주도하고 있는 디지털기술은 물리학, 생물학, 심리학 분야의 다양한 기술들을 더욱 정교하고 통합적으로 발전시키고 있다. 인공지능, 기계학습, 사물인터넷, 플랫폼 기반의 공유경제 등 인류가 경험하지 못한 새로운 시대를 열어가고 있으며 사람과 사람, 사람과 사물이 모두 연결되고 있다. 따라서 우리 사회는 보다 지능적인 사회에서 빅데이터와 인공지능을 기반으로 온라인과 오프라인이 네트워크로 연결된 통합시스템으로 변모해가는 중이다. 이러한 시대 흐름에 따라 과거 하드웨어적 제조에서 탈피하여 소프트웨어와 콘텐츠가 주도하는 생산으로 전환되어 융·복합 비즈니스 모델을 요구하고 있으며 인공지능, 빅데이터를 기반으로 한 융복합 산업 시스템은 기존의 상업 생태계를 통째로 바꾸면서 전후방 산업 및 여타 산업에 큰 파급효과를 일으키고 있다. 이러한 변화는 제조업 중심의 옥외광고 산업에서 더욱 부각된다. 기존 제조업 중심의 기업들이 성장에 한계를 느끼면서 전통 산업에 ICT를 활용해 차세대 경쟁력을 확보하겠다는 목표로 변화를 꾀하고 있는 것을 통해 짐작할 수 있다. 특히 옥외광고 산업에서의 디지털 트랜스포메이션은 단순히 아날로그 설치 광고물이 디지털 형태로 전환된다는 외형적인 변화에 초점을 두는 것이 아니라, 산업 자체에 대한 프로세스와 비즈니스 모델 전반에 대한 변화를 야기한다. 옥외광고 산업에 속해있는 이해관계자들인 옥외광고 사업자, 광고주, 소비자, 광고물관리자 및 광고물 허가권자(정부) 모두가 디지털 트랜스포메이션을 통해 새로운 형태의 광고 판매방식, 광고물 관리체계, 그리고 새로운 광고 소비패턴을 가능하게 한다. 특히 과학적인 광고효과 측정을 통해 옥외광고의 정량적 가치를 기본으로 하는 광고 단가의 책정이 가능할 것이며 이를 통해서 더욱 체계화된 옥외광고의 판매가 가능할 것으로 기대되고 있다.

2. 4차 산업혁명과 디지털 트랜스포메이션

1) 디지털 트랜스포메이션과 옥외광고 산업 진흥의 변화

옥외광고산업은 디지털전환을 통해 가치사슬(Value Chain)의 고도화가 진행되고 있다. 디지털 트랜스포메이션 사회(Digital Transformation Society; DTS)에서는 디지털 소비자의 기대를 충족하기 위해 단순히 상품과 서비스를 제공하기 보다는 소비자에게 경험을 제공할 필요가 커지고, 소비자들은 디지털 기술을 통해 초개인화(hyper-personalization)된 상호작용과 서비스를 기대하게 된다. 따라서 디지털 플랫폼을 통해 상품을 소유하기 보다는 공유하는 추세가 강화될 것으로 예상된다. 글로벌 컨설팅 그룹 BCG는 이러한 가치사슬 고도화가 되기 위해서는 다음 <표 2>와 같은 기술이 필요하다고 제시하고 있다.

[표 2] 옥외광고분야의 가치기술 고도화 기술선행 조건

기술분야	기술 요구사항
빅데이터와 분석	도시공간에서 만들어지는 데이터를 해석하여 다양한 의사결정에 활용
AI	지적 사고능력이 향상된 인공지능이 지금의 단순 작업 외에도 다양한 역할을 수행
시뮬레이션	빅데이터, 클라우드 등을 활용하여 비즈니스 프로세스에 대한 시뮬레이션 설계
수평·수직 통합형 시스템	기업 내·외부의 모든 데이터를 수평·수직적으로 연계 및 활용
IoT	탑재형 디바이스, 센서 등을 활용하여 모든 기기가 실시간 통신 및 응답을 제공
사이버 보안	통신 네트워크에 의해 움직이는 스마트공장이므로 사이버보안 분제 해결이 필수
클라우드	방대한 데이터를 처리하고 다수의 기기를 지원할 수 있는 클라우드

*출처: 한국통신기술진흥센터(2016) 재인용

디지털 트랜스포메이션 환경에서는 ICT 융합혁신전략이 주요 핵심 성장전략으로 인식되고 있어 ICT 융합에 기반한 스마트미디어산업이 빠르게 성장하는 고부가가치 미래산업으로 기대되고 있다. 옥외광고는 디스플레이 장치, 콘텐츠, 네트워크, 소프트웨어 솔루션 등 IT 기술 및 콘텐츠 관련 기술 등이 융합되어 발전되고 있으며, 최근에는 AR, VR, AI, 머신러닝 등 첨단기술과 디지털옥외광고의 결합을 통해 다양한 형태의 스마트 사이니지로 응용범위가 확장되고 있다. 디지털옥외광고는 기술 혁신에 따라 고화질·대형 디스플레이, 스마트폰과 센서를 이용한 사용자 맞춤형기술, 클라우드 기술 등 다양한 기술이 적용중이다. 단순히 광고 부문 외에도 문화, 예술, 교통, 관광 등 다양한 분야에서 최신기술과 결합된 다양한 양방향 서비스가 출현하고 있다. 특히, 디지털옥외광고는 최근에 센싱기술, 영상처리 기술 등의 발달로 사용자와의 인터랙션(interaction) 기능을 증대시킨 양방향 커뮤니케이션이 가능한 형태로 진보되고 있다. 이러한 사용자와의 상호작용을 통한 옥외광고는 사용자의 흥미를 유발할 수 있고 사용자로부터 자연스럽게 수집된 데이터를 마케팅에 활용할 수 있는 장점이 있다.

2) 4차 산업혁명과 디지털 트랜스포메이션을 통한 옥외광고사업의 변화 및 적용 기술의 중요성

최근 제조업 측면에서는 옥외광고물의 외형에 대한 변화로 인해서 디지털 광고물을 제작·설치하는 사업에 관심이 높아지고 있다. 사업의 핵심은 이러한 디지털옥외광고가 장소나 시간에 구애받지 않는다는 점이다. 기술 혁신에 따라 근거리 무선 통신(NFC) 및 다양한 유비쿼터스 브로드밴드 기술을 이용하여 장소에 관계 없이 옥외광고 서비스를 제공하고 다른 사이니지나 단말기, SNS, 다양한 모바일 및 웹과 연동을 통해 트래픽을 높이는 것이다. 대형 디지털사이니지를 활용한 옥외광고의 경우 조명·영상·정보기술(IT)을 결합한 디지털사이

니지의 한 형태로서 디지털 기술 혁신과 함께 주목 받고 있으며, 미디어파사드와 전광판을 결합한 형태의 디지털옥외광고물도 증가하는 추세이다.

디지털사이니지를 활용한 옥외광고물은 사회적, 기술적, 경제적, 환경・생태계적, 정책적 분야에서 인공지능의 콘텐츠 분야 활용 가능성을 도출할 수 있다. 콘텐츠의 가치사슬 상에서 인공지능의 필요요소와 인공지능 메가 트렌드와의 매칭이 가능하며 이는 옥외광고 콘텐츠에 인공지능을 적용할 타당성을 부여하고 적용효과를 기대하게 한다. 사회적 측면에서 합리적 소비, 효율적 업무와 이윤창출, 영업・판매 지원, 창작 지원, 맞춤형 게임, 광고 제작 등에 AI가 영향을 미칠 것으로 예측된다. 인공지능 기술은 다양한 산업 내 기술과 융복합성이 높으며, 데이터 활용 증가와 인공지능 기술 수준의 성장이 두드러진다. 기술융합에 관한 AI와 빅데이터에 대한 관심 증가로 관련 시장이 성장할 것으로 전망되며, 특히 기계학습과 자연어 처리 기술을 활용한 서비스가 개발되고 있다. 인공지능 기술 개발을 위한 정부의 지원 정책이 활발히 추진되고 있으며 인공지능의 창작품에 대한 저작권 이슈 등이 대두되고 있다.

이러한 기술의 발전은 소위 '양날의 검'이라고 이야기하며 학계나 관련 산업계에서는 이러한 기술의 발전으로 인한 다양한 파급 효과에 대해 아직도 의견이 분분하다. 1980년대 국내 방영한 "전격 Z작전"이라는 TV드라마에서 AI는 자동차 자율 주행은 물론, 스스로 사고하고 판단하여 주인공을 돕는 모습을 보였고, 미래를 배경으로 한 영화 아이언맨에 등장하는 AI 컴퓨터 자비스는 즉각적이고 정확한 정보를 홀로그램 시뮬레이션을 통해 중요한 의사결정을 지원하고 문제 해결에 큰 도움을 주는 모습으로 묘사되고 있다. 우리가 영화의 사례에서 중요하게 바라봐야 하는 부분은 단순히 인간의 정보에 대한 정확성과 신속성 뿐만 아니라 감정에 대응되는 일체감을 가진 공감 재현 능력이 필요하다는 것이다.

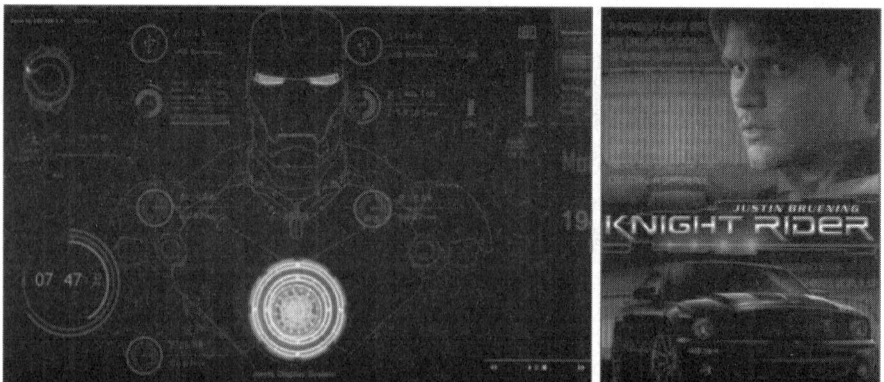

출처: 100vids

[그림 5] 인공지능 영화- 아이언맨 자비스, 전격 Z작전

모바일을 비롯하여 옥외광고와 다양한 분야의 융합 기술 매체개발로 빅데이터와 인공지능 기술을 이용한 컴퓨터 데이터의 실시간 인식 및 분석 능력은 나날이 성장하고 있다. 따라서 이를 통해 사용자의 현재 상황과 가장 적합한 빅데이터 인사이트를 실시간으로 제공하는 형태의 소비가 가속화 될 전망이다. 기존 옥외광고의 경우도 날씨나 계절, 요일 등에 따라 최적화된 광고가 노출되는 방식으로 진화하였고 향후 인공지능 옥외광고는 방대한 데이터 분석을 토대로 하여 개인 맞춤형 마케팅을 실행하고 있으며, 향후 광고주와 퍼블리셔가 실시간 연결되는 형태로 고도화될 것으로 보인다.

▶지하철이 들어오면서 바람이 불면 샴푸모델의 머리가 휘날림

[그림 6] 스웨덴의 지하철역사 인터랙티브 옥외광고

최근의 이러한 기술은 알고리즘을 이용하여 다양한 이미지와 카피, 레이아웃 등을 조합해 수 천 가지의 광고를 임의로 내보낸 후, 카메라가 행인들의 반응을 분석하여 반응이 좋지 않은 광고를 하나씩 도태시켜, 가장 반응이 좋은 광고만 남겨두는 옥외광고 전략도 등장하게 하였다. 인공지능의 머신러닝 기술은 작은 단위의 특징부터 복잡한 단위의 특징까지 파악할 수 있는 딥러닝(deep learning) 단계로 발전하면서 홍채인식, 안면인식, 동선 및 행동의 패턴화 등을 통해 옥외광고에서 맞춤형 광고를 제공하는 사례로 점차 증가하는 추세이다. 이처럼 통신회사의 빅데이터(기지국 정보)를 활용하여 주변 유동인구를 분석하고, 실시간 트래픽을 측정하는 것은 옥외광고 산업에서는 광고효과를 측정을 위해 중요한 융합기술로 자리매김하고 있다.

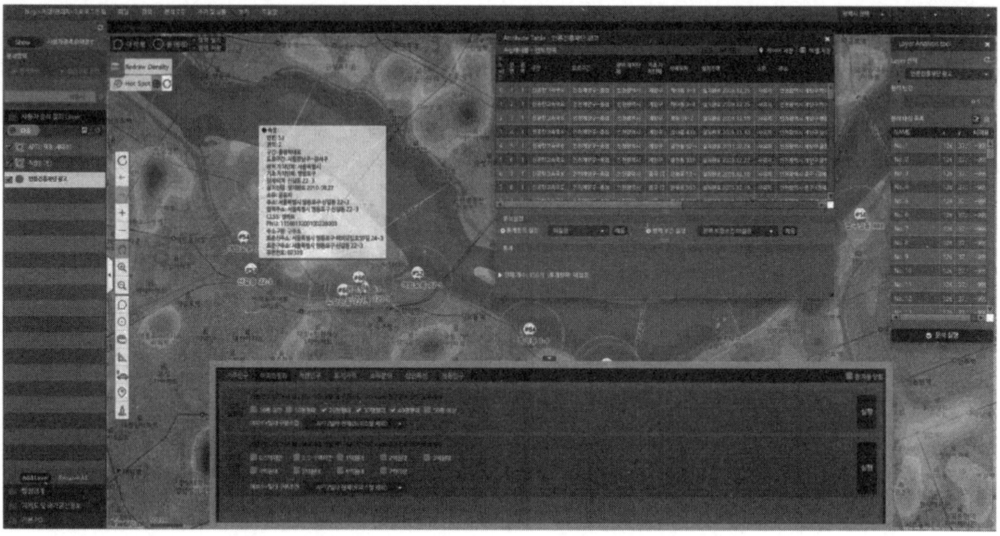

〈출처〉 SK텔레콤 옥외광고 효과분석 측정 프로그램

[그림 7] 옥외광고 효과분석 프로그램 실행화면

옥외광고에 빅데이터가 접목되면 광고매체의 적정가치가 산출될 수 있으며, 이를 통해서 광고주와의 직거래 방식이 가능해져 빠른 판매와 유통, 투명한 거래환경이 조성되어 경제적 효과를 가져 올 것이다. 빅데이터 형식을 이용한 광고는 다양하고 순환 속도가 매우 빨라서 기존의 데이터 분석 방식으로는 분석이 어려운 비정형 데이터를 포함한다. 최근 이러한 글로벌 시장에서 이러한 비정형 데이터 분석을 기업의 마케팅 및 전략수립에 이용하려는 수요가 급증하는 추세이다.

기존산업의 성장 정체, 기술의 성숙, 소비자 욕구의 다양화 등에 대응하여 산업융합은 향후 몇 년간 세계경제의 주요 패러다임으로 남아있을 것으로 예측되고 있다. 인공지능이 예술 창작이나 뉴스 서비스 같은 영역으로 확장되면서 신시장이 열리고 문화적 다양성이 증가할 것이다. 또한 공개된 창작 알고리즘 틀을 활용하여 기존 콘텐츠와 예술과 광고가 결합하는 아트버타이징 시장의 확대 등과 같은 신시장 창출될 것으로 예상된다. 인공지능을 활용한 콘텐츠 창작의 잠재력이 높게 평가되고 있으며, 향후 고도화되어 인간 창작의 보조 수단으로 활용될 경우, 파급력이 더욱 커질 것으로 전망된다.

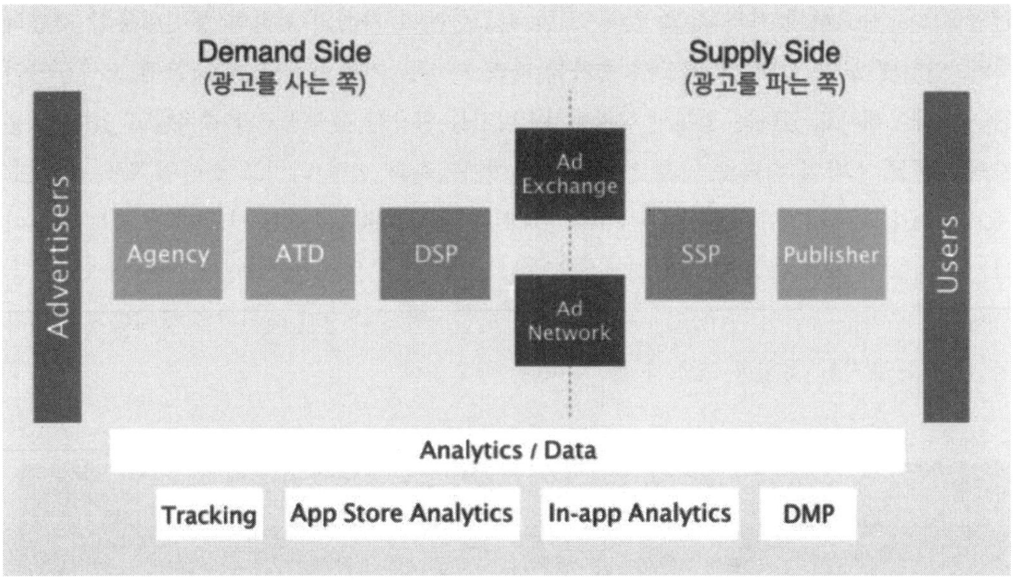

〈출처〉 https://asdw9532.blog.me/220917735307

[그림 8] 실시간 경매 방식(Real-Time Bidding)

실시간 경매 방식(Real-Time Bidding)은 어느 누구나 사용할 수 있는 오픈 프로토콜로서 DSP, SSP, 애드 익스체인지를 통해 실시간으로 프로그래매틱 인벤토리를 사고 팔 수 있으며 프로그래매틱 애드 테크 기업들은 오픈 RTB를 통해 광고 표준에 맞춰 쉽고 다양하게 광고를 진행할 수 있는 광고판매 생태계 구조이다. 쉽게 말해 현실에서 생성된 데이터를 온라인상의 인공지능을 통해 수집하고 분석하여 실시간으로 맞춤형 광고 공급이 이루어지는 수요중심의 콘텐츠 제공이 가능한 생태계를 의미한다. 뿐만 아니라 개인화된 맞춤 광고를 신속하게 내보낼 수 있어 광고 예산을 효율적으로 사용할 수 있는 유통의 선순환 구조를 가지고 올 수 있다.

이처럼 산업적 요구가 상당한 옥외광고 효과조사에 있어서 빅데이터를 활용한 체계적인 옥외광고 효과조사를 통해 도시공간 별 광고효과 데이터의 정확성의 향상은 큰 이슈이다. 현재는 일부 분야에서 빅데이터를 통한 옥외광고 효과측정에 대한 방법론이 고도화 되고 있으며, 다양한 옥외광고 매체에 적용이 예상되며, 이를 통해 광고의 도달률(Reach), 빈도(frequency)와 같은 효과성 지표 산출이 가능하다. 현재 미국의 경우 옥외광고 뿐만 아니라 타 매체와의 CPM 비교를 통해서 옥외광고의 매체에 대한 매력도를 어필하고 있다. 기술 혁신에 따라 고화질・대형 디스플레이, 스마트폰과 센서를 이용한 사용자 맞춤형 기술, 클라우드 기술 등 다양한 기술이 적용중이며, 광고 부문 외에도 문화, 예술, 교통, 관광 등 다양한 분야에서 최신기술과 결합된 다양한 양방향 서비스의 출현은 옥외광고에서의 기술 적용도

산업적으로 중요하게 자리 잡고 있다. 또한 디스플레이 가격의 인하와 통신비용의 지속적 하락, 인터넷 보급 확대 및 속도의 증가에 따라 디지털 기반의 밀착형 광고에 소상공인의 접근이 용이해지고 있다는 점에서 디지털사이니지를 활용한 옥외광고가 주목받고 있다. 사용자의 라이프 스타일 변화로 인해 개인중심의 여가생활과 힐링 라이프 스타일 확산, 만족도 제고가 기대되는 시점에서 새로운 광고소비패턴은 체계화된 옥외광고의 판매가 가능할 것이라는 기대를 준다. 맞춤형 문화와 개인스타일에 부합하는 사용자 상호작용을 통한 옥외광고는 사용자의 흥미를 유발할 수 있고 사용자로부터 자연스럽게 수집된 데이터를 마케팅에 활용하여 향후 독보적인 차별화 요소가 될 것이다.

출처: 디아이투데이

[그림 9] 인텔과 아디다스가 함께 만든 3D 가상 시뮬레이터

인텔과 아디다스가 함께 만든 3D 가상 시뮬레이터는 매장에 모든 제품을 전시할 수 없는 한계를 인지하고 디지털사이니지를 소비자 곁으로 끌고 온 사례다. 이를 통해 오프라인 매장의 한계를 넘어 소비자가 원하는 제품에 대한 3D 체험이 가능하도록 기술을 구축했다. 터치스크린 방식으로 구성해 소비자가 원하는 대로 신발을 커스터마이징할 수 있게 함으로써 맞춤형 체험 서비스를 제공한 사례이다.

출처: 디아이투데이

[그림 10] 인텔이 개발한 '리테일숍 디지털옥외광고'

인텔이 개발한 '리테일숍'의 경우 사람의 행동 패턴을 기반으로 분석하여 구매자 욕구 패턴에 따른 정보를 제공한 사례이다. 매장 진열대의 양쪽 마지막 지점인 앤드캡(End Cap)에 설치되어 소비자의 모바일 앱과 상호 연동되어 소비자 관심 분야의 콘텐츠를 보여주고, 진열대의 상품을 들면 해당 정보나 광고를 보여주는 서비스를 제공한다. 이를 통해 광고주나 매장은 소비자의 행동과 실제 판매 DB(DataBase)를 분석한 결과를 제공받을 수 있으며 이를 통해 정확한 측정과 마케팅 전략 수립이 가능하다. 즉, 판매자 입장에서는 고객의 행동을 패턴으로 인식하여 해당 데이터 수집을 통해 고객관리가 용이하고 이에 따른 적절한 콘텐츠를 송출함으로써 소비자는 보다 정확한 맞춤형 정보를 제공 받을 수 있다,

빅데이터를 활용한 대용량 데이터정보는 사용자의 성향, 이용 패턴 등을 분석하고 학습함으로써 여가시간을 충분히 즐길 수 있도록 최적화된 여가, 프로그램 정보를 제공할 것이다. 또한 적절한 시간과 적절한 장소에서 광고를 노출하는 것은 사용자의 관심을 유도하고 일방적이고 무분별한 옥외광고의 단점을 보완, 효율성을 높일 것이다. 이는 새로운 광고형태, 새로운 광고 판매방식, 새로운 광고물 관리체계, 새로운 광고 소비 패턴을 가능하게 함으로써 스마트하고 합리적인 소비자로 발돋움 하도록 한다.

3. 디지털사이니지를 활용한 소비자 중심 마케팅 플랫폼

1) O2O(Online-To-Offline) 플랫폼 마케팅의 이해

최근 스마트폰 등장, 유비쿼터스 환경 등의 기술발달로 인해 정보통신 기반 시설의 보급은 사람들의 생활공간에서 자연스럽게 전반의 패러다임을 바꾸며 그 역할이 크게 증가하고 있는 추세이다. 특히 이동 중에도 가능한 스마트폰의 등장으로 소비시장은 큰 변화를 가지고 왔다. 전 세계 이동전화 보급률이 93%에 달하는 것으로 이동전화 가입자 수는 지속적으로 증가하고 있다. 한편, 2013년 기준 전 세계 스마트폰 가입자 수는 19억명이며, 2019년까지 56억명 수 준으로 증가할 것으로 전망된다. 동시에 테블릿 PC와 같은 모바일기기도 소폭이지만 지속적으로 성장하고 있어 2019년 7억 명 정도의 가입자를 확보할 것으로 전망된다. 이러한 현상은 이제 고정된 위치에서 소비자의 위주로 진행된 마케팅 방식의 한계를 넘어 다양하게 네트워크를 활용하는 활동이 가능해진 것을 의미한다. 즉, 과거 오프라인 위치에서만 이루어지던 서비스들을 이동 중에도 사용할 수 있게 된 것이다. 이처럼 미디어 소비 형태가 개인화되며 ICT의 결합을 통해 콘텐츠가 인터넷이나 모바일 등 개인화된 디바이스를 통해 소비되는 것이 가능해졌다.

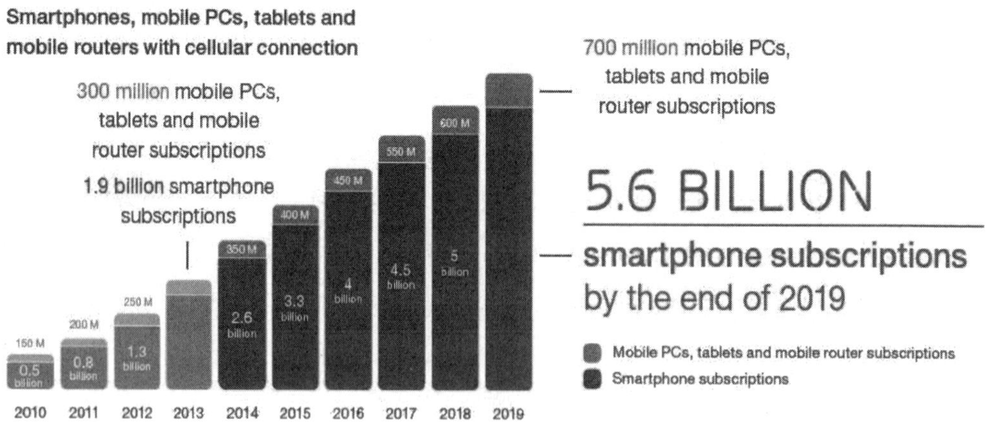

자료: Ericsson(2014), p.7.

[그림 11] 전 세계 스마트폰 가입자수 추이(2010~2019(E))

새로운 미디어 활용이 증가에 따라 최근 ICT(Information and Communications Technologies)의 확산 및 온라인모바일 플랫폼을 통해 쇼핑을 즐기는 소비 트렌드 변화로 O2O(Online to Offline) 서비스 시장 활성화가 이루어지고 있다.

이러한 소비시장의 변화는 단순히 온라인에서 쇼핑의 경험이 소요되는 것이 아니라, 소비자들의 쇼루밍(Showrooming), 리버스 쇼루밍(Reverse-Showrooming)과 같은 다양한 쇼핑 활동을 통해 이루어졌다. 쇼루밍(Showrooming)이란 오프라인 매장이 온라인 쇼핑몰의 전시장(Showroom)으로 변화는 현상을 의미하는 것으로 즉, 소비자들이 오프라인 매장에서 제품을 직접 확인하고 실제 구매는 온라인을 통해 이루어지는 과정을 의미한다. 반대로 리버스 쇼루밍(Reverse-Showrooming)의 경우 온라인을 이용하여 최적의 정보를 획득한 후 적절한 오프라인 매장을 이용하여 구매하는 방식이다. 이러한 현상을 통해 온라인 상거래와 오프라인 상거래의 경계가 점점 허물어져 가고 있으며 소비자들은 점차 온라인과 오프라인을 구분 지어 상거래 활동을 하지 않고 있다.

대표적으로 최근 모바일 상거래 시장에서 많은 주목을 받고 있는 O2O를 꼽을 수 있다(Online-To-Offline). O2O란 ICT 기술을 기반으로 각종 온라인 서비스에 오프라인 사업을 연계함으로써 새로운 가치와 향상된 편의를 제공하는 융합 비즈니스 모델을 의미하며 소비자를 온라인 서비스에서 실제 오프라인으로 연결해주는 서비스를 의미한다.

최근 1인 가구가 급증하면서 이를 겨냥한 생활밀착형 서비스가 확대되고 실시간 소비활동이 가속화되며 다양한 정보 및 편의성 제공이 다양화되었다. 이를 적극 반영한 O2O서비스는 시간과 장소를 구애받지 않는 장점 때문에 이용하는 소비자들이 빠르게 증가하고 있는 추세이다. 따라서 O2O는 소비자 입장에서 제품을 저렴하게 구입할 수 있는 온라인의 장점과, 제품을 직접 눈으로 체험하고 바로 구입할 수 있는 오프라인의 장을 모두 가지고 있는 비즈니스 모델이다.

또한 O2O서비스 시장은 온라인을 이용하여 소비자의 소비패턴을 데이터화하여 분석하기 때문에 선호도 및 필요한 정보제공이 가능하며 이에 따라 필요로 하는 정보 서비스를 능동적으로 제공할 수 있다는 장점을 지니고 있다. 예를 들어 근거리통신(NFC: Near Field Communication) 기술이나 위치기반(LB: location based) 기술을 활용 해 오프라인 매장 주변의 소비자에게 할인쿠폰을 발송하여 잠재고객을 오라인 매장으로 유치하는 것이다. 한번 이렇게 유치한 고객들의 데이터를 축적하고 이를 분석해 효과인 마케팅 방법도 도출할 수 있다. 방문 고객의 정보를 기반으로 충성도가 높은 고객에게 더 많은 혜택을 제공하는 등 정교한 고객관리도 구현 가능해 오프라인 매장의 수익을 증대시키는 수단으로 주목받고 있다.

국내의 경우 소득 수준 향상, 맞벌이 인구 및 2인 이하 가구 등의 사회·경제적 변화로 인한 소비자 니즈의 증대에 따라 O2O플랫폼의 시장 중 일상 영역의 서비스로 배달서비스가 급증하고 있는 추세이다. 이는 소비자의 일상적인 영역에서 가장 많이 활용되는 서비스로 가장 많이 활용되는 서비스로 급증하고 있으며, O2O서비스의 이점을 적극 활용하여 최근 모바일로 주문하면 지역 농가에서 상품을 직접 가져와 소비자 문 앞에까지 배달하는 서비스까지 확대되고 있다.

[그림 12] 국내 배달 앱 3사

2014년부터 성장세를 보이고 있으며 초기 O2O서비스는 배달과 같은 단순히 오프라인과 소비자를 연결시켜주는 정도였지만 그 후 다양한 형태로 발전되며 매장의 정보, 할인 쿠폰 등의 서비스를 제공하는 형태로 변화하였다. 소비자는 이를 통해 오프라인 매장 도착 전에 현 위치에 필요한 상품 정보를 미리 접하거나 선 주문을 통해 편리하게 상품 구매가 가능하며, 다양한 맞춤정보를 획득할 수 있다. 즉, 이는 온라인을 기반으로 정보를 수집 및 제공하여 고객의 필요와 욕구를 충족시키는 행동을 유발하는 디지털솔루션으로서 온라인 영역뿐 아니라 오프라인 시장이 축소되지 않도록 강화되는 형태를 지니고 있다.

따라서 스마트폰 및 O2O관련 비즈니스 활용도가 높은 밀레니엄세대에서는 다채널 비즈니스의 주요 목적이 욕구해결을 위한 대안검색의 비용절감과 가성비 중심의 쇼핑행태로 나타나고 있어 O2O비즈니스의 중요성이 더욱 확산되고 있다.

2) O2O(Online-To-Offline) 플랫폼과 디지털사이니지

디지털사이니지를 기반으로 블루투스, NFC, 영상처리 기술들의 발달에 따라 사용자와의 양방향 커뮤니케이션이 강화되고 있으며, 또한 사용자의 정보를 인식하여 사용자 맞춤형 서비스를 제공하는 형태가 증가되고 있다. 또한 스마트폰의 보급이 확대되면서 모바일기기와 디지털옥외광고를 연동하고 웹 서비스 등과 연계하여 서비스를 제공하는 콘텐츠가 증가하고 있는 추세이다.

디지털 사이니지는 기술 혁신에 따라 고화질·대형 디스플레이, 스마트폰과 센서를 이용한 사용자 맞춤형 기술, 클라우드 기술 등 다양한 기술이 적용 중이며, 최신기술과 결합된 다양한 양방향 서비스가 출현하고 있다. 뿐만 아니라 디지털사이니지는 광고 목적으로 처음 시작되었으나, 현재는 다양한 IT 및 콘텐츠 기술과 융복합되어 교육, 정보 제공, 예술적 활용까지 가능한 새로운 미디어로 활용되며 새로운 매체로서 시간, 공간, 사용자 상황에 맞는 다양한 서비스를 제공해주는 형태로 변하고 있다.

즉, 디지털사이니지와 다양한 분야의 융합 기술 개발로 빅데이터 기술을 이용하여 컴퓨터 데이터의 실시간 인식 및 분석 능력을 통해 사용자의 현재 상황과 가장 적합한 빅데이터 인사이트를 실시간으로 제공하는 형태로 변화하며 이에 따른 소비는 가속화될 전망이다.

IoT 기반의 디지털사이니지의 시작점은 기술이 아닌 모바일 및 O2O마케팅이다. 디지털사이니지는 공간을 기반으로 한 미디어 서비스로 오프라인과 온라인을 이용하여 정보 수집 및 제공하고 고객의 필요와 욕구를 유도하면서 행동을 유발시키는 솔루션을 제공한다. 이러한 서비스는 고객과 사용자의 욕구와 필요를 적극 반영한 것으로 ICT 융합산업의 장점인 온라인과 오프라인을 연결해주는 제 4 스크린의 역할로 옴니채널(Omni Channel)을 활용하기 때문이다.

O2O와 옴니채널의 트랜드로 오프라인 매장에서는 디지털사이니지와 관련 기술을 적극 적용하였고 점차 그 범위가 확대되기 시작하였다. 처음에는 고객의 편의와 매출의 확대 및 데이터 분석에 초점을 두었다면, 최근 무인 주문 시스템의 수요가 증가하면서 비용 절감에 대한 니즈가 반영되었다. 소비자의 패턴 분석과 이를 통한 상품 개발 및 서비스를 제공하면서 온라인과 모바일, 오프라인을 하나의 유기적인 시스템으로 통합되었다.

이러한 무인 주문 시스템은 슈퍼마켓, 유통업계에서 소비자의 편의성 확대 등의 환경 변화에 적극 대응하기 위해 도입한 셀프 체크아웃 시스템으로 바코드 스캔 등을 통해 계산원 없이 구매가 직접 물건을 구입하는 방식이다. 컴퓨터 비전(Computer Vision), 딥러닝(Deep Learning) 등 인공지능 기술이 급속도로 발전함에 따라 고객의 소비 패턴은 크게 변화되었고 이에 따라 셀프 체크아웃 시스템에서 더 나아가 계산대 자체를 없앤 무인

아마존(Amazon)의 경우 최초로 완전 무인화를 실현시킨 무인 편의점인 '아마존 고(Amazon go)'를 운영 중이다. 아마존 고를 이용하려면 먼저 스마트 폰을 활용하여 앱을 다운로드 받은 후 상점 입구에서 스마트 폰을 활용하여 자동 체크인 후 진열대에 놓인 물건을 집으면 인공지능(AI) 센서가 고객을 인식하여 온라인 장바구니 목록에 추가되는 서비스를 제공한다. 뿐만 아니라 쇼핑을 마친 후 체크아웃이 되면 연동된 카드를 통해 자동으로 결제되

는 편의성을 제공하고 있다. 이처럼 온라인, 오프라인을 모바일로 연결하여 이용시간 감소라는 고객의 편의성을 제공하였고 판매자 입장에서는 인공지능 기술을 바탕으로 구매 패턴, 순서 등의 빅데이터를 구축하여 고객별 맞춤서비스 제공을 위한 DB(Date Base)관리가 용의해진 것이다.

〈출처〉 korea 해외시장뉴스, 2018

[그림 13] '아마존 고(Amazon go)' 무인 결제 시스템

이렇듯 아마존의 시작으로 다양한 국가에서 무인 결제 시스템의 방식을 이용하려는 도입이 활성화되고 있다. 일본의 경우 편의점이 일찍이 정착된 문화로 포화상태에 이르면서 이에 대한 해결책으로 자동결제 시스템을 적극 도입하였다. 그 중 사용자의 편의를 도모하기 위해 컨시어지 서비스가 활성화되었다. 최근 도교에 사무실 근무로 식사시간을 챙기지 못하는 회사원들의 편의를 위해 사무실 안 무인 편의점이 등장했다. 또한 현금보다 카드를 이용하는 소비자 구매 스타일 변화에 부합하는 결제 시스템을 도입함으로써 특별한 출납 관리가 필요없으며 온라인을 통해 제고 데이터는 실시간으로 전송돼 상품관리의 편의성을 제공한다. 또한 이용자의 데이터를 활용하여 구매 예측이 가능함으로써 정기적으로 품질 개선이 용의하다가는 강점을 지닌 마케팅 방식이다.

〈출처〉 프레스맨, 2019

[그림 14] 일본 사무실 안 무인 편의점 사례

해외뿐만 아니라 국내 또한 다양한 무인 결제 시스템을 도입하고 있는 중이다. 이는 인공지능 서비스 등 다양한 ICT기술을 적극 활용하여 소상공인을 위한 시스템으로 인건비 절감에 기여하는 등의 경제적 효과를 가져 올 뿐 아니라 오프라인 매장에서 모바일을 통해 결제하는 활동을 제공함으로써 온・오프라인을 유기적으로 연결하는 사례라고 볼 수 있다.

〈출처〉 매일경제, 2018

[그림 15] 국내 무인 결제 시스템 편의점

이렇듯 최근 신규 매장 및 쇼핑몰 매장의 경우 디지털사이니지를 활용한 서비스가 필수로 자리매김하고 있으며, 스마트 스토어(Smart Store)에 대한 관심으로 디지털사이니지에 대한 요구가 증가하고 있다. 온・오프라인의 연결을 통해 시간과 공간의 경계가 허물면서 고객과 소비자의 욕구와 필요를 충족시켜 주는 기능으로 발전하고 있다, 즉, 기존 오프라인이라는 공간의 개념이 디지털사이니지의 도입으로 경계가 모호해진 것이다.

이러한 변화는 디지털사이니지의 도입과 동시에 효율성이라는 측면에서 디지털사이니지가 폭발적으로 증가 할 수 있는 상황으로 움직이고 있다. 쉽게 말하자면 상거래 관점에서 소비자는 원하는 것과 필요한 것을 쉽게 얻을 수 있다면 온・오프라인은 중요하지 않다. 그러나 필요한 것에 대한 차이는 분명히 발생한다. 무엇을 원하고 가치를 가지는 것 인가에 대한 정보를 파악하기 위해 온・오프라인을 유기적으로 활용하게된 것이다. 대부분 사람들은 오프라인에서 경험했던 것을 온라인으로 구매하는 경우가 많다. 즉, 오프라인은 경험의 장소로 온라인에서 할 수 없던 직접 경험을 오프라인을 통해 하는 것이다. 이러한 경험의 장소로써 오프라인은 필요에 따른 소비를 증진시키기 위해 디지털사이니지를 적극 도입하기 시작한 것이다.

출처: 데일리한국, 2016

[그림 16] 롯데백화점 디지털옥외광고 사례

예를 들어 롯데백화점의 오프라인과 온라인을 연결을 위해 디지털사이니지를 이용하여 편의성의 제공한 사례라고 볼 수 있다. 체험을 하기 위해 방문한 매장안에서 일일이 착용할 필요 없이 화면을 통해 옷을 입어볼 수 있는 서비스를 제공함으로써 번거로움을 덜어 준 사례이다. 또한 직원을 통해 일일이 제품의 정보를 파악할 필요없이 모바일 혹은 디지털사이니지를 통해 상세정보를 확인 후 온라인이나 오프라인에서 구매를 할 수 있는 것이다. 즉, 오프라인의 체험공간이라는 강점과 온라인을 통한 정보 탐색의 강점을 연결하는 가능한 것이다.

또 다른 예로 이마트의 경우 아날로그의 형태를 벗어나 디지털사이니지를 통해 상품 정보 및 행사안내, 실시간 정보제공 등의 소비자 밀착형 서비스를 통해 소비자에게 이용 편의성을 제공하고 있다. 오프라인 결제 데이터를 통해 소비자의 취향을 파악하고 ICT환경에 따른 체계적인 분석을 통해 방문한 소비자에게 적절한 정보 및 편의를 제공하는 것이다.

〈출처〉 경향신문, 2017

[그림 17] 국내 이마트의 디지털 옥외광고를 통한 다양한 정보제공

그 외에 온라인에서만 이루어지던 놀이공간을 오프라인으로 끌고 나온 경우도 있다. 이마트 타운의 경우 일레트로마트라는 체험형 매장을 개장하였다. 이는 놀이공간으로서 단순히 진열하는 매장이 수준을 넘어 드론, PC 등의 다양한 IT기계를 직접 체험하고 즐길 수 있는 새로운 유통 패러다임이다. 온라인에서만 즐겨지던 놀이들이 오프라인 매장에서 직접 체험하며 즐길 수 있는 공간을 제공함으로써 온 · 오프라인의 경계를 무너트린 사례라고 볼 수 있다.

〈출처〉 국내외 언론보도 종합

[그림 18] 이마트 일렉트로마트 사례

이처럼 최근 국내 대형유통업체는 온라인쇼핑몰, 소셜커머스 등 유통채널의 다변화로 오프라인의 강점과 온라인의 장점을 활용한 전략을 위해 O2O 서비스를 적극적으로 활용하기 시작하였다. 또한, 모바일을 연계한 서비스 강화를 통해 개인화된 다양한 편의 서비스를 제공하는데 주력한다.

이러한 변화로 인해 오프라인을 대상으로 발달하던 업종 간의 경계가 허물어지며 배달 시장의 규모가 급증하였다. 이러한 성장 정체에 직면한 백화점, 대형유통업체 등 전통 오프라인 업체들은 새 성장동력을 찾아 배달서비스를 적극적으로 활용하기 시작하였다. 그뿐만 아니라 배달서비스 업체의 배달 범위가 배달 음식점에서 일반 음식점으로, 나아가 신선식품으로 확대됨에 따라 배달 업체들이 커버할 수 있는 시장이 확대되고 있다. 이는 소비자의 일상적인 영역에서 가장 많이 활용되는 서비스로 급증하고 있으며, O2O 서비스의 이점을 적극적으로 활용하여 최근 모바일로 주문하면 지역 농가에서 상품을 직접 가져와 소비자 문 앞에까지 배달하는 서비스까지 확대되고 있다. 즉, 원하는 시간대와 장소에서 배송을 받길 원하는 수요가 많아짐에 따라 다양한 업체들은 신선도 높은 제품을 출근 전에 받아볼 수 있도록 서비스를 제공하기 위해 경쟁하고 있다.

〈출처〉 한국경제, 2018

[그림 19] 새벽 배송서비스 시장 규모 및 특징[3]

이처럼 변화한 소비패턴에 대응하기 위하여 다양한 국내 대형유통업체는 물리적 공간과 디지털 공간의 통합 및 확장의 방안으로 옴니채널 전략을 추진하였다. 이를 효과적으로 제공하기 위해 제 4스크린인 디지털사이니지를 적극 반영한 것이다.

다시 말해 디지털옥외광고는 온・오프라인을 유기적으로 연계할 수 있는 통합마케팅 커

---

3) 한국경제, 2018

뮤니케이션 방안으로 오프라인에서는 직접 체험을 통한 만족감 제공, 온라인은 개인화된 맞춤형 서비스로 편의성 및 차별화된 쇼핑경험을 제공할 수 있다. 뿐만 아니라 다양한 온라인에서 쿠폰 등을 발급하여 오프라인 방문 시 활용할 수 있도록 하는 등 온·오프라인이 연결된 쇼핑 서비스를 제공하고 있다.

이러한 서비스의 대표적인 사례로 미국 Amazon의 락커서비스를 볼 수 있다. 온라인상거래업체인 Amazon 은 오프라인을 활용해 편의성을 보완한 사례로 온라인에서 주문한 뒤에 지정한 오프라인 매장에서 물건을 받는 픽업 서비스(pickup service)를 실시하고 있다. Amazon은 락커서비스(locker service)를 통해 온라인에서 주문 후 자신이 원하는 장소에서 물품을 수령할 수 있도록 하고 있으며, 자주 구매하는 제품에 IoT를 활용한 대쉬버튼(dash button)을 장착하여 버튼을 누르면 Amazon 앱의 장바구니로 연결되어 구매로 이어지는 서비스를 제공하는 등 온라인 유통채널을 보완하고 있다. 뿐만 아니라 Amazon은 물품 상거래에 머물지 않고 인터넷 상거래업체로서의 판매하는 물품의 설치, 정리 등에 필요한 서비스를 중개하는 네트워크 기반 플랫폼 서비스로 비즈니스를 확장했다.

[그림 20] Amazon의 락커(locker) 서비스

미국의 노트스트롬 백화점의 경우 오프라인 매장에서는 판매하지 않고 고객과의 상담을 이루는 공간으로 쇼루밍(매장에서 구경만 하는 형태)을 지원하고 온라인을 통해 구매할 수 있도록 고객 편의 서비스를 제공한다. 이는 기존 옴니채널을 적극 반영한 사례로 오프라인의 경우 디지털사이니지를 통해 실물 크기의 아바타에 맞춤 재킷을 입힌 후 자신의 모습을 스크린에서 확인할 수 있으며 다양한 디자인과 옷감을 비교해 볼 수 있는 경험이 가능한 체험형 공간으로 다양한 여가활동을 즐길 수 있는 공간을 제공한다. 그리고 온라인에서는 구매와 선택한 물품의 시간을 예약 및 실시간 위치 파악을 통해 방문일정에 맞춰 물건을 제공하는 O2O 서비스를 제공한다. 즉, 서비스와 기술의 조화를 이룬 것으로 전자상거래를 이용해 오프라인으로 유입되는 선순환 구조를 구축한 예이다.

〈출처〉 한국일보, 2019

[그림 21] 미국 노드스트롬(Nordstrom) 백화점

이처럼 유통업계가 지속적으로 변화함에 따라 전자상거래 운영자들도 오프라인 매장으로 이동하기 시작하면서, 온・오프라인 쇼핑의 경계는 더욱 모호해졌다. 대중이 즐기고, 무엇인가 얻고, 경험하여, 그 결과가 다시 확산되는 상호작용으로 인해 점점 개인 미디어의 중요성이 인정되었고 이를 표출할 수 있는 공간을 형성하는 것은 디지털사이니지가 각광받고 있다. IoT를 기반으로 O2O 플랫폼을 활용한 서비스가 빠르게 확산하고 있으며 ICT 융합시스템 구축을 통해 편리성, 시간 절감, 개인화된 맞춤형 프로모션 등 이용자에게 더 큰 편익제공이 이루어지고 있다.

참고문헌

김민구(2015), 『경제상식사전』, 길벗

김대건(2014), O2O(Online-To-Offline) 동향과 시사점, 제26권 22호 통권 590호

한국인터넷진흥원(2015), 성장 속도 높이는 국내 O2O 플랫폼

정보통신정책연구원(2016), O2O비즈니스 확산에 따른 시장 변화 및 정책 방안 연구

김동수, 김관호, 최동욱, 정애윤(2016), 국내 O2O 서비스 이슈 진단 및 산업활성화 정책 방향 제안 The Journal of Society for e-Business Studies Vol.21, No.4, November 2016, pp.137-150

Soslrce : IBM Bslsiness Cons니lting Services analysis, IBM Institute for Bslsiness Value analysis, 2004

최진용, 이용문(2018), O2O 서비스 재구매의도에 영향을 미치는 품질요인에 관한 비교 연구, 제21권 제2호(통권 제54호) 2018년 8월(pp. 403~427)

방영선, 양승목, 전혜린, 이다니엘(2018). O2O 서비스 기반 전통시장 주문 모바일 어플리케이션의 설계 및 개발. 한 국디지털콘텐츠학회 논문지, 19(9), 1689-1697

김진형, 김헌(2018). O2O 서비스의 경험 가치 요인 연구. 한국디자인문화학회지, 24(1), 155-167.

웹사이트

medium(2014)
https://goo.gl/images/JwGePp

http://bitly.kr/ygCda

korea 해외시장뉴스((2018)
http://bitly.kr/7diNj

프레스맨, 2019
http://bitly.kr/AQa8i

더피알. 2017
The PR(http://www.the-pr.co.kr)

매일경제, 2017
http://bitly.kr/fVnfZ

제2장 디지털사이니지를 활용한 명소화

1. 옥외광고물 자유표시구역

최근 광고시장의 변화는 미디어 테크놀로지와 소비자 문화의 변화로 인하여 폭과 깊이를 크게 달리하고 있다. 이 가운데 옥외광고물(OOH: Out of Home)을 활용한 광고 산업의 변화는 기존의 전통적인 광고 커뮤니케이션 패러다임을 바꾸는 계기를 가져오고 있다. 현재 강남구 삼성동 코엑스 일대에 도입된 옥외광고물 자유표시구역은 옥외광고물이 도시 경관에 중심적인 역할을 수행하며 특히, 랜드마크 기능 이외에도 도시에 리듬을 주고, 변화함을 만들 수 있으며, 거리의 분위기를 활성화하는 기능을 가지고 있기 때문에 이를 통한 창의도시의 문화 활동이나 기업 활동의 기반이 되고자하는 것이 목적이다(신일기, 2013). 도시의 질이란 일반적으로 도시 거주자가 불편 없이 생활할 수 있는 기능적 요구의 충족을 기본으로 하지만 쾌적감, 심미감과 같은 심리적 욕구의 충족까지 의미하는 것으로 도시경관이라는 문제가 필연적으로 등장한다(양동현, 2002).

도시의 경관이 과연 도시 관광자원이 될 수 있는가의 문제는 옥외광고물 자유표시구역의 기본 취지에 대한 질문이기도 하다. 최근의 새로운 패러다임 변화들이 관찰되고 있는데, 도시 관광은 장기적으로 많은 도시와 지역의 성장과 번영에 새로운 동력을 제공하는 경향에 대한 사례들이 전세계적으로 나타나고 있다.

도시 관광은 도시의 성장, 이노베이션과 창의의 전략적 중심이고 21세기의 지속가능성을 확고히 하는 매우 중요한 위치를 점하고 있다고 보았다. 도시가 관광의 목적지로써 성장하기 위해서는 4가지의 중요한 과제가 있다. 경쟁적이고 지속가능한 관광목적지로의 개발, 복잡한 도시 관광시스템의 관리, 품질 있는 도시 관광의 창의, 매력적인 관광도시를 위한 마케팅 등을 제시하고 있다. 이러한 측면에서 도시관광의 창의와 매력적인 관광도시를 위한 마케팅에 옥외광고만큼 적정한 것을 찾기 어렵다.

[그림 1] 뉴욕타임즈스퀘어(좌), 영국 런던(우)

□ 뉴욕 타임즈스퀘어

타임즈스퀘어 현황과 주 지역을 살펴보면 선적인 구조와 빌딩 벽으로 둘러싸인 중앙 도로(25m 미만)를 중심으로 하나의 독립된 경관을 만들어 내며, 방문자들에게 독특한 경험 제공하고 있다, 이는 상업지역과 극장 지역 간의 이동 경로의 선적인 축으로 구성되어 있어서 자연스럽게 광고물과 문화, 소비가 연결되고 있음을 확인할 수 있다. 또한 앞서 언급한 중앙 도로와 빌딩들이 하나의 벽으로 작용하여 여타 상업주거시설에 영향을 주지 않는 가림막 역할 수행하고 있으며 도시 곳곳에 도심형 휴식공원들이 확충되어 관광과 휴식을 모두 향유할 수 있는 공간으로 구성, 차로를 축소하고 보행자 중심도로를 확대하고 있다. 즉. 상업지역의 특성을 지닌 뉴욕타임스퀘어는 도시 휴게공간으로 지역 특성을 지니고 있으며, 도로를 단계적으로 축소하여 보행자 중심 도로로 확대하고 있는 대표적인 예이다.

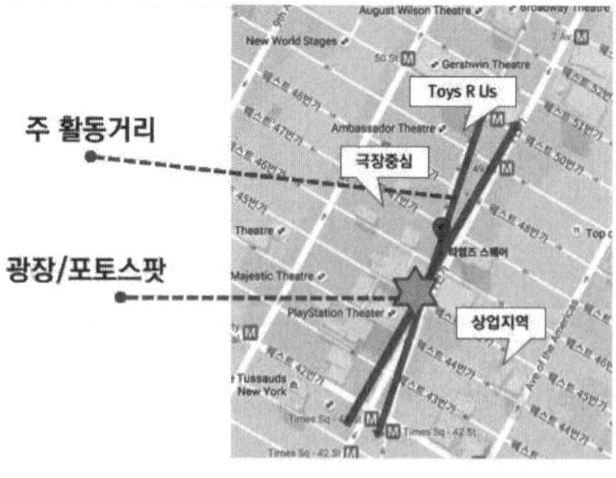

타임즈스퀘어 상업・문화시설

□ 런던 피카딜리서커스

런던 피카딜리 서커스의 경우 뉴욕과는 달리 점방식의 형태로 주요 관광중심 거점을 중심으로 쇼핑, 엔터테인민드, 극징밀집지역의 중요 연결 지점에 위치하고 있다. 뉴욕과는 달리 단일 건물만 허용하고 있으며, 다른 역사적 건물들은 엄격하게 보호하여 첨단과 전통을 조망할 수 있는 명소로서 운영되고 있다. 이는 런던의 첨단과 역사, 그 배경이 되는 공연문화와의 연계를 위한 전략으로 볼 수 있다. 도시 구조상 소로에 설치되고 있으나 광장을 조성하여 관광객들이 조망할 수 있는 공간은 제공하였으며, 미국과 같이 보행자중심도로의 기능이 점차 강화되고 있다.

〈출처〉 이승지(2015) 도시 공간적 특성을 고려한 옥외광고 자유표시구역 지정방안, 한국OOH학회 특별세미나.

피카딜리서커스 주 구역 /피카딜리서커스 광장

□ 일본 도쿄 시부야

지역별 특성을 잘 살리는 관리가 엄격하여 상업・유흥지역과 주거지역의 차이가 확실하고 지방자치단체를 중심으로 지방의 특성에 맞춘 차별적이고 독립적인 규제를 적용하고 있다. 상업지역의 경우 광고물에 대한 규제가 거의 없고 광고물의 면적 총량제도 시행하지 않기 때문에 신주쿠와 시부야와 같은 도심지는 규모와 화려함이 두드러진다. 지역성이 반영되기 쉽고 건물, 장소, 지역의 개성을 반영해 광고를 지역 활성화 수단으로 활용되고 있어 도시의 문화를 조성하고 있다.

이러한 해외사례에서 볼 수 있듯이 자유표시구역은 특정 선방식을 이용한 접근과 특정 건물을 통한 점방식 또한 가능하다. 다만 문화적 인프라 위에 하나의 광고자유표시구역이 중심을 잡아주고 특별한 상업문화의 체험과 지역발전에 대한 재원으로서의 역할의 차원으로 접근이 필요함으로, 공간을 중심으로 도시계획단위와 문화단위, 옥외광고 산업단위의 협업모

델이 제안되어야 한다.

자유표시구역내 옥외광고물의 제안원칙은 <표>에서와 같이 자유로운 옥외광고물등 관리법에 제시된 광고물의 형태와 유형에서 자유로운 것을 원칙으로 한다. 교통 및 구조 안전이 확보될 경우 다양한 광고물이 운영될 수 있다. 향후 법령에서도 자유표시구역내 광고물의 허가 관리는 조례 및 고시단위에서 자유롭게 운영 할 수 있도록 추진하는 바람직하며, 이를 통해서 다양한 광고물을 통한 상업광고문화지역이 형성이 가능하기 때문에 최대한 원칙에 부합되는 창의적이고 융합을 통한 창의적인 광고물들이 제안될 수 있어야 한다. 따라서 앞서 제시된 평가요소에서 대중성/문화확장성이 가장 높은 배점을 가진 정성적 요소가 되어야 할 것이다.

뉴욕의 타임스퀘어와 런던의 피카댈리서커스의 예를 통해서 볼 수 있듯이 옥외광고물은 각 기업의 첨단 마케팅 커뮤니케이션 장이 되었고 그러한 기업 활동이 첨단 커뮤니케이션의 역할로 도시 관광자원에 중추적인 역할을 하고 있는 것을 볼 수 있었다. 옥외광고물은 도시관광 차원에서 중요한 역할을 수행하는 것으로 선행연구는 밝히고 있다(박낙종・한범수, 2009). 도시 관광에서는 공공디자인과 이미지의 역할은 특수한 공간을 창출하며 이러한 공간이나 장소는 관광명소로 발전한다면, 관광객과 소득의 증대에 기여할 수 있다는 것이다. 이러한 개념은 도시에 설치 구성된 공공디자인이 도시환경 이미지 개선에 역할을 하고 도시환경 이미지의 개선은 도시의 위상을 증진시킨다. 또한 도시의 위상이 증진은 시민의 삶의 수준을 증가시키며 이에 따라 공공분야에 대한 기대수준의 상승, 긍정적인 도시이미지 구축, 생활환경의 질적 향상, 시민의 공동체 의식과 친밀감 함양 등으로 나타난다. 이러한 결과로 인하여 관광객 유치가 활성화 되면 이에 따른 지역경제 발전, 도시의 발전이 이루어진다. 이러한 선순환 구조의 중심에 옥외광고가 있다.

앞서 언급한 도시들은 단순히 관리영역에서 옥외광고물이 아닌 도시만의 특수한 경관을 가질 수 있도록 특구[4]를 도입하여 그 지역을 중심으로 문화와 산업의 집합체로서 다양한 산업간 융합을 통해서 새로운 가치를 창출하고 있다. 창의도시로서 문화, 경제, 장소의 결합을 통해 도시의 새로운 경쟁력을 창출하기 위해서 문화와 장소의 결합을 통해 진정한 도시환경을 형성하며, 장소와 경제의 결합을 통해 장소경쟁력을 창출과 문화와 경제의 결합을 통해 창의・문화산업을 만들어내고 있다.

해외 사례에서 우리가 볼 수 있듯이 차별적인 도시 경관과 옥외광고물 조화가 이루어지기 위해서는 지역성과 보편성을 중심으로 지역적 맥락을 존중하고 이를 잘 이해하는 것에서부터 시작하여 장애의 유무나 연령 등에 관계없이 모든 사람들이 편하고 안전하게 이용하는 것

4) 미국 타임스퀘어, 런던 피카디리 등 광고자유표시구역

(Universality) 또한 지역 전체를 아우르는 일반화된 기준을 제공해야 하며, 쾌적하고 아름다운 도시경관 조성과 옥외 광고물이 조화 될 수 있도록 해야 한다.

2. 소비자의 체험경제인으로 변화

체험의 중요성을 강조하는 학술적 시도는 Pine & Gilmore(1998)의 체험경제관점에서 시작되었다. Pine & Gilmore(1998)가 제시한 체험경제이론은 마케팅에서 체험요소가 자리 잡는데 기반을 제공하게 되는데, 이러한 흐름에 따라 관광지나 상업지역의 공간마케팅 분야에서 공간에 체험요소를 더해 방문객 만족도를 증진시킴으로써 부가적인 경제가치를 창출하기 위해 적용되고 있다(이정원 외, 2012). 이러한 배경으로 현대의 전시관들도 단순한 전시공간에 체험요소를 더하여 경제적 가치를 창출하고 있다. 산업화 사회에 접어들면서 현대인은 사회적 욕구를 충족시킬 수 있는 문화예술 체험에 관심이 높아지고 있다. 일반적으로 체험이란 '실지로 몸으로 겪는 것', '대상과의 직접적인 접촉'을 의미하는 것(백경미, 2011)으로서 문화예술 작품에 체험이 더해지면 참여자가 일정한 재화를 지불하고, 감상과 경험의 기회를 구매하는 것이기 때문에 작품이라는 미학적 가치가 상품이라는 경제적 가치로 전환된 것(안성아 외, 2001)이라고 할 수 있다.

[그림 2] 스타필드 디지털사이니지 사례

관광에서 쇼핑은 그 동안 부수적인 여가활동으로 인식되었으나 최근 쇼핑활동 그 자체를 관광의 주목적으로 하는 관광객들이 증가하고 있다. 쇼핑의 활동은 단순 소비에 그치는 것이 아니라 이를 여가활동으로서 쇼핑이 일어나는 전체적인 과정을 통해 분위기를 소비하고 재미나 즐거움을 느끼고 자아성취감 등 심리적 욕구를 충족시키는 활동으로 인식하기 시작하였다. 이러한 변화에 따라 최근 각광받는 사례로 스타필드를 볼 수 있다. 스타필드는 쇼핑테마파크로 다양한 엔터테인먼트 체험 제공을 통해 쇼핑 놀이 명소로 주목받고 있다. 압도적인 크기의 디지털옥외광고를 활용하여 다양한 문화 예술 경험을 제공할 뿐만 아니라 정보제공을 통해 사용자 편의를 도모하고 있다.

[그림 3] Sketch Town / Future World(싱가폴)

최근 전시장에서도 대형 디지털사이니지를 활용하여 다양한 체험의 공간을 조성하고 있다. Sketch Town은 팀랩(Team Lab)에서 만든 아트 사이언스 뮤지엄으로 방문객들이 직접 그린 그림이 스크린 속에 나타나며 하나의 스토리를 만들어가는 경험을 제공해준다. 이를 통해 방문객은 차별화된 경험을 제공받고 간단한 인터페이스를 통해 능동적인 참여를 이끌어 낸 사례이다. 이를 통해 방문객은 하나의 놀이 테마파크로 다양한 엔터테인먼트 체험을 경험한다.

Pine & Gilmore(1998)가 제시한 4Es요소는 현장체험에서 개인의 참여 정도에 따라 적극적인 참여와 소극적인 참여, 환경과의 연관성에 따라 흡수와 몰입으로 구분할 수 있고(이정원 외, 2012), 환경시설의 정도에 따라 오락(Entertainment), 교육(Education), 심미(Esthetics), 현실도피(Escape)의 4가지 영역으로 구분할 수 있다(정석순 외, 2011). 각 체험요소의 개념을 살펴보면 4Es요소 중 엔터테인먼트적 체험은 관광활동에서 오감을 통해 감각적인 체험을 함에 따라 쾌락적 감정과 유희적 기쁨을 지각하는 정도를 의미하며, 교육적 체험은 관광활동을 통하여 지식을 획득하거나 학습에 관련된 체험을 한다고 지각하는 정도를 의미한다. 또한 심미적 체험은 관광활동에서 주로 시각을 통해 환경체험을 한다고 지각하는 정도를 의미하며,

현실도피적 체험은 관광활동에서 체험을 함에 따라 관광 목적지에 대해 몰입을 하는 정도를 의미한다(Oh et al., 2007; 하동현, 2009; 하지영, 이승현, 김덕현, 2014).

[표 1] 4Es요소 개념 및 표현요소

4Es요소	개념	표현요소
엔터테인먼트적	관광활동에서 오감을 통해 감각적인 체험을 함에 따라 쾌락적 감성과 유희적 기쁨을 지각하는 정도	오감
교육적	관광활동을 통하여 지식을 획득하거나 학습에 관련된 체험을 한다고 지각하는 정도	교육과 놀이 (에듀테인먼트)
심미적	관광활동에서 주로 시각을 통해 환경체험을 한다고 지각하는 정도	감성
현실도피적	관광활동에서 체험을 함에 따라 관광 목적지에 대해 몰입을 하는 정도	행동

〈출처〉 하동현(2009), 서미란(2012)를 바탕으로 연구자 재구성

체험 및 각인 단계는 방문자들이 공간을 체험하고 이를 장소로 각인하게 되는 가장 중요한 단계라고 할 수 있다. 방문자들은 체험을 통해 공간을 인식하며 이 체험이 그들에게 특별한 것일수록 각인의 효과는 커진다. '체험에 의한 기억'은 바로 장소마케팅의 핵심요소라고 할 수 있다(홍성용 2007). Schmitt(2002)에 의하면 체험은 감각(sense), 감성(feel), 인지(think), 행동(act), 관계(relate)의 요소들로 나타난다.

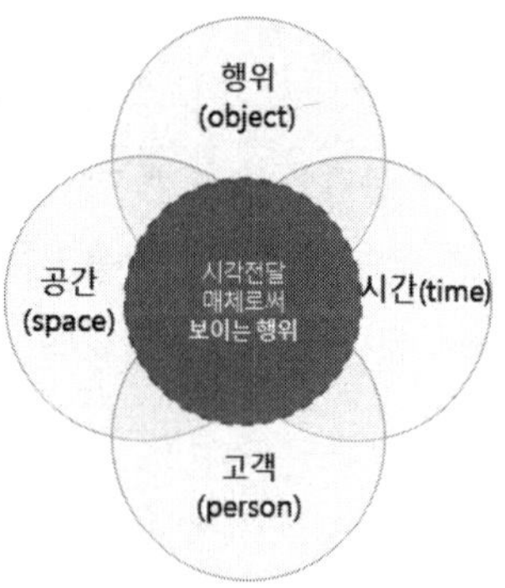

[디스플레이 4가지 구성요소]

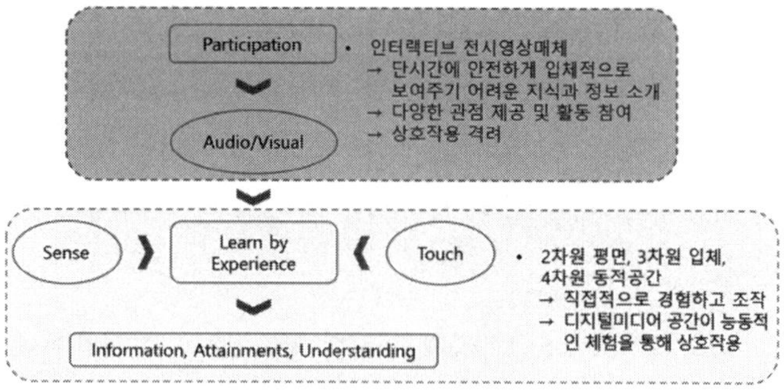

[인터랙티브 디지털 미디어 체험과정]

첫째, 감각은 오감에 호소하는 감각적 체험이다. 일반적으로 시각적 요소가 가장 직관적이고 큰 비중을 차지하나 음악 등 다른 감각을 자극할 수 있는 요소들도 중요한 비중을 치지한다. 둘째, 감성은 브랜드와 관련된 긍정적인 감정에 의한 체험이다. 즐거움, 행복함, 향수 등이 여기에 포함된다. 셋째 인지는 창의적 인지력과 문제해결의 체험을 제공하는 지성적 체험이다. 놀라움, 호기심, 흥미, 새로운 것에 대한 습득 등이 여기에 포함된다. 넷째, 행동은 신체적

인 체험 및 상호작용과 관련된 체험 이다. 육체적 활동, 특정한 행위, 제품이나 브랜드와 가질 수 있는 상호작용 등이 여기에 포함된다. 다섯째, 관계는 개인적 체험이 이상적인 자아나 타인, 문화, 브랜드와 연결됨으로써 자기 향상에 영향을 미치는 것을 말한다. 이것은 앞에서 언급한 4가지 요소들이 복합적으로 활용될 수 있는데 이를 토대로 강력한 브랜드와 브랜드 공동체를 형성할 수 있도록 유도하는 체험이다. 이러한 변화에 따라 시장의 선택과 사고의 몫은 기업이 아니라 소비자의 참여가 핵심이 된 것이다. 다양한 미디어와 네트워크의 진화로 인해 소비자의 자유로운 참여가 가능해졌고, 이로 인해, 기업의 마케팅 활동은 소비자 참여를 유도하는 체험마케팅이 이슈화 되고 있다.

[표 2] 체험의 공간대입요소

체험유형	공간대입요소
감각적 체험	-시각적 아름다운과 스펙터클 -기타 공간에서 느껴지는 청각, 후각, 촉각 등 다양한 공감각적요소
감섬적 체험	-공간의 분위기가 주는 감성적 느낌 -행복함, 즐거움, 쾌적함 등을 유도하는 콘텐츠 -편안한 휴식공간
인지적 체험	-새롭고 흥미로운 콘텐츠 -지적 호기심의 충족 -방문자가 기대하는 정보의 제공
행동적 체험	-공간에서 할 수 있는 행동 유도 -특정한 활동 프로그램 -상호작용이 가능한 콘텐츠
관계적 체험	-공간의 뚜렷한 정체성 표현 -지역문화의 브랜드 표현 -방문자와의 지속적 관계 유지

이러한 변화속에서 스마트 시대의 마케팅은 소비자의 참여유도가 핵심이며, 소비자의 의견과 참여를 활성화 시켜야 진정한 고객가치를 창출하여 경쟁우위를 달성할 수 있다. 이제 새로운 마케팅의 키워드로써 기술, 포장, 설득, 효율보다는 감성, 공감, 참여, 확산이 중요하게 된 것이다. 소비자 스스로가 메세지 생산에 참여하고 이를 통하여 메시지를 수용하게 한다는 것이 요체인데, 과거 일방향적이고 설득위주 중심의 전통적이 관점이나 통합미디어적 관점과 비교하면 확연한 차이가 있다. 소비자 중심의 관점에서는 소비사와 미디어가 하나가 됨으로서 미디어 시너지가 발생한다. 미디어 시너지 효과가 중요하게 등장하게 되면서 미디어 그 자체가 일종의 능동적인 크리에이티브라는 시각이 중요한 요소가 되고 있다.

또한 최근 각광받고 있는 소비자체험 마케팅은 차별화 된 브랜드커뮤니케이션의 새로운 기회를 제공하는 것으로 알려져 있다. 지금까지 대고객 커뮤니케이션은 "누가 더 빠르게"라는 선점의 원리가 중요시 됐다. 앞으로는 소비자에게 긍정적 체험을 제공할 수 있도록 참신한 아이디어로 누가 더 재미있고, 유용한 혜택을 전달하는지가 더욱 중요해질 것이다. 이러한 배경속에서 감성마케팅(feel marketing)은 사람들의 기분(mood)과 감정(feeling & emotion)에 영향을 줄 수 있도록 소비시점과 커뮤니케이션에 있어 감성적인 자극물들을 이용한다. 도시문화콘텐츠의 동력화를 위해 시간과 공간을 결합하는 방안을 강구하는 방법이 있다. 시간과 결합하는 방식은 시민들이나 방문객과 약속된 시간에 도시문화콘텐츠를 풀어놓는 것으로 반복적으로 일어날 때 더욱 효과적이다.

[그림 4] 호주 – Digital Interactive Wall at Central Park Mall, Sydney 사례

쇼핑몰 내에 대형 LED스크린을 이용하여 다양한 행동을 유도하고 아트 콘텐츠를 송출함으로써 예술 공간의 분위기를 조성한 사례이다. 인터랙션을 통해 방문객의 호기심을 자극하고 능동적인 참여를 유도할 뿐 아니라 즉각적인 반응에 대한 기대를 만족시켜줌으로써 긍적적인 경험을 제공한 사례이다.

이와 같은 도시문화콘텐츠는 옥외광고의 산업영역에 시사하는 바가 크다. 최근 활성화되고 있는 디지털사이니지, 공공디자인, 미디어파사드의 산업의 경우 도시의 기술과 예술 공간이 합쳐져 한국인의 문화감성을 표출할 수 있는 다양한 '판' 을 벌이는 것이 이 종류에 속한다. '판'은 한국적 문화인프라로서 한판이 끝나고 나면 다시 일상적 생활공간으로 환원하는 것이 가장 큰 특징이다. 공간과 결합하는 방식은 시간의 제약 없이 같은 장소에서 같은 유형의 도시문화콘텐츠를 즐길 수 있도록 항상성을 보장하는 것이다. 이렇게 형성된 도시문화콘텐츠의 확산을 위해서는 다양한 분야 간의 융복합이 필요하다. 문화와 도시계획의 융합의 예로는 미술관과 같은 제한된 공간에서만 즐길 수 있던 전시 분야를 도시계획과 결합하여 도시 전체에 확산시키는 방법도 있다. 또한 문화예술과 과학 분야의 공통된 창의성에 주목하고 도시문화콘텐츠와 IT 분야를 결합할 수 있는 방안을 모색하여 문화예술과 IT 종사자들을 끌어들이기 위한 다양한 소통창구와 작업장을 조성할 수 있다(원도연,2008). 이러한 중요한 기능을 아우르고 산업적 수요와 재원을 제공할 수 있는 영역으로 디지털사이니지로 대표되는 인터랙티브 옥외매체라고 볼 수 있다. 이를 기반으로 창의적 활동을 통해 지역발전의 기반을 자연스럽게 지식기반형 산업으로 전환하는 것이 가능하며, 이러한 활동은 문화를 통한 교육・문화가 가지는 순환구조에 따라 장기적인 안목에서 문화생산 및 소비계층을 확대하는 효과를 기대하고 있다(원도연, 2011).

1) 창의도시의 핵심개념

창의도시는 과거 산업도시에 대한 반성으로 등장한 문화도시에 정책에 대한 반성과 비판에서 출발한다. 문화도시는 도시의 전통과 역사, 경관, 건축 등 도시가 가진 문화적 아우라를 판매하겠다는 장소마케팅의 상업적 기획이다. 문화도시의 성공과 문화를 경제적 관점으로만 개발하는 것, 대규모 공공문화시설의 유지 관리 비용 증대, 이미지 전략과 투자 유치・인재 유입과의 상관성 결여 등의 문화도시에 대한 다양한 한계와 문제점이 지적되었다. 이 상업적 기획은 도시 자체로서가 아니라 외부의 관광객을 통해서 수익이 발생할 수 있다. 즉 관광객이 돈을 쓸 수 있게 만드는 것이 상업적 기획의 핵심인 셈이고, 이것은 결국 도시의 관광산업으로 귀결될 수밖에 없다. 문제는 관광산업의 범위와 형식이 그다지 폭넓지 못하다는 점이다. 로미오와 줄리엣으로 유명한 이탈리아의 베로나의 경우 <로미오와 줄리엣>의 문화유산 외에 세계적인 오페라축제를 통해 수익모델을 창출했지만, 이런 식의 성공모델이 흔한 것은 아니다. 통상적으로 관광산업에서 획기적인 수익모델은 카지노 등의 사행산업과 리조트, 콘도 등의 부동산개발 사업이다. 모든 문화도시들이 베로나나 머틀비치와 같은 획기적인 수익모델을 성공적으로 찾기란 결코 쉽지 않다. 문화도시는 결과적으로 쾌적한 주거환경을 통해서 외부의 투자를 유치하고 이를 산업적 자본으로 전환하는 도시개발의 수단으로 보는 편이 옳다(원도연, 2011).

창의도시는 문화, 경제, 장소의 결합을 통해 도시의 새로운 경쟁력을 창출하기 위해서 문화와 장소의 결합을 통해 진정한 도시환경을 형성하며, 장소와 경제의 결합을 통해 장소경쟁력을 창출과 문화와 경제의 결합을 통해 창의・문화산업을 만들어내는 것을 말한다.

[표 3] 문화도시와 창의도시 특성 비교

문화도시	창의도시
•도시경관, 무형의 문화자원 중시 •근대국가보다 도시(지방정부)중심	•창의적인 사람과 혁신성 중시 •정부보다 창의적인 민간네트워크 중심
•포다즘적인 생산양식의 한계를 배경으로 출발 •1970년대 이후 유렵을 중심으로 발전 •문화(유산), 전통(예술), 역사 등 •동질성을 강화하는 도시정체성 기획중시 •전통과 역사중심의 스토리텔링 중시 •문화유산과 축제 등 기획프로그램 중시 •문화유산을 중심으로 한 관광산업 중시	•문화도시를 산업적으로 발전시킨 도시모델 •2000년대 이후 유렵과 일본중심 발전 •창의산업, 창의계층, 창의성 등으로 개념확장 •시민들의 문화향수기회를 잠재인프라로 인식 •일반시민과 예술인과의 교류 프로그램 중시 •문화유산보다 창의적 예술인 중시 •도시특성에 따른 제조업 모델 발전

창의성에 대한 새로운 논의는 감성, 쾌락, 놀이, 문화 등이 보다 나은 '노동과 생산'을 위한 필수적 요소라는 점을 강조한다. 문화가 노동력재생산을 위한 여가와 휴식의 수단이라는 소극적 관점에서 생산을 자극하고 확대하는 적극적인 역할을 담당하는 것이다. 창의성으로부터 출발하는 창의산업의 범위는 대체로 예술(arts), 사업(business), 기술(technology)이 교차하는 접점에 위치하며 문화산업을 부분집합으로 갖는다고 지적된다. 창의산업은 개인의 창의성(creativity), 기술(technology), 재능(talent)에 기원을 둔 산업이며, 지적재산권의 생성과 이용을 통해 부와 고용창출의 무한한 가능성을 지닌 유망산업이다(김복래, 2006).

창의산업에서 가장 전형적으로 제시되는 모델 중의 하나가 다양한 문화예술을 IT를 활용한 문화상품으로 발전시킨 형태다. 실제로 창의산업으로 도시발전의 모델을 정하고 있다는 싱가포르, 베이징 차오양구 등 대부분의 아시아 국가 및 도시들이 문화와 IT를 결합시킨 특구를 발전시키고 있다. 베이징의 창의산업을 이끌어가는 핵심지역으로 평가되는 차오양구가 대표적인 사례다. 이 지역의 CCIs(culture and creative Industrries)를 분석한 데스먼드(Desmond, 2006)의 연구에 따르면 CCIs는 문화레저, 연예산업, 도서, 디자인, 광고, 소프트웨어, TV, 공연, 건축, 영화 등의 분야를 망라하고 있으며, 2006년 기준 이들 분야에서 창출되는 부가가치는 최고 3천억 원에 이르고 있다. 창의산업으로 구분되는 산업은 이처럼 문화생산물을 기반으로 이를 이용하여 다양한 형태로 상품화한 경우가 많다.

플로리다(Florida, 2002)는 농업혁명에서 산업혁명까지 그리고 현재의 지식경제에 이르기까지 모든 경제 활동은 인간 창의성에 따라 움직이고 있음을 역설한다. 그의 말에 따르면 기술・경제적 창의성은 예술・문화적 창의성에 의해 양성되며 서로 상호작용한다. 그는 도시의 창의성을 측정할 수 있는 지표로 창의성 지수를 개발했는데, 창의성 지수는 창의적 계급의 비율, 혁신지수(일인당 특허), 하이테크 지수, 다양성지수(보헤미안 지수와 게이지수)로 구성된다. 창의성 지수가 높은 지역의 특성은 기술(Technology), 인재(Talent), 포용성(Tolerance)

을 모두 겸비한, 이 요소들이 상호 조화를 이룬 곳 이라는 것을 밝혀냈다. 결국 창의도시는 문화적 역동성을 도시의 라이프스타일과 결합해 창의성을 기반으로 하는 새로운 생산양식을 창출, 도시의 삶을 풍요롭게 하는 도시라고 정의할 수 있다. 이것은 경제적 풍요만이 아니라 문화적, 환경적, 사회적 풍요를 포함하는 삶의 질의 문제다. 창의도시에서 가장 핵심적인 영역은 역시 문화다. 문화는 도시 그 자체를 독창적 장소로 만들고 도시가 지닌 문제 해결 과정에서 창의적 해결책의 동기를 제공하며, 그 자체가 새로운 경제적 부가가치를 창출한다. 문화적 상상력이 다양한 분야로 확대되면서 도시의 경제적 부의 창출 분야가 창의산업으로 옮겨가는 것은 가장 적절한 사례다. 그는 창의도시 레토릭을 문화산업 클러스터와 거의 일치된 개념으로 형성하면서 문화와 창의성으로부터 도시개발을 견인하는 형식으로 평가하고 있다. <그림 7>은 코스타(costa, 2008)가 창의 도시의 기초개념으로 삼은 지역문화의 구성요소를 나타낸 것이다.

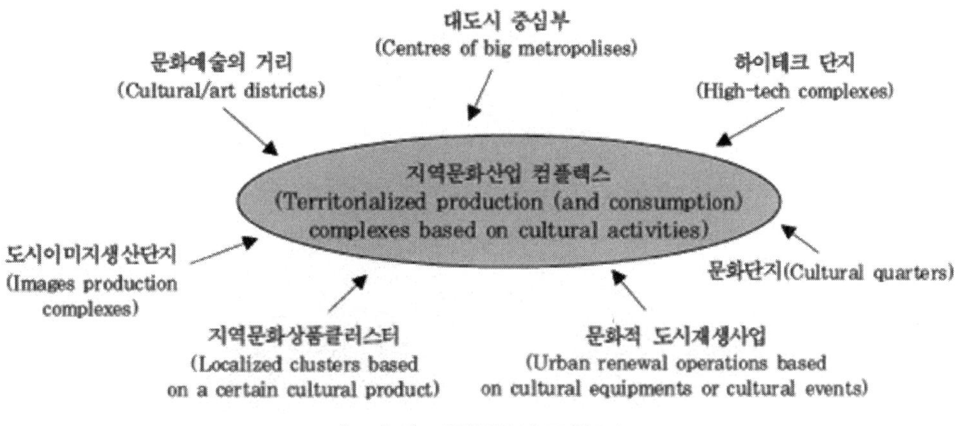

[그림 5] 지역문화의 구성요소

코스타(costa, 2008)는 지금까지의 창의도시 개념을 크게 세 가지 축에서 정리하고 있다. 첫째는 도시개발의 수단이라는 점 둘째, 창의적 행위 혹은 창의산업의 활용이라는 점, 셋째, 창의적 인간(창의적 계급과 재능)의 문제라는 것이다. 이는 플로리다의 유명한 기술(technology), 인재(talent), 관용성(tolerance)의 3T와 일맥상통하는 부분)이 있다. 또 코스타는 창의도시의 프레임을 다음과 같이 다섯 가지 측면에서 정리하고 있다.

창의산업의 개념에서 시작되고, 이것이 중요한 정책결정의 요소로 작용. 일종의 문화 서비스(best practices) 제공 차원의 정책결정 요소, 2) 창의적인 유럽(Creative Europe)의 국제적 연대. 국가와 국가, 거버넌스간 연계, 3) 플로리다의 창의적 계급론이 도시재구조화 및 지역경쟁력의 핵심요소로 등장, 4) 경제적 영역에서 창의산업에 대한 자각. 전통적 문화경제가 아닌 창의적 경제라는 관점 제시, 5) 문화경제의 측면에서 문화적 생산물에 대한 가치를 결정하는 요소로 규정하였다.

이렇듯 창의도시는 "지역사회에서 문화 활동이나 창의기업이 생성되는 중심으로 기능하는 복합 센터 또는 장소기반 네트워크를 말하며, 허브는 상업영역, 비영리영역, 공동체 영역들이 요구하는 장소와 프로그램을 지원하는데 필요한 하드 및 소프트 인프라를 결합할 수 있는 혁신의 플랫폼을 제공"하는 것으로 정의 할 수 있다. 이러한 창의지구를 통해 도시 내에 창의산업(creative & cultural industries)이 점차 자리를 잡게 되고 이것이 보다 확산되면서 창의경제(creative economy)가 형성되며, 창의경제가 도시 전체의 경제적 하부구조를 형성하고 시민 전체가 창의적인 인재가 되는 단계가 되면 창의도시(creative city)가 형성되었다고 할 수 있다. 이러한 창의지구로부터 창의도시로 나아감에 따라 창의성의 규모가 지구 단위에서 도시 전체로 확산되어 나간다고 할 수 있음(양현미,2010)

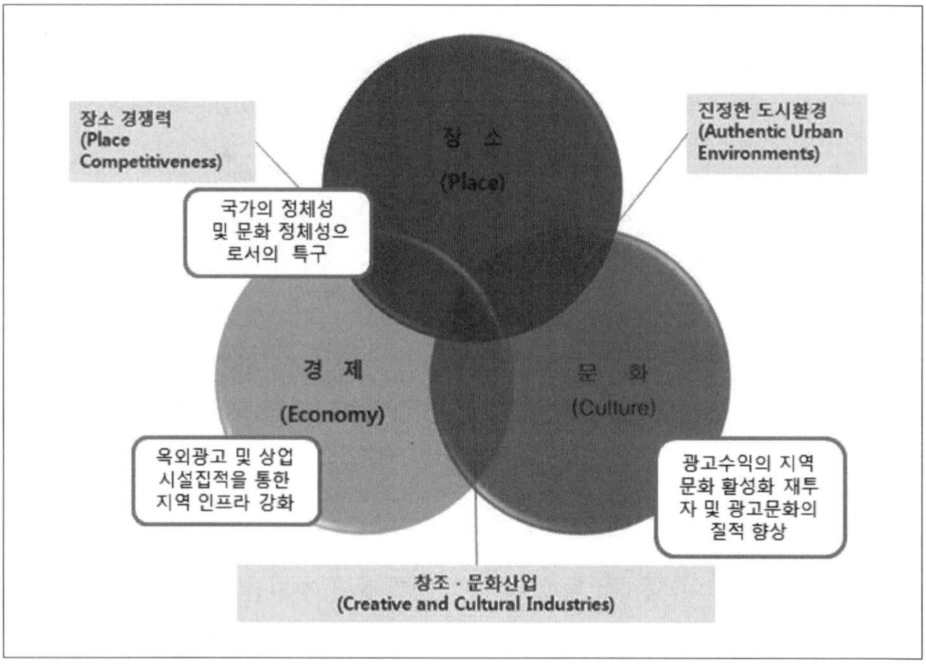

[그림 6] 창의경제문화도시의 핵심 중추로서의 광고자유표시구역

창의도시의 측면에서 뉴욕은 문화적 자산이 경제 산업 분야에서 뿐만 아니라 시민의 사회적 삶에 있어서도 상당히 높은 위상을 차지하고 있는 도시이다. 통계자료를 분석하면, 뉴욕의 문화여건은 산업과 인력, 문화수요층 측면에서 모두 강점을 지니고 있음을 알 수 있다.

첫째, 도시산업 측면에서 문화예술은 뉴욕시의 핵심자산으로 확고한 위상을 지닌다. 뉴욕에는 세계적인 문화예술 분야의 비영리 조직, 아트 갤러리, 디자인 서비스 기업, 광고 회사, 출판사, 영화제작 스튜디오와 무대 등 수많은 문화산업 기업이 집적해 있다. 통계 자료에 따르면 뉴욕의 문화산업 종사자는 309,142명으로 전체 종사자의 8.1%에 달한다. 또한 해가 거듭됨에 따라 문화산업의 중요성은 더욱 커져, Americans for the Arts(2005)의 보고서 The Creative Industries in New York City에 따르면 뉴욕의 전체 고용시장이 1998-2002년 사이 6.5% 성장한 것에 비해 문화산업은 13.1% 성장한 것으로 나타났다. 뉴욕의 문화산업이 만들어내는 경제적 효과 또한 막대하다. <그림 3>에서 보듯, 뉴욕의 영상산업은 66억 달러 규모를 자랑하고 있고, 박물관, 동물원, 식물원, 비영리 연극, 음악, 무용, 영화 활동 등 비영리 부분은 58억 달러, 예술방문객은 54억 달러, 상업적 극장이 20억 달러, 갤러리 옥션이 14억 달러 등 총 212억 달러 규모의 경제적 효과를 창출하는 것으로 나타났다.

이러한 뉴욕의 성공의 비결을 알기 위해 뉴욕의 도시계획을 통한 경관관리와 옥외광고물 정책 제도를 통해 단순한 옥외광고물 관리 측면이 아닌 명소화를 통한 도시 활성화와 다양한 문화적 기능과 집적이 이루어지는 창의도시로의 이행을 위한 접근을 하고자 한다. 이를 위해서는 지역 선정 및 자유표시구역 확산을 위해 장소성과 경제성, 문화적 가치의 경쟁력을 가지고 있거나, 장기적으로 충족할 수 있는 잠재력이 가진 지역이 선정되어야 한다(신일기,2013).

구분	경세효과
경제효과	212억 $
세금	9억 4백만 $
일자리	160,300여 개
임금	82억 $

자료: Alliance for Arts, 2006, Arts as an Industry

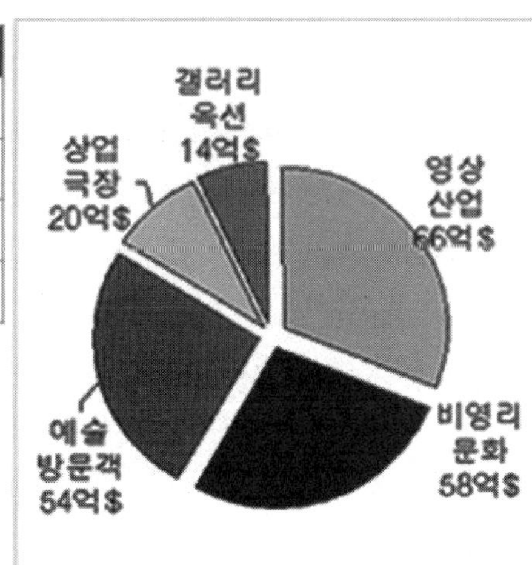

출처: 서울연구원 http://www.si.re.kr/wold/mtro/poly/poly_viw.jsp?boardId=21025

[그림 7] 창의경제문화도시의 핵심 중추로서의 광고자유표시구역

김도영(2009)의 연구에서 이를 핵심적으로 정리하고 있는데, 첫째, 뉴욕에 거주하는 시민에게 다양한 문화적 체험을 제공하는 것이다. 뉴욕시의 문화예술 정책의 가장 큰 시사점은 뉴욕시 어느 곳에서나 공연예술을 관람할 수 있다는 데 있다. 특히 다양한 비영리 시설과 단체에 무료로 문화와 예술활동을 위한 도구를 대여하는'예술활동을 위한 재료 지원 프로그램(MFTA: Materials for the Arts)'은 문화예술 창작활동을 위한 효과적인 지원 프로그램 구실을 담 당하고 있다. 둘째, 도시의 문화예술과 지역 주민의 참여를 통한 도시공간 창출이다. 뉴욕시는 영리기업의 재개발과정에 참여하여 뉴욕시가 지닌 문화유산의 현대적 창출을 도모한다. 이러한 노력의 결과 뉴욕시의 핵심부인 맨해튼은 각 지역의 문화적 이미지를 가지고 관광객에게 각인되는 효과를 나타내고 있다. 하지만 예술가들이 만든 장소적 자산을 활용하려는 상업자본의 유치는 지속적으로 예술가의 독창성이 재생산되지 않는 문제점이 있다. 셋째, 뉴욕시의 수많은 축제는 문화적 다양성을 촉진하고 시민 창의형 축제는 문화적 상상력을 자극한다. 뉴욕시는 다양한 축제에 대해 예산을 지원하고 있지만, 그 과정에서 주최권자의 문화적 배경을 인정하고 참여하는 예술가들의 창의성을 최대한 보장한다. 그 결과로 뉴욕은 핼러윈 데이 퍼레이드, 게이 퍼레이드, 추수감사 퍼레이드 등 세계적인 축제를 통해 뉴욕 시민과 방문자에게 해마다 새로움을 선사한다. 이러한 일상의 질서에 대한 전도의 경험은 다양한 분야에서 창의적 발상으로 전환되고 있다. 마지막으로 이러한 문화적 활동이 직간접적으로 경제적 효과를 창출하고 있다. 40여 개에 이르는브로드웨이의 상업 극장에서부터 오프브로드웨이의 300개 이상의 극장, 그리고 500여 개의 상업 갤러리 등은 직접적으로 경제적 효과를 창출하고 있다. 게다가 예술 관람을 위한 관광객의 지속적인 증가로 1년에 240억 달러 이상의 경제적 효과를 창출하고 있다. 또 문화예술 활동은 패션이나 출판, 미디어 등 다른 산업에도 지속적으로 영향을 미쳐, 문화예술과 여타 산업 간 유기적 관계를 촉진한다(김도영, 2008 연구에서 재인용).

2) 도시 명소화 전략

(1) 도시 명소화 전략의 개념

최근 세계화의 영향으로 국가 간의 경쟁뿐만 아니라 도시간의 경쟁이 심화 되고 있다. 이러한 추세로 인하여 세계 도시들은 각자 도시의 경쟁력 향상을 위해 노력하고 있다. 이러한 도시의 경쟁력을 높이기 위한 노력이 장소마케팅과 결합하여 도시를 하나의 상품으로 간주하는 도시마케팅 개념이 출연하게 된다(이재순 외, 2008). 세계화 시대에 도시간의 경쟁은 도시를 단순한 주거의 공간이나, 생활 문화의 공간으로 보지 않는다. 또한 도시가 경제 사회적 활동으로만 보지 않고 공적 또는 사적 주체들이 기업가와 관광객뿐만 아니라 그 도시 주민들에게 매력적인 곳이 되도록 노력한다. 이렇게 노력해야만 도시간의 비교 경쟁에서 우위를 점할 수 있다. 이러한 목적에 따라 도시 이미지를 구축하고 판매 전략을 세우는 것이 도시 마케팅이라 할 수 있다. 도시마케팅은 지리적으로 규정된 특정장소를 하나의 상품으로 인식하도록 이미지를 개발하는 것으로 도시를 있는 그대로 홍보하기 보다는 도시이미지를 재구축하고 재구성하려고 시도하는 것이다(오동훈, 2006).

도시마케팅의 개념의 탄생은 산업화의 발달로 인하여 도시 제조업 기능은 점차 쇠퇴하고 서비스업의 전환하는 과정에서 나타나는 도시경제기반의 존립위기를 도시 관광을 통해 극복하는 것으로 찾아 볼 수 있다. 유럽이나 미국의 정책 입안자들은 죽어가는 제조 기반의 도시를 활성화시키기 위하여 도시를 관광목적지로 개발하면서 수많은 관련 서비스업의 발전을 통해 도시를 활성화 시킨 전례가 있다(김상빈 2005). 이렇듯 도시 마케팅은 도시의 경쟁력을 높이기 위한 방안으로 시작되었는데 도시 경쟁력이란 도시의 경제여건을 개선하고 주민의 삶의 지속적으로 향상시키며, 인간개발로 연결시킬 수 있는 능력이 다른 도시에 비하여 비교우위가 있는 정도(박정아, 2010), 혹은 기업과 주민, 그리고 방문객을 끌어들일 수 있는 힘이라 할 수 있다(이재순 외, 2008).

▸ 도시문화 프로그램 사례(좌-서울시청 미디어 아트 맵핑 사례, 우 – 코엑스 크라운 C-Fastival 사례)

도시마케팅 전략을 유형화 하면 가장 오래된 개념이고 수동적인 개념은 고전적인 전략방안이다. 이것은 도시의 예술가와 문화자원을 이용한 도시이미지 구축으로 도시를 홍보 판매하는 전략이거나, 축제나 각종 문화 예술프로그램을 활용하여 세계적인 예술가를 배출한 도시의 이미지를 활용하는 방법 등으로 제시되고 있다. 그 다음 다소 일반적인 전략은 도시 활성화 전략이라 할 수 있다. 도시 활성화 전략은 다양한 문화예술프로그램을 기획하여 사람들의 관심을 유도하거나, 로마나 파리와 같은 세계적으로 알려진 역사문화, 예술도시에서는 미술관이나 공연장, 박물관, 유적지, 광장 또는 거리 곳곳에서 진행되는 문화 예술행사와 관련지어 도시 이미지를 구축한다. 그러나 이러한 도시 활성화 전략은 다소 도시 아이덴티티가 갖추어진 곳에서 이루어질 가능성이 높으므로 새로운 도시 브랜드를 구축하기 위한 적절한 전략은 아닌 것으로 판단된다. 도시 이미지가 구축되지 않은 도시들에 있어서 공적적인 도시전략은 세계적인 문화시설을 도시에 건축하여 뚜렷한 방문목적을 제공하거나, 도시의 랜드마크로서 도시민에게 문화적 긍지이자, 도시 경제적 측면에서 그림자 자원으로서의 역할을 수행하는 것이라 할 수 있다. 즉 강력한 랜드 마크의 구축은 도시 브랜드 전략에 있어서 가장 공격적이며 기존 이미지가 없는 도시에 가장 적합한 전략으로 인정받고 있다(박정아, 2010).

명소란 특정 장소에 대한 방문요구가 경쟁 장소의 고려 없이 구체화되는 목적지를 말한다. 때문에 한 장소가 동일지역 내 또는 다른 지역을 포함하여 유사경쟁상대에 비해 명소의 구성요소에서 우위를 확보하고 있다면 이를 명소로서 정통성을 가지고 있다고 할 수 있다. 단 여기서의 정통성이란 다수에 의한 객관적인 인정이 지속되는 한도 내에서의 정통성을 의미한다. 정통성이라 함은 한 명소가 가진 구매결정단계에서의 명소의 구성요소(의미성, 연상성, 화제성, 근원성) 및 소비단계에서의 명소의 구성요소(보편성, 의외성, 탈일탈성)와 구매 후 단계에서의 명소의 구성요소(효용성)이 세 단계의 개념을 모두 포함한다.

도시 이미지는 사람들이 도시에 대해 느끼는 전체적인 인상으로 도시의 심상을 의미한다. 도시 이미지는 지역적 특성을 브랜드화 하는 명소화 전략에서 매우 중요한데 린치(Lynch, 1960)는 도시 이미지 형성요소를 통로(Path), 경계(edge), 구역(district), 노드(node), 랜드마크로 분류하고 도시 경관의 인지적 분석을 실행하였다. 여기서 랜드마크는 도시 경관을 인지시키며 이미지를 형성하고 장소를 창의하는 시공간 커뮤니케이션 기능을 수반한다. 예를 들어 미디어 파사드는 도시경관을 형성하는 물리적 형태와 인지적 기능이 융합되어 도시의 이미지를 시각적으로 각인시키는 것으로 나타났다(김선영, 2013). 즉 도시환경에서 랜드마크 건축물의 표피는 도시 환경 요소들과 반응하고 소비자에게는 도시의 정보를 제공하며 도시의 이미지를 구성하는 경관 형성요소로 기능을 하는 것이다. 최근 도시 이미지 형성 전략은 개발된 시각 이미지, 로고, 심벌, 슬로건을 지속적으로 노출시키는 계량적 접근법보다 도시 경관을 강조하는 공간의 입체적이고 체험적인 경험을 극대화시키는 심미적 접근법이 중시되고 있다.

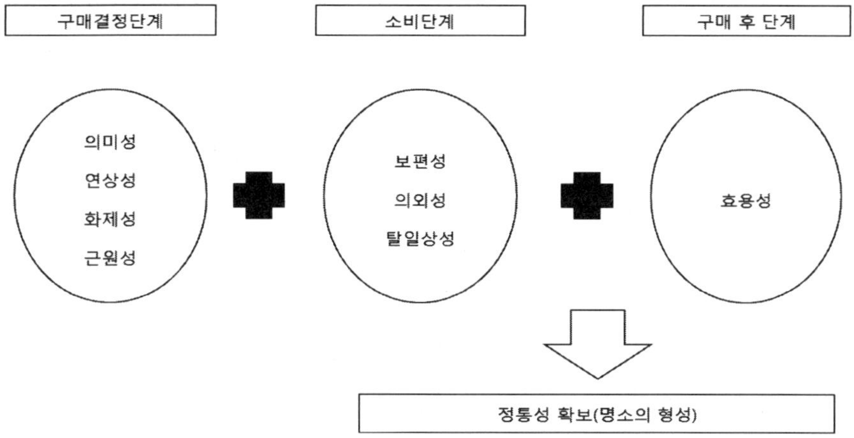

[그림 8] 명소화 형성과정 모형

3) 디지털사이니지와 공간의 개념

디지털사이니지의 확대에 대한 조사와 이론적 접근은 최근 들어 많이 이루어지고 있으나 디지털광고의 우리가 살고 있는 공간에 대한 개념적 접근은 많이 미흡한 것이 사실이다. 단순이 옥외광고의 산업적 확대에 대한 논의보다는 패러다임의 변화에 대해서 생각해 봐야 한다.

디지털융합 가까운 예로 스마트폰을 중심으로 살펴보면, 스마트 등장이후 우리가 들고 다니던 기기들이 사라지고 스마트폰의 어플리케이션 형태로 전환되고 있다. 가방 속을 차지하던 다이어리, MP3, 대중교통 안내, 잡지, 책등이 스마트어플리케이션으로 변화되어 우리의 스마트폰으로 들어와 있다. 최근에는 어플리케이션끼리 융합을 통해서 소비자에게 최적의 경험을 제공하고자 하는 추세로 경쟁이 양상이 변화하고 있는 실정이다. 소비자들은 이러한 추세에 따라 빠르게 변화하고 있고 보다 실체화되고 최적화되고, 새로운 경험을 찾아나서는 새로운 디지털유목민의 형태로 변화하고 있다.

과거 디지털유목민은 기술기반의 네트워크연결과 관심사의 정보를 찾고 공유하는데 그쳤다면, 지금의 디지털유목민은 진정한 공간과 시간의 제약을 넘어서서 언제나 연결되어 있으며, 자신의 생각과 생활을 다양한(폐쇄적, 개방적) 집단과 공유하고 즐기는 차원으로 디지털공간속에 나의 존재를 구축하고 공유하는 차원으로 확대되어, 인간의 미묘한 감정까지 이해하고 공감하는 차원으로 진화하고 있다.

이렇듯 변화된 소비자들은 다양한 변화를 요구하는 집단으로 변화되고 있는데, 문철수(2010)는 소비자들은 개인미디어와 통신 기술의 발달로 이제 푸쉬미디어에 의존하지 않고 보다 적극적인 방식으로 미디어를 소비하고 있으며 앞으로 기업 들은 소비자의 다양한 디지털 기술 경험을 염두에 두어 New Technology를 통해 광고하여야 한다고 하였다. 유인오와 신동윤(2012)은 센서를 통해 새로운 감각을 만들어 내 인간의 감각이 확장되고 전이되는 트렌드를 트랜스센스(Trans-Sense)라고 말하며 그것이 가져오는 변화로 경험의 확장, 미래 행동 예측, 높은 커뮤니케이션에 대한 몰입도 등을 들고 있다.네트워크로 연결된 소비자들은 끊임없는 정보 교환을 통해서 새로운 체험을 소비하는데 중심을 두고 있다. 매스미디어의 영향력이 점차 작아지면서 새롭게 구성된 정보매체를 소비하면서 욕구의 다양화와 융합을 통한 새로운 분화 등이 반복되면서 이전에는 없었던 다층적이고 역동적인 소비자 집단을 만들어 내고 있다. 또한 이 집단은 단순히 소비하는 것이 아닌 변화에 압력으로 작용하여 끊임없이 최적화된 경험을 제공하도록 변화와 혁신을 요구하고 있다. 이는 국내뿐만 아니라 전세계적인 추세로 최근 고전하고 있는 트위터의 사례에서 볼 수 있듯이 과거의 주도적인 미디어산업은 물론 새롭게 등장한 미디어들도 고군분투하며 변화에 대응하고 있는 실정이다.

이러한 변화는 마케팅패러다임 전반에 큰 변화를 가져왔는데, 과거 통합적 마케팅차원(IMC: Integrated Marketing Communication)의 개별 매체의 조합의 개념에서 융합적 차원으로 급격한 전환이 이루어지고 있다. 이는 기존의 단순한 매체 조합의 차원이 아니라 대중문화적 장르와 산업적 장르가 융합되는 형태로 변화하고 있다. 창의적 융합은 광고에서는 태생부터 다양한 문화적 장르를 접하여 소비자와 커뮤니케이션 해왔으나, TV와 라디오, 신문 등과 같은 매스미디어의 기술적 소비적 프리임에 맞춰져서 운영되어 왔다. 따라서 산업적 구조를 이루는 소프트웨어나 하드웨어가 폐쇄적일 수 밖에 없었고 다양한 대중문화적 장르들이 차용되는 수준에 그쳐왔다.

그러나 현재의 흐름은 미디어의 고유한 특성을 넘어서서 소비자들이 원하는 바로 그것(that is it),비록 높은 완성도를 지니지 못하더라도 새로운 형태의 융합과 크리에이티브를 통해 나에게 맞는 새로운 경험을 주기를 기대하고 있는 소비자들을 만족시켜야 한다는 것이다. 따라서 단순한 결합을 통한 차용으로는 한계가 있으며, 보다 능동적이고 혁신적인 차원으로 회화, 공연, 문학, 역사, 사진, 영화, 애니메이션, 시의 대중문화의 장르와 결합하고 있으며 대부분은 디지털공간을 통해 볼거리 즐길거리 차원으로 유통(유튜브, SNS)을 시키나, 집행자체는 물리적 장소성으로 드러내고 있다.

[그림 9] 경의선 숲길 사례

SNS 유통의 확산을 통해 활성화 된 지역의 예로 경의선 철길의 사례를 살펴볼 수 있다. 낙후된 철길만 남아있던 지역에서 관광명소로 거듭난 사례로 최근 '연트럴파크'라는 명칭이 붙여지며 SNS를 통한 바이럴 마케팅의 성공사례라고 볼 수 있다. 기존 기찻길이 지역을 나누는 역할을 했다면 공원화된 기찻길은 시민들과 상권을 확장시키는 명소로 거듭난 것이다. 뿐 만아니라 이를 통해 다양한 사람들이 모임으로써 장소적 브랜드 이미지를 구축한 것이다. 도심 공원이라는 테마 구축을 통해 숲길 속에 다양한 테마로 즐길거리를 구성함으로써 주변 상권 활성화까지 이루어낸 사례라고 볼 수 있다.

소비자들이 즐기고, 유용한 것으로 생각되는 특정한 장소와 시간의 문화적 행사와 브랜드 차원의 융합을 통해서 유명인들을 이용하여 바이럴을 유도하고 참여를 독려하는 것이 현재의 전략의 기본이다. 마케팅 비용이 많이 집행되는 문화행사의 경우 단순한 후원으로는 효과를 기대할 수 없고 지속적인 환기를 하기 위해서는 선택사항이 아닌 필수적 차원으로 옥외광고물을 집행을 통해서 소비자들 정보적환기와 태도변화를 유도해야 하는 것이다. 국내외 많은 사례들에서 이러한 내용을 볼 수 있으나, 국내의 경우 동영상을 통한 광고집행은 전광판광고나, 옥내광고물을 제외하고는 집행이 불가능 한 상황이다. 현재의 다양한 규제와 단순이미지 위주의 노출은 앞서의 기대효과는 어려운 상황이며, 산업계의 공격적인 집행이 어려운 상황으로 볼 수 있다. 소비자들은 창의적으로 변화였고, 전세계적인 미디어분야에서 융합을 통한 산업성장을 이루는 현상황에서 우리나라의 옥외광고산업분야만이 과거의 집행방식에서 벗어나지 못하고 있는 것이다.

또 다른 차원의 접근으로는 기술발전을 통한 공공시설의 통합의 차원이다. 도시는 우리에게 안전과 경제생활의 영위를 위해 만들어낸 도구이다. 오랜 인류의 역사와 더불어 도시는 계속해서 성장해왔고, 도시속에서 경제, 문화적 이용과 생활환경의 쾌적성 차원에 대한 접근은 계속해서 이루어지고 있다. 우리나라의 경우에도 앞서 OECD회원국과 같이 도시생활의 문화적 요구와 도시환경의 쾌적화에 대한 요구가 증가하고 있다. 그러나 우리나라의 경우 해외 유수 선진국과는 달리 급격한 근대화를 통한 성장을 이루었기 때문에 건축과 도로의 상황은 복잡하고 조화롭지 못하며, 이해가 대립하는 공간으로 남아있는 상황이다. 그러한 양상의 증거로 옥외광고의 큰 부분을 차지하는 간판을 예를 들 수 있다. 간판의 경우 복잡한 건물과 일정하지 않은 건물방향에 따라 난립된 옥외광고물의 경우 사회적문제로 접근해야 하는 상황이다.

따라서 중앙정부나 지방자치단체의 경우 도시의 미관과 쾌적성을 높이기 위해서 여러 법과 행정적 차원의 접근이 있으며, 최근 발달된 기술의 적용을 통한 도시공간의 확대를 접근하고 있는데 일반적으로 공공가로시설물 통합과 개선을 통한 공간확보의 차원이다. 대표적인 형태가 아일랜드형 버스, 택시승차대나 지하철스크린도어, 전자현수막, 강남역의 미디어폴 등을 예를 들 수 있다. 아인랜드형 버스, 택시, 승차대의 경우 버스승차대의 기능이외에 벤치, 휴지통, 공공정보게시대, 등의 복합시설로서 도시의 도보이용의 쾌적성과 효율성을 높이는 효과를 가져왔다. 전자현수대의 경우도 현수막게시대의 역할과 공공정보안내의 형태로 복합시설의 기능을 수행한다. 강남역미디어폴의 경우도 교통표지판, 시설안내, 도로명판, 버스표지판, 가로등, 공중전화, 분전반의 기능을 수행하면서 도로의 쾌적성과 편의성을 높인 사례로 볼 수 있다. 물론 전자현수대나 미디어폴의 경우 법적용에 있어서 문제점을 가지고 있으나 기능의 통합과 디지털의 결합은 전세계적인 추세로 볼 수 있다. 기술의 발전을 통해 과거 아날로그적인 시설물을 결합할 수 있는데서 그치지 않고 다양한 소프트웨어를 적용하여 공간과 도시의 가치를 부여하는 측면으로 발전해 나가고 있는 실정이다.

최근 다양하게 증가하고 있는 디지털사이니지의 경우 스마트폰으로 대체하지 못하는 상황적 수요를 제공하고 있다. 장소와 결합되어 방문하는 사람이면 필요로하는 정보의 즉시적(Just in Time)인 제공이다. 이는 대중들이 많이 모이는 교통지역이나 쇼핑몰 영화관 아파트 학교 은행에 중심적으로 제공되고 것으로 나타나고 있는데 있다. 디지털사이니지의 효용성에 대하여 김재영(2010)은 원격 통제가 가능하기 때문에 문제가 생기면 즉각적으로 조치가 가능하고 광고 내용의 교체에도 큰 비용이 들지 않는다고 하였다(심성욱, 2013). 심성욱, 박현(2012)는 디지털사이니지의 장점으로 다양한 정보의 손쉬운 표출, 관리를 들면서 유무선 네트워크로 연결된 컴퓨터로 즉각적이며 자유롭게 표출 영상을 제작, 수정하고 문제를 즉각적으로 찾아내 조치하고 사전에 예방하며 이러한 일련의 관리 업무가 관리사 입장에서 저비용으로 처리될 수 있다고 하였다. 그리고 이러한 저비용 관리 구조는 디지털옥외광고의 관리 자동화를 가져오면서 매체 운영의 신뢰도를 높일 수 있다고 하였다. 최근 실무에서는 디지털사이니지를 활용한 옥외광고 운영 효율성을 높이기 위해 Network Operation Center를 운영하는 곳이 생겨나고 있다. CJ파워캐스트 NOC에서는 콘텐츠의 편성, 송출, 디지털사이니지 모니터링, 장애관리 등을 위한 별도의 전담요원을 배정하고 24시간 운영을 하면서 약 18,000여개의 디스플레이를 운영 솔루션 최적화를 통해 저렴한 비용으로 실시간 관리하고 있다고 하였다(박현, 전종우, 2013를 재인용).

▸ 강남역 미디어폴 사례

▸ 대전 택시 상부광고 사례

기술적 발전을 통한 기능의 통합 통합을 통한 공간의 확대로 인해서 쾌적성과 편의성이 증대되었고 공간에 소비자들은 다양성을 요구하게 된다. 이것은 도시문화의 예술적 문화콘텐츠 수요로 나타나는데, 다양성을 기초로 한 예술적인 문화콘텐츠의 소비차원은 관주도로서는 집단 수요를 충족하기 어려운 것이 현실이며, 이를 예술전문가 단체등과의 협업을 통해서 진행하는 것이 보편적인 형태이다. 이러한 민간영역의 제한된 협업에서 최근에는 장소성 중심의 예술, 문화지원이 결합된 형태의 기업마케팅활동이 강화되고 있으며, 1회성의 바이럴

이 아닌 지속성을 위해 이용자에게 최적화된 경험을 제공하는 디지털사이니지의 도입이 다양하게 검토되고 있다. 다양한 체험과 즐거움 제공하는 공간으로서의 디지털사이니지 집에 대한 수요가 높아지고 있다. <그림 10>에서와 같이 디지털사이니지를 중심으로 장소 + 문화 + 브랜드의 융합을 통해 심미적, 엔터테인먼트, 교육적, 현실도피(일탈) 체험을 제공함으로서 브랜드의 가치를 높이는데 주력하고 있다.

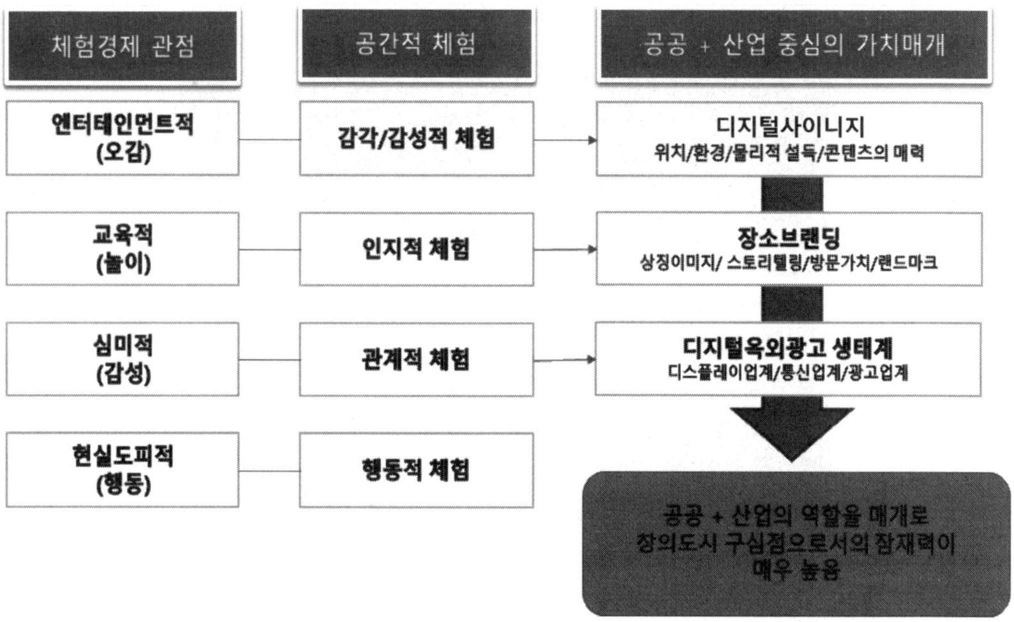

[그림 10] 체험경제의 영역에서 문화 경제 장소의 결합과 디지털사이니지

이러한 방향은 기업의 주도로 이루어질 수 밖에 없는데, 공공의 영역이 아닌 미디어사업자의 영역인가에 대한 대답은 간단하다. 지방자치단체의 조직이나 인력구조가 소비자들이 원하는 정보와 즐거움을 제공해 주기 어려우며, 지속적인 관계관리가 어렵기 때문이다. 문화향유를 위한 공공성의 가치와 운영적 측면에서 다양하고 빠른 순환의 콘텐츠와 지속적인 관심과 체류시간 증대를 유도하기 위한 테마별 체험콘텐츠 개발, SNS를 기반으로 한 바이럴운영은 기업의 마케팅차원과 결합되었을 때 원활하기 때문이다. 따라서 법적허가는 관에서, 관리와 운영은 산업계에서 추진하는 협업모델을 개발하는 것이 바람직하다. 이러한 흐름이 가능한 것은 이미 대대수의 기업들도 과거의 주입식 마케팅커뮤니케이션으로 효과를 달성하기 어렵다는 공감대가 형성되어 있기 때문이다.

디지털사이니지를 활용한 옥외광고의 경우도 이러한 변화에 연장선상에서 산업의 융합이 필수적이다. 기존의 도시환경이라는 공간은 다양한 관계법령들이 얽혀 있고 부처간의 관리주체의 상이함으로 인해서 시너지를 기대하기 어렵다. 법은 제도로서 현실을 그대로 반영하는 데는 신중할 수 밖에 없고 공무원은 법령의 근거 없이는 움직이기 어렵다. 따라서 디지털사이니지로 드러나는 기술과 문화의 결합은 관주도로는 한계가 있으며, 민간영역의 참여와 유동적 네트워크의 구현이 필수적이다. 따라서 디지털옥외광고의 도입과 문화예술의 결합을 통한 지역의 명소화와 기업의 참여를 유도하기 위해서는 지역의 공간을 중심으로 다양한 이해관계 주체가 참여는 접근이 요구된다고 할 수 있다.

최근 여가시간 증대로 인하여 관광의 일상화가 확산되면서 소비자들의 관광 트렌드가 변화하고 있다. 소비자들의 관광 경험량이 상승되고 획일화된 프랜차이즈 오브젝트에 대한 피로감 등의 영향으로 소비대상이 지역의 명소 등의 일상 생활공간으로 확산되고 있다. 멀리 오랫동안 나가야 즐길 수 있는 것이 아니라 가까운 주변에서 일상에서 벗어난 느낌을 받고 공간의 의미를 변화시키는 것이다. 경험의 질을 중시하게 되며 관광 트렌드 또한 타 산업과의 융·복합 기능으로서 확대되고 있다. 따라서 자유표시구역의 콘텐츠의 질적 향상과 문화와 예술이 접목된 장소적 명소로서 지각적인 방향으로 확장되어야하며 신세대 사업의 확장과 공간을 활용한 세대 간의 소통 공간으로서 제공되어야 한다. 광장을 유인 요소로 활용하여 '축제'와 '퍼포먼스'가 가능한 공간의 확보가 이루어져야한다. 이는 융·복합 기능 및 대표적인 상업지역으로서 시너지 창출이 가능하다. 따라서 자유표시구역 일대는 물리적 차원 이외에도 랜드마크로서의 문화·예술 기반 운영 및 관광트렌드에 맞춰 특별한 경험을 제공하는 장으로서의 역할이 확대되어야한다. 또한 정부 지원 사업을 적극 활용하여 지역민들의 역량을 강화하고 지속적인 연계 및 창의적인 관광자원 개발이 필요할 것이다.

참고문헌

김동영(2009) 창의도시를 지향하는 뉴욕시 문화정책의 시사점, 문화정책논총 135-156.

김복래(2006) 창의산업의 국제현황과 미래의 정책방향, 무역학회지, 제31권(제4호).

김상빈(2005) 도시관광을 통한 도시재생 전략: 동독 도시를 사례로 국토지리학회지, 39권, 3호 371-385.

김선영(2013) 도시 마케팅과 환경심리학적 측면으로 본 미디어 파사드 디자인과 도시 이미지, 한국과학예술포럼 Vol.14, 23-38.

김영준(2002) 관광특구제도개선및운영활성화방안, 한국문화관광정책연구원.

김재영(2010) 디지털 사이니지와 스마트 폰으로 확장되는 옥외광고 매체.

박난종·한범수(2009) 문화공간의 소비와 의미에 관한 담론, 관광학연구 제33권 제4호(통권 제74호) 145-168.

박정아(2010) 도시이미지와 도시 관광의 인식에 관한 연구 관광연구 제25권 제5호, 231-248.
박현 · 전종우(2013)디지털 사이니지의 매체효과와 광고효과 옥외광고학연구 제10권 제2호, 105-133.
배웅규(2007) 도시계획 · 개발과정에서 주민참여 시스템으로서 뉴욕시 커뮤니티보드의 운영특성 및 시사점연구.서울도시연구, 제8권제2호, 1~18.
백경미(2011) 관광이벤트 체험이 즐거움 및 만족에 미치는 영향. 이벤트컨벤션연구, 7(2), 1-18.
안성아 · 한민희 · 박세훈 · 이진(2001) 문화상품 소비자의 행태적 세분화. 광고학연구, 12(4), 231-250.
이재순 · 오동훈 · 박선영(2009) U-Eco City 상품화전략에 관한 연구 도시행정학보, 22권, 2 호 99-111.
이정원 · 김은자(2012) 체험요소(4Es)이론을 적용한 농촌마을의 테마전시관 계획 연구. 농촌지도와 개발, 19(4), 1067-1194.
오동훈(2006) 도시마케팅의 개념정립을 위한 소고 國土計劃 제41권 제1호, 53-73
윤영득(2014) 문화예술교육특구 부산 금정구의 장소마케팅 방안. 문화산업연구, 14(4), 113-129.
원도연(2008) 문화도시론의 발전과 도시문화에 대한 연구, 인문콘텐츠, 제13호,
______(2011) 창의도시의 발전과 도시문화의 연관성에 대한 연구 인문콘텐츠 제22호 9-32.
이영주, 최승담(2008) 상업활동촉진지구(BIDs)의도입을통한도시형관광특구 활성화방안연구 서울도시연구 제9권 제 3호, 133-148.
______(2012). 도시경관을 고려한 서울시 미디어파사드 설치 및 관리방안 연구. 서울연구원.
______(2015). 도시 공간적 특성을 고려한 옥외광고 자유표시구역 지정 방안 한국OOH광고학회 특별세미나 2015.4.17
선정원(2004) 미국의상업활동촉진지구와주민자치방식의 지역발전, 공법연구, 32(4): 405~425.
신일기(2013) 광고특구 가능성에 대한 옥외광고 시범지역 연구, 옥외광고학연구 제10권 제1호, 6, 71-101
심성욱(2013) 디지털광고물의 법적적용에 관한 연구 옥외광고학연구 제10권 제2호, 12, 39-72
______& 박현(2012) 신옥외광고론. 서울: 서울경제경영출판사.
조현수(2001) 관광특구지역의활성화방안, 지역사회 개발연구, 26(1): 173~186.
정미강(2010) 문화산업클러스터의 장소마케팅 전략 연구, 문화산업 연구, 10(2), 27-47.
정석순 · 이준엽(2011). 전시의 체험요소(4Es), 방문가치, 행동의도에 관한 연구: 트릭아트 전시장에 방문한 학부모를 대상으로. 관광연구저널, 25(2), 175-193.
홍성용(2007), 스페이스의 마케팅, 삼성경제연구소.
하동현(2009). 대구 · 경북 외래 관광객의 체험이 체험의 즐거움, 체험만족 및 애호도에 미치는 영향. 관광연구, 24(5), 359-380.

하지영, 이승현, 김덕현(2014) 체험경제이론(4Es)에 따른 지역 체험전시관의 경쟁력 강화방안 : 전북 삼례문화예술촌 체험전시관을 중심으로, 문화경제연구, 제17권 제2호, 2014년 8월, pp.161~184

슐츠(Norberg-Schulz, C.)(1994), "Meaning in Western Architecture", 이정국, 진경돈 역, 건축의 의미와 장소성, 미건사.

슈미트(Schumitt, Bernd H.)(2002), 체험마케팅(ExpeientialMarketing), 윤성준 역, 세종서적,

Florida, Richard(2002). The rise of the creative class. 이길태(2002).「창의적변화를주도하는 사람들」. 전자신문사.

Desmond Hui, From cultural to creative industries: Strategies for Chaoyang District, Beijing International Journal of Cultural Studies, Sep 2006; Vol. 9, 2006, pp. 325-326.

Lynch, K.(1960). The image of the city(Vol. 11). MIT press.

Oh, H., Fiore A. M. and Jeoung, M.(2007). Measuring Experience Economy Concepts: Tourism Applications. Journal of Travel Research, 46(2), 119-132.

Pedro costa. Creativity, innovation and territorial agglomeration in cultural activities: the roots of the creative city, Edited by Philip Cooke & Luciana Lazzeretti, Creative Cities, Cultural clusters and Local Economic Development, Edward Elgar Publishing, 2008, p. 191.

Pine, B. J.Ⅱ, Gilmore, J. H.(1998). Welcome to the experience economy. Harvard Review,July-August. 97-105.

제3장 디지털사이니지가 가져올 미래와 미래전략

1. 4차 산업혁명과 기술 동향

인공지능의 정의는 전문가들 사이에서도 확실하게 정해져있지 않지만 디지털인공지능의 3대 주요기술은 "학습, 추론, 인식"이라고 할 수 있다. 빅데이터를 기반으로 계속적인 과정을 통해 사실과 규칙을 습득하고(학습), 이를 바탕으로 인지된 입력에 대해 결론을 얻으며(추론), 인간-기계 간 인터페이스에 해당되는 보고 듣고 말하기(인식)를 의미한다. 인공지능과 관련된 기술은 정형화 된 기술체계를 가지고 있지 않고 자료 작성의 목적이나 활용에 따라 다양하게 구분된다.

[표 1] Tractica가 정의한 인공지능 관련 기술 분류 체계

기술	내용
인지컴퓨팅	컴퓨터가 인간과 같이 정보를 습득하고 그 정보를 이용해 의사결정을 할 수 있는 모델의 과정을 시뮬레이션 하는 기술
기계학습	기 프로그램화된 논리(로직)나 정형화된 규칙 등을 바탕으로 발생되는 데이터를 통해 학습하는 수학적 알고리즘을 의미
딥러닝	기계학습과 유사하지만 인간 신경망을 모델화하여 새로운 네이터 셋을 예측하는 기술
응용프로그램 인터페이스 예측	API는 표준화된 입출력 방식을 통해 소프트웨어 모듈에 접근하도록 공식화함
자연어 처리	컴퓨터가 인간의 언어를 이해함으로써 인간처럼 말하고 쓸 수 있도록 하는 기술
이미지 인식	사람들이 보고 있는 특정 피사체의 사진의 정체를 확인하고자 시도하는 기술
음성 인식	인간의 발성하는 음성을 이해하여 컴퓨터가 다룰 수 있는 코드로 변환하는 기술

〈출처〉 ETRI, "인공지능 기술과 산업의 가능성", 이슈리포트, 2015

콘텐츠 분야에서 이러한 인공지능은 인간의 기획・창조력을 향상시켜 누구나 참여 가능한 콘텐츠 기획을 가능하도록 지원해주는 기술이다. 경제적이고 효율적으로 콘텐츠 제작이 간으할 뿐만 아니라 철저한 유통검열 능력을 향상시킴으로써 안전하고 투명한 콘텐츠가 유통

가능하다. SNS를 통한 콘텐츠의 생산과 소비를 용이하게 하는 큐레이션 서비스의 확대 또한 이러한 변화의 연장선으로 볼 수 있다. 인공지능 기술은 사물인터넷, 빅데이터, 클라우드 컴퓨팅 등의 기술과 융・복합을 통해 발전하고 있다.

이렇듯 많은 전문가들이 빅데이터, 인공지능 및 3D 프린팅 기술 등은 디지털트랜스포메이션의 성공을 주도할 핵심 기술로서 부각되고 있다. 광고가 마케팅의 꽃으로 불리는 것처럼 디지털사이니지의 꽃은 빅데이터와 클라우드 기술이라고 할 수 있다. 빅데이터는 데이터의 규모(volume)가 크고, 변화의 속도(velocity)가 빠르며, 다양한 형태와 소스를 포함하는 다양성(variety)이 있는 데이터라는 세 가지 특성을 가진 데이터로 정의되고 있으며 최근에는 여기에 복잡성(Complexity), 가치성(Value)을 포함하여 새로운 빅데이터 요소로 추가하고 있다.

[표 2] 빅데이터의 5가지 요소

구성요소	내용
규모(volume)	기술의 진보와 IT의 일상화에 따른 디지털 데이터량의 폭발적 증가로 제타바이트 시대 진입
속도(velocity)	실시간으로 데이터가 생성되고 이동(전달) 속도가 증가함에 따라 대용량 데이터의 처리 및 가치 있는 실시간 정보의 활용을 위한 정보처리 가능여부 및 분석처리 속도 중요
다양성(variety)	접속정보, 소셜, 위치, 소비패턴 등의 다양한 데이터 종류 증가로 텍스트 이외의 동영상과 같은 멀티미디어 등 다양한 비정형 데이터 증가
복잡성(complexity)	비구조화된 데이터, 데이터의 저장방식 차이, 중복저장 처리 등 데이터 종류 및 대외적 데이터 활용니즈 확대로 관리대상 정보 증가
가치성(value)	데이터의 생성 및 가공 등의 활동을 통하여 의미성 있는 가치 창출의 중요성 강조

※ 출처 : 한국정보화진흥원(2011), 신가치창출 엔진, 빅데이터의 새로운 가능성과 대응 전략, 재구성

빅데이터는 데이터 수집, 저장, 처리, 분석 및 표현의 과정을 거치게 되며, 이러한 빅데이터를 활용한 추천 알고리즘은 우리 생활 속에서 가장 큰 변화를 가져오는 사례이다. 넷플릭스는 빅데이터를 활용한 추천 알고리즘의 가장 효율적이고 혁신적인 사례로 꼽을 수 있다. 2000년대 말부터 머신러닝을 통해 사용자에게 비디오 추천 기능을 제공하였고, 이를 통해 학습된 AI는 현재 방대한 양의 데이터를 보유하며 소비자 취향분석과 추천 시스템의 성공적인 모델로 평가받고 있다. 이러한 빅데이터를 기반으로한 추천 알고리즘은 적은 콘텐츠를 효율적으로 사용할 수 있는 광고효과로 콘텐츠 실제 제작자의 입장에서도 잠재 고객에게 더 잘 도달할 수 있다는 점에서 그 의미가 깊다.

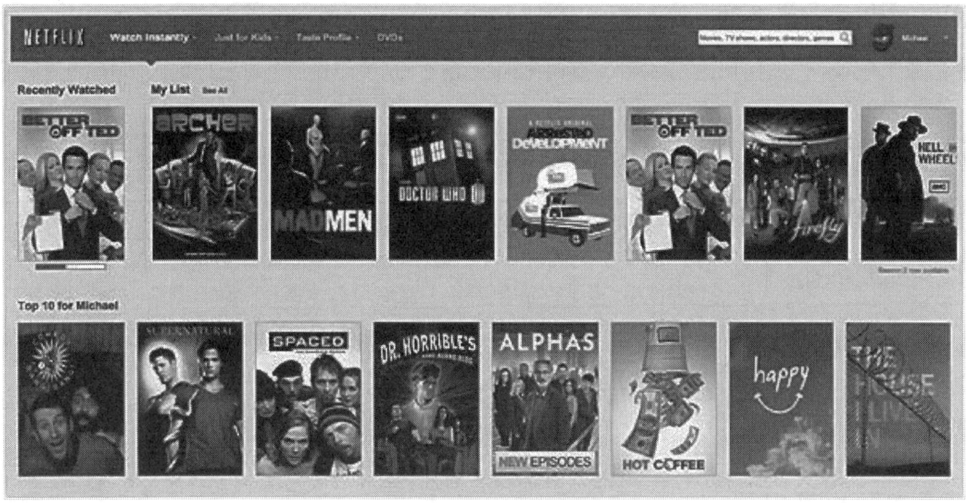

[그림 1] 넷플릭스 사례

머신러닝을 기반으로 고객의 취향을 파악·분석하여 마케팅 등에 활용하는 사례는 꾸준히 증가하고 있다. 고객 특성 분석 및 파악 기술은 여러 가지 인공지능 기술이 복합적으로 적용되는 분야이기 때문에 정확한 시장 규모의 산출은 어렵지만, 관련 기술들의 활용으로 전반적인 산업 성장이 기대된다.

클라우드 기술은 단순히 독자적인 형태로서의 도입보다는 클라우드 기반 빅데이터, IoT, AI등과의 융복합 형태의 프라이빗 클라우드 도입이 주를 이룬다. 인터넷 서버에 프로그램을 두고 다수 시시에 불러와 사용하는 인터넷 기반 소프트웨어로서 클라우드 발전법 제정과 IoT와 빅데이터 뿐만 아니라 클라우드 서비스를 융합한 신산업 성장을 집중적으로 지원하고 있기 때문에 클라우드 시장 확산의 기대가 높아지고 있다.

IoT는 인터넷을 기반으로 다양한 물리적(physical) 및 가상(virtual)의 사물들을 연결하여 언제 어디서나 상황에 맞는 상호작용과 지능화를 통해 자율적인(autonomous) 융합 서비스를 제공하는 인프라 기술을 의미한다. IoT 서비스는 물리/가상 사물 연계, 협업하여 지능형 서비스를 제공하는 플랫폼으로 모든 사물을 인터넷을 통해 상호 연결하여 소통하는 IoT 네트워크와 사물을 인공 지능화시켜 스마트 인터랙션을 제공하는 디바이스로 송출하게 된다. IoT 서비스 기술은 물리/가상 사물과 연계하고, 기존의 ICT 기술과의 융합을 통한 서비스 기술로서 차후 도시공간과 융합현실매체로서의 기능을 극대화시키는 토대가 될 것으로 기대된다. IoT 사물지능 인터페이스 기술은 정부 R&D 과제를 중심으로 강화학습을 기반으로 사물지능 공통 엔진 개발하고 이를 표준 IoT 플랫폼과 연동하는 인터페이스 기술 개발 진행 중에 있다. 지능형 데이터 서비스 기술은 국내 연구소 및 기업들이 빅데이터를 바탕으로 한 지식/지능처리 기술 연구에 많은 참여를 하고 있으며 국내에서는 국외 기업들과의 기술격차를 줄이기 위해 정부 주도로 장기간의 국책사업을 진행 중이다.

[표 3] 클라우드 특징

특징	내용
광대역 네트워크접근	클라우드 컴퓨팅의 기능은 네트워크를 통해 가용하게 되며 이질적인 경량 또는 중량 클라이언트 플랫폼(모바일폰, 노트북, PDA 등)을 통해 이용 가능
측정 가능한 서비스	서비스 형태에 적절한 미터링 기능을 이용해 자원의 사용을 자동적으로 통제하고 최적화
멀티테넌시	클라우드는 다수의 클라우드 제공자들에게 속한 자원을 공유하여 사용할 수 있는 특성을 제공할 수 있어야 함
주문형 셀프-서비스	서버 시간, 네트워크 저장장치 등의 컴퓨팅 기능을 사람의 중재 없이 필요한 만큼 자동적으로 확보해 사용
신속한 탄력성	IT 자원은 신속하게 탄력적으로 제공되며 일부 경우에는 신속한 확장과 축소를 위해 자동적으로 제공
자원의 공동관리	제공자의 컴퓨팅 자원은 다중-임대(multi-tenant) 방식으로 다중 사용자에게 제공되기 위해 풀 형태로 유지되며, 다양한 물리적 또는 가상적 자원이 사용자 요구에 따라 동적으로 할당 또는 재할당

4차 산업혁명과 디지털사이니지의 성장, 그리고 도시공간의 융합현실화를 위해서는 사이버보안기술이 매우 중요하다. 차세대 보안 기술은 ICT 환경에서 전달, 저장되는 정보에 관한 각종 불법 행위로부터 안전하게 보호하고 물리적 공간에서의 보안 침해사고를 방지하며 타 산업과의 융합 시스템에서의 보안을 제공하기 위한 기술로 활용되고 있다. 또한 사물인터넷의 의존도가 높아지며 고객들의 정보를 보호하기 위해 NetworkIntrusion Detection Systems (NIDS) 적용을 하여 네트워크 환경에 불필요한 자료인지 아닌지를 구분하여 데이터 전체의 트래픽을 관리 하여 정보 유출을 사전에 예방할 수 있는 솔루션을 제안하는 사례도 볼 수 있다.

2. AI와 디지털사이니지의 결합

디지털사이니지가 본격적으로 시작되면서 새로운 사업들이 시작되고 있다. 아마도 디지털이 옥외광고에 들어옴에 따라 기존 옥외광고 산업은 많은 변화를 가져올 예정이다. 그중에서도 실사업체들은 많은 변화를 가져올 예정이며 옥외광고도 전통매체보다는 새로운 기술, NFC, QR코드 들을 이용한 매체집행이 있을 예정이다. 그 가운데 사물인터넷과 옥외광고의 접목에 있다. 사물인터넷이란 개념은 1988년 제록스 PARC의 마크 와이저(Mark Weiser)가 주창한 유비쿼터스 컴퓨팅에서 이미 시작되었다. 사물이 서로 정보를 주고받고 동작하는 이러한 개념은 1990년대 앰비언트 인텔리전스(Ambient Intelligence), 2000년대 에브리웨어(Everyware) 등 다양한 이름으로 연구되어 왔다. 사물인터넷은 1999년 P&G의 브랜드 마케터였던 케빈 애쉬톤(Kevin Ashton)가 제안한 것으로 알려져 있다. 예전부터 연구돼 온 사물인터넷도 현재 우리 일상 속으로 나아가고 있다(마정민, 2014).

현재에 나타나고 있는 사물인터넷(Internet of Things)이 옥외광고에도 새롭게 적용되고 있다. 예를 들면, 매장 간판에 와이파이 등 소형 통신장비를 적용해 원격 조작 및 관리를 할 수 있고 기존 광고물이 양방향 정보를 주고받을 수 있는 새로운 정보・마케팅 허브로 활용될 수도 있다. 일상생활 속의 사물을 유무선 네트워크로 연결해 정보를 공유하는 환경을 뜻하는 사물인터넷은 모바일 이후 가장 주목받고 있다. 따라서 국내기업들은 관련 서비스를 개발하고 있고 사물인터넷사업과 옥외광고를 연결하는 사업을 하려고 한다. 디지털사이니지 시장에도 사물인터넷 기반의 새로운 생태환경이 조성될 것이다.

[그림 2] 삼성 스마트 LED사이니지 사례

서울 강남구 삼성동 코엑스와 무역센터 일대가 옥외광고물 자유표시구역으로 선정되면서 삼성전자는 초대형 스마트 LED사이니지로 코엑스 자유표시구역 일대에 한국판 타임스퀘어를 완성하였다. 코엑스 SM타운 외벽의 대형 스마트 LED 사이니지와 광장에 설치된 3대의 LED 사이니지는 2차원의 디스플레이를 전체 공간으로 확장시키며 관람객들에게 입체적 공간감과 새로운 시각적 경험을 선사한다. 특히, 코엑스 SM타운 외벽의 두 면을 곡면 형태로 연결한 스마트 LED 사이니지는 가로 약 81m, 세로 약 20m(총 면적 1,620제곱미터)로 농구

경기장 4배 크기에 달하며 영상의 단절부분 없는 곡면형 디스플레이가 사람들의 이목을 끈다. 코엑스에 설치된 실외용 프리미엄 XPS시리즈는 특수 컬러 보정 프로세스를 통한 균일하고 선명한 색상 표현 뿐만 아니라 통합관리서비스, 실시간 오류 해결 프로세스를 구축하고 있어 더욱 조명받고 있으며 특히 이러한 실시간 오류 해결 프로세스는 AI적용을 통해 24시간 사람이 지켜볼 수 없는 현실적인 한계를 뛰어넘어 즉각적이고 지속적인 관리가 원활히 이루어 질 수 있도록 한다.

[그림 3] 시카고 말리부 캠페인 사례

시카고, 델러스 등의 지역에 안전 및 연료의 효율성을 포함한 말리부의 고유 기능의 인식을 도모하고자 진행한 캠페인이다. 이 캠페인은 기존 디지털 빌보드와 달리 통신 네트워크에 연결돼 있으며, 차량 인식 기술을 사용하여 특정 유형의 차량을 식별하고 운전자에게 맞춤 정보는 제공하는 사물인터넷 빌보드이다. 예를 들어, 광고판을 지나가는 차량이 말리부의 차량일 경우 타사보다 더 좋은 연비와 안전을 제공한다는 것을 알리기 위한 메시지가 송출되는 것이다. 이는 차량 인식 기술을 적극 활용한 캠페인으로 경쟁 차량의 운전자에게 개인화된 맞춤 콘텐츠를 제공함으로써 차별화된 경험 및 정보 제공이 가능한 것이다. 단순히 센서를 이용하는 하는 것이 아니라 인터넷 연결을 통해 총제적인 데이터와 인터랙션하는 옥외광고물로 사물들이 수집하는 방대한 정보와 연동되어 일대일 메시지 전달이 가능한 미디어 출현이 가능한 사례이다. 이러한 사물인터넷과 연결한 디지털사이니지를 활용한 옥외광고는 향후 발전가능성이 매우 높다. 사물인터넷과 디지털사이니지가 연결된 사례는 최근 많이 나타나고 있다. 그 중 일상 생활에서 흔히 볼 수 있는 공공시설물로 이용된 사례도 살펴볼 수 있다.

대표적인 예로 영국 런던에서 Media Metrica 기업이 제공한 'Go local 서비스'가 있다. 이 캠페인은 친환경을 지향하는 런던의 특징을 살려 중심거리에 약 200대 규모로 설치된 사례로 LCD를 통해 뉴스와 주식, 날씨, 여행 등 다양한 정보를 제공하고 와이파이 송출을 활용하여 무료로 와이파이를 제공하는 등의 서비스를 제공하고 있다. 이처럼 디지털옥외광고는 빌보드 간판의 개념을 넘어 공공시설물로 다가와 다양한 사회적 반응공간을 형성하고 있다.

미래형 디스플레이는 AI와의 결합을 통해 앞으로 더 큰 시장의 확장을 예상하게 한다. 사회적 측면에서 합리적 소비, 효율적 업무와 이율창출, 영업, 판매지원, 창작지원, 맞춤형 게임, 광고제작 등에 AI가 영향을 미칠 것으로 보인다. 이와같은 디지털사이니지의 사례는 기술의 발전이 편의성을 높이는 동시에 몰입감을 이끌어 내는 방식으로 미래시장을 견인할 수 있는 가능성을 제시한다.

3. 도시공간과 융합현실매체로서의 가능성

최근 4차산업혁명에 대한 논의와 함께 신기술융합과 새로운 서비스들이 노입되고 있다. 이러한 흐름 속에서 광고산업이 새롭게 등장하는 서비스와 공존하고 지속적 발전을 해나갈 수 있는 가가 매우 중요한 화두가 되고 있다. 새로운 미디어 서비스는 플랫폼의 확산을 위한 재원이 필요한데 이것이 광고로 확장이 어려울 경우 사업자체가 불투명해지기 때문이다.

최근 각광받고 우리생활을 변화시킬 것으로 기대하고 있는 기술중에 '증강현실(Augmented Reality, AR)'이나 '가상현실(Virtual Reality, VR)'기술이 회자되고 있다. 여기서 더 나아가 현실세계와 가상세계 정보를 결합해 두 세계를 융합시키는 공간을 만들어내는 기술을 '혼합현실(MR)'이라고 한다. 혼합현실(MR)은 현실세계와 가상세계의 정보를 결합한 것이 특징이다. 최근에 이러한 일련의 융합들은 인간이 신체적 한계를 넘어서서 세계를 탐구하고자하는 부분과 다시 현실에서 초월적 경험을 느끼고자 하는 욕망이 구현된 과정이라고 볼 수 있다. 이러한 큰 변화의 흐름 속에서 디지털사이니지가 새롭게 등장하는 신유형의 기술과의 공존과 혁신을 주도할 수 있는가가 대두되고 있다.

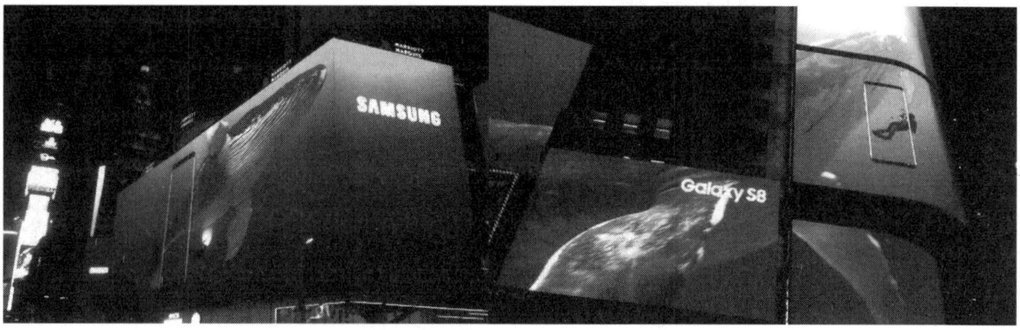

[그림 4] 뉴욕타임즈스퀘어 디지털옥외광고

뉴욕 타임즈스퀘어의 경우 여러 개의 대형 디지털사이니지에 한 개의 콘텐츠를 연동하여 송출함으로써 압도적인 가상현실을 제공하고 이는 이전에 알던 장소가 아닌 새로운 제 3의 공간으로 전이된 경험을 제공하였다. 이처럼 현실공간에 미디어를 통해 새로운 환경을 조성한 것으로 이는 사람의 시지각에 의한 미디어 환경을 제공하는 것을 의미한다. 다시 말해 현실기반 미디어 환경은 가상성이 배제된 현실공간에 미디어를 통해 사람의 공간지각을 자극한 것으로 가상공간이 리얼(Reality)로 전이되는 경험을 제공하는 것이다. 현실에서 초월적 경험을 느끼고자 하는 욕구를 충족시키는 사례라고 볼 수 있다.

이처럼 정보기술 혁명에 의해 아날로그매체에서 디지털 매체로서의 발전은 단순한 기술적 발전의 수준을 넘어서고 있다. 이는 새로운 의사소통양식과 새로운 생활양식의 출현을 말하며, 더 나아가서는 새로운 인지체계 및 행동양식 그리고 변화된 가치관과 세계관을 반영한 문화의 새로운 패러다임이 성립되었음을 의미한다(류지석 · 김석태, 2002). 최근 급격하게 성장하고 있는 디지털옥외광고는 새로운 정보전달 매체로서, 새로운 광고 마케팅 미디어로서 부각되고 있다. 디지털사이니지가 지닌 특성들은 다양하다. 소프트웨어나 하드웨어, 네트워크는 물론 콘텐츠 등 관련 기술이 한데 어우러진 새로운 커뮤니케이션 수단으로서 다양한 디스플레이 장치를 통해 적절한 시간이나 장소에 맞춰 제품이나 서비스에 대한 매우 높은 퀄리티 수준의 정보를 제공할 수 있다. 또한 인터넷 플랫폼을 통해 가장 최신의 디지털 콘텐츠를 원격으로 마음대로 제공 할 수 있다. 이러한 디지털사이니지 장점은 공간을 기초로 소비자의 욕구를 충족시켜줄 수 있는 정보를 제공함에 있어 소비자가 위치한 시 공간적 맥락에 근접하게 설치, 특정 지역 그리고 특정 집단을 대상으로 실시간적이고 상호작용적인 정보를 전달할 수 있는 수단이기도 하다.

디지털사이니지를 이용하는 소비자는 이른바 활성화된 오디언스의 특성을 지닌다고 볼 수 있다. 영화를 보기위해, 물건을 구매하기 위해, 또는 교통수단을 이용하기 위해 기다리는 등 다양한 서비스의 이용을 위해 대기하면서 기다리는 고객은 이른바 지연되는 시간에 대한 왜곡된 지각을 형성하기 마련이다. 전략적으로 잘 고안된 디지털사이니지는 이들을 겨냥하여 줄을 서거나 대기하는 등의 시간동안 경험할 수 있는 부정적 지각들을 감소시킴으로써 원하는 메시지를 효과적으로 전달할 수 있다. 디지털사이니지 특정 행동 직전이나 구매 접점 상황에서 영향을 미칠 수 있는 중요한 요인이므로 적절히 활용된다면 제품이나 브랜드에 대한 지식이나 인지적 측면뿐만 아니라 판매에 영향을 미칠 수 있는 효과적 수단이다. 이처럼 디지털사이니지는 적절한 시간에, 적절한 장소에서, 적절한 오디언스를 대상으로 결정적 상황에서 중요한 영향을 미칠 수 있는 커뮤니케이션 수단의 하나라 할 수 있다(강태중,2012). 그리고 일련의 모바일에서 일어나는 활동은 현실에 좌표화 하여 이를 다시 이용공유하는 활동을 수반하며, 개별 이용자의 개인적 이용의 모습으로 나타난다.

[그림 5] SNS공유 및 확산

최근 이용자의 성격과 특성은 SNS를 통한 가상공간 안에서 활동이 읽기와 보기에서 더 나아가 정보를 확산하는 등의 행동을 하는 수준으로 변화하였다. 이는 인터넷 안에서 형성된 놀이공간을 의미하고 그들은 가상현실에서 다른 사람들과 상호작용하면서 실재감을 경험한다. 즉, 개인적 자아가 공적으로 표현되는 공간으로 정보의 확산을 통해 소비자 간의 커뮤니케이션을 이루고 자발적을 확산되는 구조를 가지는 공간인 것이다. 그러나 이러한 가상세계는 온라인에서만 이루어지는 것이 아니라 오프라인의 경험을 통해 온라인으로 유입되는 것이다. 예를 들어 오프라인에서 이루어진 경험을 사진을 찍거나 글을 써서 올리는 행위 등을 통해 온라인에 자신만의 공간스토리텔링을 생성하는 것이다. 또한 이들은 이것을 공유하는 행위를 함으로써 실제공간은 브랜드 이미지를 구축하고 자유로운 공유가 확산됨으로써 그 공간은 정체성을 확립할 수 있는 것이다. 다시 말해 이것은 온라인의 활동들은 현실세계 오프라인 공간과 유기적으로 연결되며 확산되는 형태인 것이다. 온라인에서 형성되는 생성 및 공유를 허용함으로서 모바일 스마트폰을 통해 촉발된 비개방적 영역에서 공공적 영역으로 확산을 유도하고 이러한 확산으로 인해 개인의 경험과 서비스의 경계가 모호해진 것이다. 즉, 경험소비에 있어서 일상화된 가상성과 물리성의 혼재를 초래한 것이다.

이렇듯 온오프라인의 경계를 모호해지며 다양한 디지털 미디어들이 오프라인에서 경험을 제공하기 위해 공간을 구성하고 있다. 디지털사이니지로 구성된 공간은 새로운 인지체계 및 행동양식을 적절하게 반영함으로서 새로운 공간으로 재탄생시킬 수 있다. 즉, 공간 안에서 디지털사이니지와 사용자가 상호작용함으로써 오프라인 경험이 구축되고 이는 모바일 속에서 개인들의 주관적 표현, 메시지 생성 및 공유를 함으로써 참여적 스토리텔링 공간으로 창출시킬 수 있다는 것을 의미한다. 따라서 현실공간 속에서 디지털사이니지를 통해 사용자에게 특별한 경험을 부여함으로써 공간과 사용자는 관계를 맺고 의미를 형성하기 위해 다양한 모바일 기기를 통해 확산을 이루는 것이다.

그렇다면 이러한 디지털사이니지를 활용하여 특별한 경험은 어떻게 부여되어야 하는지를 살펴보자. 먼저 디지털 미디어 활용의 방향성을 확립하기 위해서는 사용자의 콘텐츠 니즈를 알아야한다. 공간에서의 '경험'은 단순히 사용자가 공간에 존재하는 것이 아니라 사용자가 경험을 통하여 공간을 지각하고 사고하며 감성을 느낄 수 있도록 사용자의 적극적인 참여를 유발하는 하였을 때 의미를 형성을 시작하기 때문이다. 사용자 체험 콘텐츠 니즈는 아래와 같이 총 5가지로 살펴볼 수 있다.

[표 4] 사용자 콘텐츠 니즈 요소

능동적 체험콘텐츠 니즈	• 공감각적(총체적인 감각적 체험) • 양방향(적극적 행동 또는 참여로 피드백) • 관람 중심 활동이 직접 참여하는 방식에서 (실감 체험형)으로 변모
몰입형 콘텐츠 니즈	• 가상현실의 환경 속에서 '판타지'를 중시하는 방향으로 변모 • 수동적으로 즐기는 엔터테인먼트가 아니라 참여형 어뮤즈먼트(amusement)에서 몰입형 엔터테인먼트(Involvetainment)에 대한 니즈 성장
공유성 지원콘텐츠 니즈	• 단순히 개인적으로 '느끼는 것'에서 벗어나 공감대를 형성 • 개인의 감성을 상대적으로 효율적으로 전달할 수 있는 양방향적 교감 중시 • 개인적으로 보고, 듣고, 즐기는 식의 수동적인 자세에서 벗어나 적극적인 피드백을 통해 다수가 공유하면서 만족감을 느끼려는 니즈 확산
초 기능적 문화콘텐츠 니즈	• 공급자가 결정한 특성에 만족하지 않고 능동적으로 꾸미고 변형하기를 즐기는 '프로슈머 관람자' 대두 • 세부사항에 대한 맞춤 주문으로 직접 제작 및 고품질의 콘텐츠 소비과정에서 관람 차 참여 확대
유니버셜 콘텐츠 니즈	• 성, 연령, 장애의 제약 없이 자신이 원하는 콘텐츠에 접근하고 싶어하는 니즈 확산 • 특히 장애인 박약아 등 소외계층의 콘텐츠 배려형 니즈가 급속하게 증가

이러한 콘텐츠 요소는 개별적인 것이 아니라 유기적으로 연결되어있다. 먼저 가장 기본적인 욕구 충족인 능동적 체험 콘텐츠 니즈이다. 이것은 총체적인 감각 체험을 의미하고 콘텐츠에 있어서 직접적으로 경험하고 조작함으로써 양방향 커뮤니케이션을 형성하는 것을 의미한다. 이러한 체험은 최적의 경험 과정 몰입을 유도하고 사용자들이 일상적인 일에서 벗어나 자유로운 시간을 보내려는 욕구를 충족시켜주는 것이다. 뿐만 아니라 경험을 통해 형성된 긍정적인 감정은 공유를 함으로써 만족감을 확산시키는 행위를 형성한다. 또한 콘텐츠는 사용자에게 개인이 시간, 콘텐츠, 그리고 커뮤니케이션 순서를 선택할 수 있는 정도의 만족감을 제공할수록 긍정적인 경험이 구축될 것이다.

[그림 6] 능동, 몰입형 콘텐츠 – Cadbury Waterloo Station Augmented Reality

[그림 7] 공유성 지원 콘텐츠 – Microsoft Gallery Lounge Interactive Experience

[그림 8] 초기능적, 유니버셜 콘텐츠 – An Inteactive Digital Installation Inside a Shopping Mall

따라서 모바일을 통해 디지털 공간에서 활성화된 경험 욕구를 지속화 활용하기 위해서 상업적 정보인 디지털옥외광고를 통해 콘텐츠 수요에 따른 다양한 체험욕구가 충족되어야한다. 이는 다시 체험 및 감성을 통한 정서 교류가 이루어 질 수 있는 놀이와 소통의 공간인 온라인으로 유입되며 선순환 구조와 그 구조를 지속하기 위한 기술, 콘텐츠, 공간가치의 극대화를 위한 활동들이 이어지게 되는 것이다.

최근 디지털사이니지는 한계점을 극복하고 새로운 마케팅 가치에 대한 접근으로 부각되고 있다. 시청각 관점에서 개별 디지털옥외광고는 기술과 문화예술이 융합된 공공예술로서 문화 상업 및 미디어 콘텐츠의 새로운 발전 가능성을 제시하고 있다. 특히 건물 외벽에 발광 다이오

드패널(LED)을 이용하여 미디어 아트 콘텐츠를 상영하여 도시공간을 갤러리로 활용하며 새로운 문화공간으로 재탄생시키는 등의 다양한 도시공간에 IT융합을 통한 엔터테인먼트공간을 주도하고 있다. 즉. 도시공간매체로서 디지털옥외광고는 필연적으로 도시공간의 매체적 기능과 동시에 공간적 조형성 그리고 공간의 미적 상징성을 획득하게 되는 것이다.

이러한 도시공간매체로서의 강점은 공간이 한순 간에 전혀 다른 공간으로 탈바꿈하는 경험해 보지 못한 광경을 제공하여 소비자에게 강렬한 경험을 제공할 수 있으며 이를 통해 SNS나 미디어를 통해서 빠르게 확산될 수 있다는 장점이 있다. 그리고 중요한 핵심 가치는 이러한 디지털사이니지를 통해 콘텐츠의 예술성으로 인해서 기업의 마케팅이 문화적 가치와 차별화적 가치의 실체성을 가지게 될뿐만 아니라 보다 쉽게 기업과 브랜드의 품격을 공간에서 소통할 수 있다는 것이다.

[그림 9] 제주 – 빛의 벙커

제주도에서는 도시 속의 문화예술을 경험하기 위해 '빛의 벙커'라는 미디어아트 갤러리를 개최하였다. 기존 군사용 지하 벙커를 재개조하여 도태된 장소에 새로운 의미를 부여한 사례라고 볼 수 있다. 다양한 프로젝션 맵핑 기술을 활용하여 공간에 깊이감을 부여하고 방문자는 자유롭게 돌아다니며 디지털로 된 예술콘텐츠를 감상함으로써 예술의 영역으로 접근할 수 있을 뿐만 아니라 압도적인 공간에 빠져 있는 듯한 경험을 제공받을 수 있다.

이러하듯 도시공간매체로서의 디지털사이니지는 "현실(real)"과 "가상(virtual)"의 명확한 구분은 구분하는 사람의 인지적 관점, 즉, 사람이 시지각에 의해 현실의 물체를 보는지, 가상의 물체를 보는지, 실제 물체의이미지인지, 가상의 물체의 이미지인지, 직접 본 이미지인지, 디스플레이 등의 정보기기를 통한 간접적으로 본 이미지 인지, 등에 대한 다양한 측면에 따라 분별되어진다. 즉. 디지털옥외광고가 주도하는 혼합현실은 디지털 공간의 사용자 공감 또는 반응 요소를 현실공간에 인출하는 디지털과 물리적 공간의 연결을 이끌어 내는 것을 의미한다. 또한 도시공간매체로서의 디지털옥외광고는 혼합현실 콘텐츠의 발전도상에서 예술에서 살펴본 인간을 기초로 한 기술적인 융합, 오감 활용과 멀티감각 콘텐츠의 활용을 통해 매체의 기능을 수행하고 있다.

결국 '사회반응적 공간(Socially Responsive Environment: Context Aware Environment)' 형성하는 것으로 디지털혁명을 통해 형성된 환상적인 상호성과 실시간 응답성을 다시 물리적 공간에 반영함으로써, 인간의 활동과 이동에 대응하여 적절히 반응하는 공간을 의미한다(Witzgall & Burleson, 2000). 이 개념의 주창자들은 사회반응적 환경이 개개의 이용자를 연결시키는 공유된 정보와 인식을 형성하며 이를 통해 개인의 공간인지 뿐 만아니라 이용행태에까지 영향을 미칠 수 있다. 최근 마케팅의 흐름은 대중이 미디어를 통해 경험하고 그 결과가 다시 확산되는 상호작용성이다.

이는 광고 미디어 변화의 핵심이며 옥외광고의 디지털 진화를 가속화해 체험 공간의 상당 부분을 대체할 것으로 본다. 이러한 관점에서 4차산업혁명시대에 부응하는 공적 공간에서 디지털사이니지는 공간과 사람을 연결하고 이들 정보를 빅데이터화하여 신산업을 창출할 수 있는 매체라고 볼 수 있다.

참고문헌

김여진, 이윤재, 남양희(2015). 공간적 파라텍스트로서의 모바일 혼합현실 스토리텔링. 한국HCI 학회 논문지, 10(2), 57-64

두경일, 김성훈(2012), 체험형 미디어 공간에서의 인터랙티브 전시영상 활성화 방안 연구, 디자인 지식저널, 24, 214-223

마정민(2014). 사물과 통하였느냐, Internet of Everything - Cheil, www.cheil.com/web/magazine/download.jsp?...

미래창조과학부(2015). 디지털사이니디지털사이니지 산업 활성화 대책(안).

서구원, 민형철(2009). 복합문화공간형 유통매장에서의 체험과 소비자 태도. 서울도시 연구, 10(4), 143-158.

신한중(2013). 사물인터넷(IoT) 시대, 옥외광고 환경 변화에 주목하라!, http://www.sptoday.com/bbs/board.php?bo_table=article&wr_id=56838&sca=%B4%BA%B9%CC%B5%F0%BE%EE%2F%B5%F0%C1%F6%C5%D0%BB%E7%C0%CC%B4%CF%C1%F6&sop=and&p=1.

오승환(2008), 에듀테인먼트 체험전을 위한 인터랙티브 콘텐츠 개발 연구, 디지털디자인학연구, 8(2), 117-126

이아름(2017). 디지털 사이니지(Digital Signage) 시장 및 산업 동향 보고서, 융합연구정책센터
주창윤(2010). 놀이 공간으로서 인터넷 문화의 형성과정. 현상과인식, 34(3), 279-298.
한국정보통신기술협회(2018), ICT표준화전략맵
한국정보통신기술협회(2018), SW, 기반 SW · 컴퓨팅 - 빅데이터
한국정보통신기술협회(2018), SW, 기반 SW · 컴퓨팅 - 인공지능
한국정보통신기술협회(2018), SW, 기반 SW · 컴퓨팅 - 클라우드 컴퓨팅
한국정보통신기술협회(2018), 디지털콘텐츠 - 실감형콘텐츠
한국정보화진흥원(2011), 신가치창출 엔진, 빅데이터의 새로운 가능성과 대응 전략, 재구성
Advertising Age(2014). British Airways' 'Magic' Billboards Win Direct Grand Prix at Cannes, http://adage.com/article/special-report-cannes-lions/british-airways-magic-billboards-win-direct-grand-prix/293730/
ETRI(2015), "인공지능 기술과 산업의 가능성", 이슈리포트

찾아보기

| 저자소개 |

심성욱 교수

한국외국어대학교 신문방송학과를 졸업하고 미국 미주리대학교에서 광고학 석사(M.A), 플로리다대학교에서 광고학박사(Ph.D) 학위를 받았다. 2003년부터 한양대학교 광고홍보학과 교수로 재직 중이다. 박사 학위 취득 후 2002년 9월부터 광고대행사 오리콤에서 브랜드전략연구소 부장으로, 2003년에는 한국 언론재단 객원연구위원으로 일한 바 있다. 2014년 11월부터 2년 동안 한국 OOH 광고학회(구: 한국옥외광고학회) 회장을 지냈다. 주요 관심분야는 광고전략, 옥외광고, 디지털광고 등이다. 저서로는 '신옥외광고론(공저)', '인터랙티브 광로론(공저)', '디지털 미디어와 광고(공저)', '글로벌 시장과 국제광고(공저)' 등이 있다.

신일기 교수

신일기 교수는 가톨릭대학교 경영학과를 졸업하고 한양대학교 언론정보대학원에서 광고학 석사(M.A)를 그리고 광고학 박사(Ph.D)학위를 받았다. 2013년부터 인천가톨릭학교 문화예술콘텐츠학과에서 전공 교수로 재직 중이다. 그는 박사 학위 취득 후 2011년 부터 한국옥외광고센터 정책연구실 차장으로 일한 바 있다. 제도 정책분에 관심이 높아 총리실, 행정안전부, 산업자원부, 인천시, 등에서 자문위원을 역임하였으며, 그 공로로 규제개선분야 2017년 행정안전부 표창, 옥광광고산업 분야 공헌으로 2018년 대통령표창을 수여받았다. 그의 관심분야는 콘텐츠전략, 공간명소화, 디지털옥외광고 등이다. 저서로는 '인터랙티브광고론'이 있다.

디지털사이니지와 공간마케팅

2018년 12월 26일 | 1판 1쇄 인쇄
2018년 12월 30일 | 1판 1쇄 발행

지 은 이 | 심성욱·신일기
발 행 인 | 김은중
발 행 처 | 서울경제경영출판사
북 디 자 인 | (주)우일미디어디지텍

주 소 | 03767 서울특별시 서대문구 신촌로 205, 506호
전 화 | 02)313-2682
팩 스 | 02)313-8860

등 록 | 1998년 1월 22일 제5-63호

ISBN 979-11-6282-046-9 93320 정가 18,000원

※ 잘못된 책은 바꾸어 드립니다.